FOUR EVER

BEATLES
4 EVER

DO NOT CROSS
ICE LINE
POLICE
DO

Peter Schuster

FOUR EVER

Die Geschichte der Beatles

Belser Verlag
STUTTGART
ZÜRICH

4., aktualisierte und erweiterte Auflage, 1992

Reproduktionen: Grafisches Atelier Gerd Preiss, Gerlingen
Satz: Steffen Hahn Fotosatz, Kornwestheim
Druck: Chemnitzer Verlag und Druck GmbH, Werk Zwickau
Printed in Germany
ISBN 3-7630-9049-5

Inhalt

Vorwort

„Ich glaube nicht an den Beatles-Mythos. Ich glaube einfach nicht daran, was auch immer er für die Leute bedeutet. Es war ein Traum, und ich glaube nicht mehr an den Traum", sagte John Lennon kurz nach der Auflösung der Beatles. Er hatte erkannt, daß um die vier Musiker ein unvergleichlicher Mythos aufgebaut wurde. Paul McCartney sagt sehr treffend: „Alles wird zu einem Mythos gemacht und geht in die Bücher ein. So wird der Mythos zur Wahrheit, nur – es ist gar nicht die Wahrheit."

Das vorliegende Buch soll deshalb vielmehr die Tatsachen und Begebenheiten aufzeigen und den Werdegang dokumentieren. Unterstützt von zahlreichen Aussagen der Freunde der Beatles und der vier selbst, soll die Geschichte der Beatles – ohne Legendenbildung – dargestellt werden.

John Lennons Aussage: „Wir wurden einfach eine Band, die sehr großen Erfolg hatte", erweist sich sehr bald als zu oberflächlich. Auf das, was hinter dem Erfolg dieser Band steht – die geschäftlichen Umstände, die Rolle ihres Managers und ihres Produzenten und auf vier bemerkenswerte Persönlichkeiten – wird im folgenden eingegangen. Im diskographischen Teil werden über 1800 Lieder nachgewiesen, bei denen mindestens einer der vier mitwirkte. Dieser Teil macht das Buch auch als Nachschlagewerk unverzichtbar.

Wir hoffen, durch diese biographische Dokumentation mit beizutragen, den Beatles-Mythos aufzulösen, um somit die Geschichte der Beatles realistisch und klar im Umriß aufzuzeigen, eine Geschichte, die vor mehr als drei Jahrzehnten begann.

Peter Schuster

Der 16jährige Lennon mit seiner ersten Band. Im Anschluß an diesen Auftritt kommt es zum ersten Treffen mit Paul McCartney

Von Liverpool bis London: Die 50er und frühen 60er Jahre

Als der Rock 'n' Roll in England populär wurde
– das war 1955, ich war gerade 15 Jahre alt –
gab es noch eine andere große Sache: Skiffle, eine Art amerikanische Volksmusik.
Alle Kinder spielten diese Musik,
und ich hatte meine eigene Skiffle Band in der Schule.
Irgendwann traf ich Paul und George, und wir wechselten zum Rock 'n' Roll.
Wir wurden dann einfach eine Band, die sehr großen Erfolg hatte.
Das war's eigentlich.
(John Lennon)

John Lennon

Am 9. Oktober 1940 wird John Winston Lennon in Liverpool, das gerade schweren Luftangriffen ausgesetzt ist, geboren. Johns Vater Alfred ist nicht in Liverpool, niemand weiß, wo er sich gerade aufhält. Im April 1942 verläßt er seine Frau Julia und sein Kind.

John wächst bei Tante Mimi und Onkel George auf. Seinen Vater sieht er im Alter von fünf Jahren vorerst das letzte Mal. Er meldet sich erst wieder bei ihm, als John zu Weltruhm gelangt ist. Seine Mutter Julia sieht John gelegentlich. Am 15. 7. 1958 wird sie durch einen betrunkenen Polizisten, der sie mit dem Auto anfährt, tödlich verletzt. John sagt: „Das war ein großes Trauma für mich. Ich habe sie gleich zweimal verloren. Das erste Mal, als ich mit fünf Jahren zu meiner Tante zog und dann, als sie starb."

Als Jugendlicher spielt John mit seinen Freunden Pete Shotton, Ivan Vaughan und verschiedenen anderen Freunden in seiner ersten Gruppe. Er formiert seine Skiffle Band „The Quarrymen" (eigentlich „Die Steinbrucharbeiter"), während er die Quarry Bank High School besucht. Ivan Vaughan, der auf das Liverpool Institute geht, lernt dort einen jüngeren Mitschüler kennen. Sein Name ist Paul McCartney.

Paul McCartney

James Paul McCartney wird am 18. Juni 1942 im Walton Hospital in Liverpool geboren. Im Frühjahr 1956 verliert er seine Mutter. Sie stirbt an Krebs. Etwa von diesem Zeitpunkt an beschäftigt sich Paul sehr intensiv mit seiner Gitarre.

Bei einem Kirchweihfest im Liverpooler Stadtteil Woolton, auf dem die Quarrymen auftreten, stellt Ivan Vaughan ihn John vor. Es ist der 6. Juli 1957.

Paul: „John war auf der Bühne und sang ‚Come little darlin', come and go with me...'. Aber er kannte die Worte nicht genau und erfand deshalb seine eigenen Texte zu den Liedern. Ich erinnere mich, daß ich beeindruckt war. Er war gut.

Später, in einem Raum der Kirche, sang ich ihm dann ein paar Songs vor, die ich kannte. Ich kannte den gesamten Text von ‚Twenty Flight Rock' und ein paar anderen Liedern. Das war damals sehr viel. John kannte die Texte nicht, also war ich für seine Gruppe wertvoll. Ich zeigte ihm dann auch noch, wie man ‚Twenty Flight Rock' spielt.

Ich mochte ihre Band. Pete Shotton, einer der Quarrymen, traf mich später in Woolton und sagte mir, ich könne mitmachen."

Im März 1958 stößt dann auch George Harrison zu den Quarrymen.

George Harrison

Er wurde am 25. Februar 1943 in Liverpool geboren. Im Alter von 14 Jahren beschäftigt er sich fieberhaft mit seiner ersten Gitarre. Er geht genauso wie Paul zur Schule am Liverpool Institute. Als George die Quarrymen das erste Mal sieht, ist er bereits mit Paul befreundet. Deshalb wird auch er John vorgestellt. Er ist zwar noch sehr jung, beherrscht aber die Gitarre besser als John und Paul und wird deshalb in die Gruppe mit aufgenommen.

John vernachlässigt die Schule mehr und mehr. Er besucht inzwischen die Kunsthochschule und konzentriert sich auf die Musik. Seine Tante Mimi meint: „Für mich war sein Gitarrespielen reine Zeitverschwendung. Ich sagte John immer ‚eine Gitarre ist ja ganz schön, aber du wirst nie davon leben können'."

Zu dieser Zeit freundet sich John mit Stuart Sutcliffe, einem Mitschüler, an. Die Quarrymen haben sich inzwischen in „Moondogs" umbenannt. Sie treten auf Parties und kleinen Feten auf. Sie spielen auch öfters in Mona Bests neu eröffnetem Casbah Club.

Im Sommer 1959 werden John, Paul und George als „Johnny And The Moondogs" zu den Proben einer Talentshow des britischen Fernsehens eingeladen. Die Sendung heißt „Discoveries" und wird in Manchester gedreht. Im Wettbewerb mit anderen Gruppen fallen sie nicht auf und erscheinen nicht im Fernsehen. Enttäuscht kehren sie nach Liverpool zurück.

John findet jetzt wieder einen neuen Namen: „Silver Beatles". Das „Silver" wird jedoch bald weggelassen. George Harrison zur Namensgebung der Gruppe: „Es wurde immer großes Aufheben darum gemacht, wer den Namen ‚Beatles' erfunden hat. John sagte, er habe. Aber wenn du dir den Film ‚The Wild One' anschaust, siehst du eine Szene mit zwei Motorradgangs, wo Johnnys (gespielt von Marlon Brando, zu der Zeit ein Favorit von Stuart) Gang in einer Coffee-Bar ist, und eine andere Gang in die Stadt kommt, die von Chino (Lee Marvin) angeführt wird. Der Filmdialog zeigt, wie Stuart auf den Namen ‚Beatles' gekommen sein könnte:

Johnny (Marlon Brando)

Don't do that! (pushes Chino off motor bike)

Chino (Lee Marvin)

That's better Johnny (getting up).

You know I missed you. Ever since the club split up I missed you. We all missed you. Do you miss him? The Beetles missed you. All the Beetles missed you. Come on Johnny – let's you and me go inside and have a beer.

(Later) *Johnny*

I made a deal with a cop once.

Chino (to Policeman – Jay C. Flippen)

Let me tell you about Johnny, Daddy-O. He's o.k., but you don't get on his back. He don't like nobody on his back. You know we got the same club once and the Beetles got on his back all the time. He didn't like that..."

John hat auch Stuart Sutcliffe überreden können, sich einen Baß zu kaufen und bei der Gruppe mitzumachen. Dazu George Harrison: „Stuart war in der Band, weil ihn John dazu gebracht hatte, für 45 Pfund einen Baß zu kaufen von dem Geld, das er für den Verkauf eines seiner Bilder an John Moores (bekannter Liverpooler Fußballspieler) erhalten hatte. Er war auch Mitglied der Students' Union. Wir benutzten deren Geld dazu, um einen Verstärker zu kaufen, so daß wir auf ihrer Party spielen konnten." Durch Stuart lernen sie Allan Williams kennen. Er besitzt ein paar Clubs in Liverpool. Als die Talentsucher Larry Parnes und Bill Fury nach Liverpool kommen, um im Blue Angel Club von Allan Williams eine Probe mit verschiedenen Bands zu veranstalten, erhalten die Beatles eine Chance. Parnes lehnt sie zwar wegen Stuarts dilettantischem Spiel ab, doch er bucht sie später als Backing Group für Johnny Gentle auf einer Tournee durch Schottland. Cynthia Lennon, Johns spätere Frau, sagt über Williams: „Wenn Stuart nicht ein so guter Freund Allans gewesen wäre, hätte er sich kaum um sie gekümmert. John zum Beispiel hat sich ständig Geld von ihm geliehen."

Astrid Kirchherr und Stuart Sutcliffe

Eine andere Band, die in einem seiner Clubs spielt, verschwindet spurlos. Williams findet heraus, daß die Band jetzt in Hamburg arbeitet. Er reist auch dorthin und trifft Bruno Koschmider. Der besitzt das „Indra“ und den „Kaiserkeller“. Williams kann den Beatles ein Engagement im Indra verschaffen. Zwischen dem 17. August und dem 16. Oktober 1960 spielen die Beatles im Indra Club. Da sie kurz vor der Abreise nach Hamburg ohne Schlagzeuger sind, bitten sie Pete Best, dessen Mutter der Casbah Club gehört, einzuspringen. Im Indra treten sie in folgender Besetzung auf: John Lennon (Gitarre), Paul McCartney (Gitarre), George Harrison (Lead Gitarre), Stuart Sutcliffe (Baß) und Pete Best (Schlagzeug).

Sie spielen jede Nacht acht Stunden. Cynthia Lennon berichtet: „Johns Briefe verrieten mir, unter welch fürchterlichen Bedingungen sie leben mußten. Bruno Koschmider war nur auf seinen eigenen Vorteil bedacht. Ihre Wohnräume waren drei schmutzige Zimmer mit Feldbetten.“

Paul über die erste Zeit im Indra: „Als wir in Hamburg anfingen, hatten wir gar kein Publikum. Die Leute erschienen an der Tür des Clubs. Wir mußten versuchen, sie reinzulocken, damit sie Bier kauften. In dem Moment, als wir welche an der Tür sahen, spielten wir ‚Dancing in the streets‘, eine unserer großen Nummern damals. Schon kamen drei Leute rein. Wir waren so etwas wie Kundenfänger. Allmählich kamen dann auch immer mehr Leute. Schließlich war der ganze Club ausverkauft.“

Nach diesem Erfolg im Indra Club werden die Beatles im „Kaiserkeller“ engagiert. Dort wechseln sie sich mit einer anderen Liverpooler Band, den Rory Storme & The Hurricanes, ab. Die beiden Bands stehen täglich zwölf Stunden auf der Bühne. Sie spielen also je sechs Stunden (im Wechsel von zwei Stunden). Bei Rory Storme spielt übrigens ein gewisser Ringo Starr Schlagzeug.

Ringo Starr meint: „Ich glaube, ohne Hamburg hätten wir nie so einen Erfolg gehabt. Bis zu dieser Zeit sind wir immer nur kurz in Liverpooler Clubs aufgetreten. In Hamburg mußten unsere beiden Gruppen dann zwölf Stunden lang spielen. Du kannst ‚Johnny B. Goode‘ nicht sechs Stunden lang spielen, also mußten wir experimentieren und neue Sachen ausprobieren.

Die Beatles und Rory wollten immer die Top Band sein. Also mußten wir gegeneinander um die Gunst des Publikums kämpfen. Durch diese Konkurrenz und die lange Zeit lernten wir viel.“ Ähnlich äußert sich Paul: „In Hamburg hatten wir viel Zeit, unsere Fehler zu machen. Wir arbeiteten acht Stunden. Wie ein voller Arbeitstag in der Fabrik. Bis wir nach Amerika kamen, hatten wir schon alles ausgearbeitet.“

George Harrison erzählt folgendes Ereignis: „Ich erinnere mich an eine Begebenheit in Hamburg. Gene Vincent packte mich und sagte: ‚Komm mit‘. Er war ein Verrückter. Wir fuhren plötzlich in einem Taxi die Reeperbahn entlang. Wir hielten an einem Häuserblock, sprangen aus dem Taxi und rannten rein. Drinnen öffnete er dann seine Jacke und übergab mir eine Waffe. ‚Halt das mal‘, sagte er zu mir und klopfte an eine Tür und rief: ‚Ich weiß, daß du da drin bist!‘ Er dachte tatsächlich, Henry Henroid (so eine Art Roadie von ihm) wäre da drinnen mit seiner Frau, und ich stand daneben mit der Waffe, mit der er sie erschießen wollte. Genauso war's – in einem Moment bist du irgendwo, und fünf Minuten später gerätst du in eine solche Situation. Ich gab Gene schnell die Waffe zurück und sagte: ‚Nein, danke, bis bald‘, und haute ab. Es war wirklich eine wilde Zeit.

John blieb in Hamburg nächtelang ohne Schlaf und ging aus. Wenn wir versuchten, ein wenig Schlaf zu finden, kam er dann zurück. Eines Nachts kam er rein, und Paul lag gerade mit einem Mädchen im Bett. Mit einer Schere zerschnitt John all ihre Kleider und stach in den Kleiderschrank. Wir lagen alle in unseren Betten und dachten ‚Oh, verdammt, hoffentlich bringt er uns nicht um‘. Ein verrückter Kerl – er wußte, wie er Spaß hatte.“

Während ihrer freien Zeit gehen sie öfters in den Top Ten Club, der Peter Eckhorn gehörte. Dort tritt Tony Sheridan auf, mit dem sie sich inzwischen angefreundet haben. An einem Tag im Dezember 1960 verstoßen die Beatles dann gegen ihren Vertrag mit Koschmider. Der verbietet ihnen, während der Vertragsdauer in einem anderen Club aufzutreten. Koschmider, der wohl gute Beziehungen zu Hamburgs Polizei hat, erfährt von einem Auftritt der Beatles im Top Ten (zusammen mit Tony Sheridan) und veranlaßt, daß sie überprüft werden. Man stellt fest, daß George keine Arbeitserlaubnis besitzt und zudem noch minderjährig ist. Er wird ausgewiesen. Nach einem Brand in ihren Wohnräumen werden auch Pete und Paul ausgewiesen. John und Stuart kehren ebenfalls nach Liverpool zurück.

Anfang 1961 sind also alle fünf Beatles wieder in Liverpool. Sie sind zwar enttäuscht über das Ende ihres ersten Aufenthalts in Hamburg, aber sie hatten ihre ersten Erfolge feiern können. Mit einigen wenigen Leuten haben sie sich in Hamburg auch anfreunden können, so z. B. Astrid Kirchherr und Klaus Voormann. Der Top-Ten-Besitzer Peter Eckhorn wollte sie engagieren, und sie haben ihre erste Platte in der Besetzung Lennon,

John Lennon, George Harrison, Ringo Starr und Paul McCartney im legendären Cavern Club

DAKOTAS

McCartney, Harrison, Starr und Sutcliffe gemacht. Im Herbst 1960 haben sie in einem kleinen Amateurstudio in Hamburg als Back-up-Gruppe Walters (von Rory Storme & The Hurricanes) die Gershwin-Komposition „Summertime" aufgenommen. Pete Best wußte von den Aufnahmen nichts und für ihn spielte Ringo Schlagzeug. Vier Kopien wurden gepreßt, von denen wahrscheinlich keine mehr erhalten ist.

Das zeigt aber, daß Pete Best eigentlich nicht wirklich zur Gruppe gehört hat. Hierzu Michael McCartney, Pauls Bruder: „Pete Best hat nie richtig in die Gruppe gepaßt. Er hatte einfach nicht ihren Sinn für Humor."

Liverpool

Zurück in Liverpool, treten sie wieder auf, so am 24. Dezember im Grosvenor Ballroom in Wallasey, am 27. Dezember in der Litherland Town Hall, am 25. Januar 1961 in der Hambleton Hall und am 24. Februar nochmals im Grosvenor Ballroom. Am 21. Februar treten sie wieder im Cavern Club auf.

Durch einen Freund Lennons waren sie, damals noch als Quarrymen, bereits 1957 an ein Engagement im Cavern Club herangekommen. Doch war zu der Zeit der Cavern Club ein Jazzkeller. Rock 'n' Roll war unerwünscht.

Der Auftritt am 21. März 1961 ist also so etwas wie ein Debüt. Sie spielen als Gäste neben der regulären Gruppe „The Bluegenes", die später als „The Swinging Blue Jeans" bekannt wird. Da George inzwischen 18 Jahre alt ist und alle eine offizielle Arbeitserlaubnis haben, steht einer Rückkehr nach Hamburg nichts im Wege.

Ab April treten sie für drei Monate im Top Ten Club auf. Da sie ohne Allan Williams' Vermittlung das Engagement erhalten haben, weigern sie sich, ihm die 10 %ige Provision zu überweisen, die sie ihm bisher immer gezahlt haben. Williams ärgert sich und will nichts mehr mit ihnen zu tun haben. Im Mai nehmen sie unter dem Namen „Beat Brothers" mit Tony Sheridan einige Lieder auf. Ihre erste Single „My Bonnie/The Saints" erscheint kurze Zeit später.

Stuart Sutcliffe und Astrid Kirchherr verloben sich. George Harrison erklärt: „Stuart Sutcliffe war so etwas wie unser künstlerischer Leiter. Er war es, der in Verbindung mit der deutschen Clique (nicht nur Astrid [Kirchherr]) für unser Aussehen verantwortlich war." Stuart verläßt die Gruppe, und Paul übernimmt jetzt die Rolle des Baßgitarristen. Im Juli kehren sie nach Liverpool zurück. Sie treten dort regelmäßig im Cavern Club auf. Pete Bests Freund Neil Aspinall gibt seinen Job auf und hilft ihnen bei Auftritten. Er wird später ihr Road Manager.

Brian Epstein

Von da an geht alles sehr schnell. Im Juli hört Brian Epstein erstmals von den Beatles. Epstein leitet zu dieser Zeit das NEMS (North End Music Stores)-Geschäft in White Chapel, im Zentrum Liverpools. Als er versucht, einen Plattenhändler zu finden, der die erste Beatles-Single (My Bonnie/The Saints) liefern kann, gelingt ihm dies nicht. Aber er findet heraus, daß die Beatles, eine Liverpooler Gruppe, im Cavern Club auftreten und verabredet mit dem Besitzer einen Termin. Am 9. November 1961 sieht er die Gruppe erstmals im Cavern Club, sechs Wochen später unterschreiben die Beatles einen Vertrag mit Epstein, der ab sofort ihr Manager ist und dafür 25 % ihrer Einnahmen erhält. Ihre Auftritte im Cavern Club sind so erfolgreich, daß die Beatles zu einer der bekanntesten Gruppen Liverpools aufsteigen.

Ringo: „Am Anfang lachte man über uns in England. Die Zuschauer dachten immer, wir seien so etwas wie Clowns – mit diesen neuen Liedern und den seltsamen Klamotten. Nachdem wir dann aber angefangen hatten zu spielen, so nach etwa drei, vier Liedern, lachten sie nicht mehr. Sie kamen in Scharen, nicht nur aus Liverpool, und schrien, wenn wir auftraten." Ringo, der erst im August 1962 zu den Beatles kam, sagt dies über den Erfolg in England, knapp zwanzig Jahre später, nicht ohne Stolz.

George Martin, ihr späterer Produzent, beschreibt den Cavern Club folgendermaßen: „Der Cavern Club war wie ein Kerker. Ein verschwitztes kleines Gewölbe voller Teenager. Die Atmosphäre war elektrisch. Sie sangen all die Rock 'n' Roll-Nummern, die sie von amerikanischen Platten übernommen hatten. Es war sehr wild, und die Zuschauer liebten jede Minute. Bis zu diesem Zeitpunkt gab es nichts, was junge Leute in diesem Maß ansprach."

John Lennon sagt 1970 über diese Zeit: „Wir waren Künstler in Liverpool, Hamburg und in den anderen Tanzhallen. Wir spielten echten Rock 'n' Roll. Brian steckte uns in Anzüge und all das, und wir brachten es sehr weit. Aber wir verkauften uns. Die Musik war dann tot. Die Beatles starben als Musiker damals. Wir töteten uns selbst, um Erfolg zu haben. Wir wurden technische, erfolgreiche Schallplattenkünstler – das ist eine andere Sache, denn wir waren fähige Leute."

Brian Epstein sorgt also von nun an dafür, daß sie in Anzügen auftreten, und daß sie nicht mehr so wild gekleidet sind wie in Hamburg. Epstein war im Herbst von einem langen Urlaub in Spanien zurückgekehrt, währenddem er nach etwas gesucht hatte, auf das er sich

Ein Konzert der Beatles zu Beginn ihrer Karriere: noch ist die „Beatlemania“ nicht erfunden

mit voller Konzentration „stürzen" konnte. Die Beatles kamen da genau recht. In seiner Autobiographie, die im Jahre 1964 erschien, sagt er über die Beatles: „Sie sind feine, außergewöhnliche junge Menschen. Ich denke nicht, daß so etwas wie sie noch einmal passieren wird. Ich glaube ‚passieren' ist das richtige Wort, denn so was kann man im Showgeschäft nicht ‚kreieren'."

Als oberstes Ziel gilt für ihn zunächst, den Beatles einen Plattenvertrag zu verschaffen. Da er NEMS leitet, einen sehr wichtigen Plattenhandel im Norden Englands, hat er bereits einige Beziehungen zu den Plattenfirmen. Er versucht es bei zahlreichen Firmen, jedoch ohne Erfolg. Am aussichtsreichsten stellt sich zunächst ein Termin mit DECCA Records heraus. Für den 1. Januar 1962 ist eine „Audition" (Anhörung) geplant. (Die Aufnahmen kommen zwanzig Jahre später ans Tageslicht, vgl. LP „The Complete Silver Beatles".)

In London spielen die Beatles am Neujahrstag zusammen mit einer anderen Gruppe, Brian Poole and the Tremeloes, Mike Smith vor. Smith, DECCAs A-&-R-Manager, hatte die Beatles im Dezember bereits im Cavern Club gesehen.

Mehrere Wochen später teilt Dick Rowe von DECCA Brian Epstein mit, daß er die Beatles nicht unter Vertrag nehmen will. Rowe gibt Brian Poole und seiner Band den Vorzug.

Rowe berichtet: „Ich hörte hinterher, daß Epstein garantiert hatte, 3000 Stück von jeder Beatles-Single, die wir sie machen ließen, zu kaufen. Vorher hat mir das niemand gesagt. Bei den wirtschaftlichen Verhältnissen damals wären wir bei einer Garantie von 3000 Stück gezwungen gewesen, sie aufzunehmen."

George Martin, ihr späterer Produzent, verteidigt Dick Rowe: „Er wurde als Mann, der die Beatles ablehnte, bekannt, und er wird dies Kreuz bis zu seinem Tode tragen. Aber das ist unfair, denn in Wirklichkeit hatten alle die Beatles abgelehnt. Der Unterschied zu Dick Rowe war der, daß er genug Verstand hatte, den Beatles zwei Aufnahme-Tests anzubieten.

Er hatte wirklich erwogen, sie unter Vertrag zu nehmen. Deshalb sollte er, anstatt angeklagt zu werden, sie abgelehnt zu haben, gelobt werden, daß er sie ernsthaft in Erwägung gezogen hat, während andere sie von vorneweg ablehnten."

George Martin

An George Martin kommt Brian Epstein nur durch die Hilfe eines anderen. Auch die EMI lehnt ihn ab. Er läßt sich durch die Absagen nicht entmutigen und läßt von einem Band der Beatles eine Platte pressen. Der Toningenieur ist von der Aufnahme beeindruckt und ruft Syd Coleman, den Manager von Beechwood Music and Ardmore Music, an. Auch ihm spielt Epstein die Aufnahmen vor. Coleman rät ihm, sich an George Martin von Parlophone (EMI) zu wenden. So kommt es zum Kontakt zwischen Martin und Epstein. George Harrison: „Der Mythos besagt, daß die Verbindung mit Peter Sellers (George Martin produzierte Peter Sellers) John davon überzeugte, daß George Martin der richtige Mann für uns sei, aber wir waren wahrscheinlich alle von Peter Sellers beeindruckt, und Jimmy Shand und seine Band war der Favorit meiner Mutter. Was ich damals fühlte und auch noch Jahre später denke, ist, daß George Martin ein wunderbarer Mensch ist. Er besitzt Würde und Aufrichtigkeit."

Die Beatles selbst sind gerade für einen Zeitraum von sieben Wochen wieder in Hamburg. Sie spielen im Star-Club. Die Gagen und die Unterbringung sind besser als zuvor, die Beatles sind professioneller geworden. Nach Hamburg sind sie sogar im Flugzeug gekommen. Bei der Ankunft erfahren sie, daß Stuart Sutcliffe einen Tag zuvor (am 10. April 1962) an einem Gehirntumor gestorben ist. Zwei Tage später müssen sie bei der Eröffnung des neuen Star-Clubs spielen.

Epstein konnte für ihr Engagement am Star-Club mit dem Besitzer Manfred Weissleder eine Gage von 400,– DM pro Woche für jeden der Vier vereinbaren. Epstein geht ganz gezielt vor. Er hat mit den Beatles etwas gefunden, auf das er sich konzentrieren kann. Er scheut keine Kosten und keine Mühen. Er säubert ihr Image und steckt sie in, wie sie sagen, verrückte Anzüge. Michael McCartney meint: „Die Beatles hätten lieber einen anderen Weg gewählt, aber wenn du so reich und berühmt werden konntest ... Sie kamen aus der Arbeiterklasse in Liverpool, und da war es kein schlechtes Geschäft, sich zum Idioten machen zu lassen und dafür Tausende von Pfund zu kassieren. Das mußte man hinnehmen. Aber der Nutzen überwog den Stumpfsinn."

Der Erfolg für die Vier sollte bald kommen. Am 9. Mai erreicht Hamburg die Nachricht, daß Epstein eine Audition bei EMIs Label Parlophone erwirkt hat. George Martin wird die Aufnahmen leiten. Martin: „Ich suchte zu dieser Zeit verzweifelt nach einer Zugnummer im Bereich der Popmusik. Ich war eifersüchtig auf andere Leute, die anscheinend spielend leicht auf diesem Feld Erfolg hatten. Besonders auf Noris Paramor, meinen Kontrahenten von Columbia, der mit Cliff Richard so großen Erfolg hatte.

Es verkaufte sich einfach alles, was Cliff Richard auf-

Die Beatles und Produzent George Martin bei der Aufnahmesession von „Love Me Do“ im September 1962

nahm. So etwas suchte ich auch. Als Epstein in mein Büro kam, erzählte er mir gleich von dieser erstaunlichen Gruppe, die so tolle Sachen in Liverpool machte. Er zeigte sich sogar überrascht, daß ich noch nicht von ihnen gehört hatte. Unter diesen Umständen war das ziemlich kühn. Fast hätte ich ihn als Erwiderung gefragt, wo Liverpool läge. Der Gedanke, daß etwas aus diesen Provinzen kommen könnte, war außergewöhnlich."

Epstein spielt ihm eine Aufnahme der Beatles vor. Er ist nicht sonderlich beeindruckt, will ihnen aber trotzdem eine Chance geben. Martin: „Ich konnte gut verstehen, daß sie abgelehnt worden waren. Die Aufnahmen waren entweder altes Material wie Fats Wallers ‚Your feet's too big' oder sehr mittelmäßige Eigenkompositionen.

Aber sie hatten einen ungewöhnlichen Klang. So eine gewisse Rauheit, der ich noch nie zuvor begegnet war. Auch die Tatsache, daß mehr als eine Person sang, war ungewöhnlich. Ich dachte, es sei zumindest einen Versuch wert."

Es wird von verschiedenen Seiten behauptet, Martin sei zunächst an den Beatles uninteressiert gewesen. Epstein habe ihm durch einen Verkäufer der EMI zu verstehen gegeben, daß er sämtliche Geschäfte mit EMI abbrechen würde, falls nicht unverzüglich eine Beatles-Single veröffentlicht würde. Ferner bot er an, 3000 Stück von jeder Beatles-Single zu kaufen. Fast alle englischen Plattenfirmen (einschließlich der EMI) hatten zuvor die Beatles abgelehnt. Auch Produzent Bert Kämpfert und die deutsche Plattenfirma, bei der sie als Begleitband Sheridans unter Vertrag standen, waren keineswegs überzeugt von den Beatles; das beweist eine Verabredung zwischen Kämpfert und den Beatles, mit der ihr Vertrag ohne irgendwelche Ansprüche gelöst wurde. Kämpfert verschenkte damit ein Vermögen.

Am 6. Juni 1962 findet das Vorspielen in London statt. Martin: „Ich traf sie im Abbey-Road-Studio Nummer 3. John, Paul, George und Pete Best. Mein erster Eindruck war, daß sie sehr sauber waren; offensichtlich Brians Einfluß. Am eindrucksvollsten waren ihre einnehmenden Persönlichkeiten."

Martin teilt Epstein mit, daß er mit dem Schlagzeuger nicht zufrieden sei. „Was ich zu dieser Zeit nicht merkte, war, daß die Gruppe selbst Pete Best raushaben wollte. Meine Bemerkung war der Tropfen, der das Faß zum Überlaufen brachte", sagt Martin Jahre später.

So wird kurz darauf Pete Best durch Ringo Starr ersetzt. Die Art und Weise, wie das getan wird, ist nicht sehr fein. Pete Best weiß lange Zeit überhaupt nichts von den Plänen der Beatles. Epstein muß es Best beibringen. Als entscheidender Grund wird die Bemerkung Martins genommen. Bei vielen Fans stößt diese Entscheidung auf verbitterte Ablehnung. Von nun an spielt Ringo Starr, den John, Paul und George noch sehr gut aus den Hamburger Zeiten kennen, bei den Beatles Schlagzeug, wie er es aushilfsweise bereits öfters getan hatte.

Ringo Starr

Ringo Starr – sein richtiger Name ist Richard Starkey – wird am 7. Juli 1940 in Liverpool geboren. Seine Familie ist arm. Sie wohnen im Liverpooler Stadtteil Dingle, einer der weniger feinen Gegenden der Stadt.

Gesundheitlich ist er vom Pech verfolgt. 1946 hat er eine Blinddarmentzündung. Er muß sich operieren lassen. Da es Komplikationen gibt, muß er über ein Jahr im Krankenhaus bleiben. Dadurch versäumt er den Anfang der Schulzeit. Im Alter von 13 Jahren zieht er sich eine Rippenfellentzündung zu und muß wieder ins Krankenhaus, diesmal sogar für zwei Jahre. Als er herauskommt, ist er 15 Jahre, ohne Schulabschluß und wird Bote bei der britischen Eisenbahn.

Da ein Schlagzeug recht teuer ist, gibt es in Liverpool nur wenige Schlagzeuger. Ein guter Schlagzeuger ist somit sehr begehrt. Auch Ringo geht es so; er spielt in mehreren verschiedenen Liverpooler Gruppen, zuletzt bei Rory Storme.

„Ich versuchte immer, in den besten und größten Bands Liverpools zu spielen. Ich stieg dann bei den Beatles ein, und wir entschlossen uns, die größte Band der Welt zu werden. Wenn du dir so etwas sagst, gibt dir das Vertrauen. Aber keiner von uns ahnte, daß es so weitergehen würde", meint Ringo.

Jetzt sind die vier Beatles zusammen, die kurze Zeit später so erfolgreich sein werden. Epstein gründet die NEMS Enterprises Ltd., die die Geschäfte der Beatles abwickelt. Im Juli wird der Plattenvertrag mit EMI unterzeichnet. Martin verpflichtet sich, in einem Jahr vier Titel aufzunehmen. Die Beatles und Epstein erhalten einen Penny für jede verkaufte Single.

Love Me Do

Pete Best weiß bis Mitte August dieses Jahres nichts davon, daß ihn Ringo ersetzen wird. Als der erste Tonfilm von den Beatles aufgenommen wird, spielt bereits Ringo Schlagzeug. Ende August filmt Granada TV die Beatles auf der Bühne: Mit dem Lied „Some Other Guy" sieht man sie im legendären Cavern. Am 11. September wird dann in den Abbey-Road-Studios ihre erste Single

Ringo Starr: „Wir entschlossen uns, die größte Band der Welt zu werden."

aufgenommen. Die Beatles spielen die zwei Eigenkompositionen „Love Me Do" und „P. S. I Love You". Martin stimmt letztendlich zu, eigenes Material zu nehmen. Zunächst war er von ihrem Programm gar nicht überzeugt. „Offen gesagt, beeindruckte mich ihr Material nicht, am wenigsten die Eigenkompositionen. Ich dachte, ich müsse nach brauchbaren Liedern suchen und war ziemlich sicher, daß ihre Fähigkeiten als Songschreiber keine Zukunft hätten."

Schließlich fällt die Entscheidung auf die Lennon-McCartney-Komposition „Love Me Do". Von der Plattenfirma erhalten sie aber keine große Unterstützung. Martin berichtet: „Wir veröffentlichten ‚Love Me Do' am 5. Oktober. Ich versuchte, Reklame dafür zu machen. EMI war keine große Hilfe dabei. Ich war schon immer mit einiger Skepsis behandelt worden, aber als ich bei der monatlichen Zusammenkunft verkündete, daß ich eine Platte von einer Gruppe namens Beatles veröffentlichen würde, lachten sich alle halbtot. Jemand fragte, ob das wieder einer meiner Tricks sei, ob das in Wirklichkeit Spike Milligan in Verkleidung sei.

Ich teilte ihnen mit, es sei mir ernst. Es sei eine gute Gruppe, von der wir noch viel hören würden. Aber niemand beachtete mich. Sie waren alle zu sehr damit beschäftigt, zu lachen."

An diesem Punkt zeigen sich der Wert und die Qualitäten Epsteins. Er kauft eine größere Menge von den Singles, so daß die Platte immerhin Platz 17 in den Verkaufshitparaden erreichte. Fast sämtliche Pressungen werden nur im Norden Englands verkauft, in London und anderen Städten interessiert sich niemand dafür. Epstein läßt nicht locker. Mitte September verschafft er den Beatles ihr erstes Interview. Sie treffen Peter Jones vom „Record Mirror" in seinem Büro in London. Dieser ist jedoch der Meinung, die Beatles seien überregional völlig unbedeutend („a nothing group"). Epstein sorgt für weitere wichtige Kontakte und vereinbart ein zwei Wochen langes Gastspiel im Star-Club in Hamburg.

Durch George Martin lernt er den Musikverleger Dick James kennen. Der schlägt ihm vor, eine neue Gesellschaft mit Namen Northern Songs zu gründen, die je zur Hälfte Dick James und Epstein mit den Beatles gehörte.

„Das war sehr clever von Dick James. Indem er ihnen einen so großen Anteil von 50 % anbot, ging er sicher, sie für einen längeren Zeitraum zu binden. Während dieses Zeitraums würden alle ihre Werke über diese Gesellschaft laufen. Hätte er ihnen einen anderen Anteil angeboten, hätte er bestimmt nicht einen solchen Vertrag erreicht. Zusätzlich verlangte er, daß Northern Songs von seiner eigenen Gesellschaft Dick-James-Music gemanagt würde, wofür er 10 % von den Gesamteinnahmen forderte.

Von 100 £ bekam er also 10 £ dafür und die verbleibenden 90 £ wurden 50 zu 50 aufgeteilt", erklärt George Martin.

Die Bemühungen Epsteins und James' werden sich noch als sehr effektiv herausstellen. Beide arbeiten fieberhaft daran, die Beatles bekannt zu machen. Cynthia Lennon, Johns Frau, berichtet über Epstein: „Die Beatles waren seine Kinder, seine Familie, sein ganzes Leben. Was auch immer er tat, tat er für sie. Die Möglichkeit, seine Ambitionen zu erfüllen, bot sich ihm in Gestalt der Beatles. Sein angeborener Sinn für Geschäfte sagte ihm, daß sie kragenlose graue Anzüge anziehen sollten. Die Einheitlichkeit in Kleidung und Haarmode verhalf ihnen zu diesem sauberen, unschuldigen Image, daß die Leute so ansprach."

Mike McCartney hat deswegen eine Diskussion mit seinem Bruder: „Warum sprecht ihr im Fernsehen so? Ihr sprecht in Wirklichkeit doch gar nicht so." Paul antwortet ihm darauf: „Ich weiß das, du weißt das, aber die Zuschauer wissen es nicht. Es gehört zum Image." Und so kommt Mike zu der Schlußfolgerung: „Verrückte Anzüge und falsche Aussprache?! Jedenfalls funktionierte es großartig."

England und die ganze Welt: Der Erfolg in den 60er Jahren

Wir alle hatten das Gefühl, daß etwas passieren würde.
Man hatte dieses Gefühl in uns aufgebaut. Ich fühlte mich sehr gut.
Es war nur eine Frage der Zeit und wie man es schaffen würde.
Und da war Brian sehr gut. Er wußte, wie man es anstellen mußte.
Wir waren sehr selbstbewußt und sicher, aber als Epstein sagte,
„ihr werdet erfolgreicher als Elvis", dachten wir,
„wie erfolgreich sollen wir werden?! Ich bezweifle das."
Es erschien ungeheuerlich, aber Brian hatte die richtige Einstellung.
(George Harrison)

Dick James ist inzwischen sehr eifrig. Martin: „Er arbeitete wie ein Besessener, nachdem die zweite Single ‚Please Please Me' veröffentlicht wurde."

Zahlreiche Auftritte, ein letztes Gastspiel im Star-Club vom 18. Dezember bis zum 1. Januar 1963, eine kurze Tour durch Schottland sowie zahlreiche Radio- und Fernsehauftritte, z. B. „Teenagers' Turn", „Talent Spot" fürs BBC, zwei Auftritte in der „People and Places Show" von Granada TV und vor allem die Fernsehsendung „Thank Your Lucky Stars" von ABC, folgen. Die oben erwähnte Single Please „Please Me/Ask Me Why" wird am 26. November 1962 aufgenommen und am 11. Januar 1963 veröffentlicht.

1963

„Dick James schaffte es, an Philip Jones heranzukommen. Er war der Unterhaltungschef einer dieser kommerziellen Fernsehsender (ABC). James überredete ihn, die Beatles in die Sendung „Thank Your Lucky Stars" zu nehmen. Es war ein riesiger Schlag.

Schließlich merkte EMI, daß George doch nicht so verrückt ist, und daß die Beatles ihre Unterstützung wert waren. Sie spielten tatsächlich die Platte in ihrem Programm von Radio Luxemburg, was sehr nett von ihnen war. Die Platte erreichte Platz 1 sehr schnell, und die ganze Sache wuchs rasch immer mehr, oder wie immer du es nennen willst. Von diesem Moment an standen wir jedenfalls nie mehr still", erzählt George Martin.

Mit dem Nr. 1-Erfolg von „Please Please Me" (die Platte erreichte erstmals am 2. März 1963 die Spitzenposition in der Melody-Maker-Verkaufshitparade) kommt der Erfolg in ganz England.

Die finanzielle Situation der Beatles hat sich erheblich verbessert. Epstein zahlt ihnen in den ersten Wochen des Jahres 1963 200 £ pro Woche pro Person. Eine Tournee durch England, zusammen mit Helen Shapiro, Chris Montez und Tommy Roe, folgt genau so wie weitere Auftritte im Radio und Fernsehen. Nach dem Erfolg der Single wird schnell eine LP aufgenommen.

Es dauert nur einen Studiotag, bis die Platte fertig ist. Da die Beatles nicht genügend eigene gute Stücke haben, werden sechs Fremdkompositionen mit auf die Platte genommen. Die LP wird am 11. Februar aufgenommen und bereits am 22. März veröffentlicht. Die dritte Single (From Me To You/Thank You Girl) wird am 4. März 1963 aufgenommen und einen Monat später veröffentlicht. George Harrison sagt über die musikalischen Einflüsse jener Tage: „Jeder beeinflußte uns, aber insbesondere Buddy Holly war von großer Bedeutung für John, ich denke mehr als Chuck Berry, Johnny Burnette oder wen auch immer es damals gab. Ich wußte es damals schon, aber heute wird mir das noch mehr bewußt, wenn ich mir Johns Sachen nach seinem Tod anhöre.

Wenn John und Buddy Holly sich getroffen hätten, wären sie große Freunde geworden. Wahrscheinlich hätten sie sich allerdings auch gegenseitig bekämpft, weil beide der König im Schloß hätten sein wollen. Irgendwie waren beide aus dem gleichen Guß."

Das Geschäft mit den Beatles läuft im vollen Gange. „Beatlemania" hat Einzug in Großbritannien gehalten, und die Beatles, so stellt die Presse fest, haben einen neuen Sound erfunden. Paul McCartney gibt zu: „Als wir mit den Beatles anfingen, setzten John und ich uns hin und schrieben etwa 50 Lieder, von denen nur ‚Love Me

Do' veröffentlicht wurde. Diese Lieder waren nicht sehr gut, denn wir versuchten immer, einen neuen Sound zu finden. Der „New Musical Express" schrieb, daß Latin Rock die nächste große Sache sein werde. In dem Moment, wo wir aufhörten, nach einem neuen Sound zu suchen, fingen die Zeitungen an zu schreiben, wir hätten ihn gefunden.

Seitdem bin ich gegenüber der Einteilung in Kategorien wie ‚Pop' oder ‚Heavy Metal' mißtrauisch."

Amerika

„Auf Amerika kam es an. Ganz einfach, weil dort der größte Plattenmarkt der Welt ist. Als im Januar 1964 ‚I Want To Hold Your Hand' Nummer Eins der amerikanischen Hitparaden wurde, öffnete das den gesamten Markt für uns." (George Martin)

Das Jahr 1963 ist das Jahr des Erfolges in England. Im Oktober gehen die Beatles auf Tournee durch Schweden, im November treten sie in Nordirland auf, und im Januar 1964 sind sie in Frankreich. Von Liverpool verabschieden sie sich nach und nach. Am 3. August treten sie das letzte Mal im Cavern Club auf. Drei Monate später spielen sie bei der „Royal Variety Performance" im Prince-of-Wales-Theater. Dort erregt Lennon Aufsehen, indem er die königlichen Zuschauer - anwesend sind die Queen Mother, Prinzessin Margaret und Lord Snowdon - auffordert, mit ihren Juwelen mitzurasseln.

Die Beatles sind jetzt nicht mehr bloß die Liverpooler Lokalmatadoren, sondern nationale Berühmtheiten. Erstmals werden sie von Tausenden von schreienden Fans am Londoner Flughafen empfangen, als sie von ihrer Schweden-Tournee zurückkehren. Bei Konzerten müssen viele Polizisten, zum Teil auch bereits berittene Polizei, eingesetzt werden.

Im November erscheint ihre zweite LP „With The Beatles". Vorbestellungen in der Rekordhöhe von 300 000 Stück liegen bereits vor. Neben den Beatles nimmt Epstein noch andere Künstler unter Vertrag. Das Team Epstein-Martin-James ist äußerst erfolgreich. Martin berichtet: „Wir vereinbarten für die Beatles, wenn möglich, alle drei Monate eine Single und jedes Jahr eine LP zu veröffentlichen. Da wir auch noch Gerry and The Pacemakers, Billy J. Kramer und Cilla Black hatten, mußten wir die Veröffentlichungen gut staffeln, so daß sie sich zwar noch überschnitten, aber nicht gegenseitig bekämpften. Es schien jedenfalls zu funktionieren. In den 52 Wochen des Jahres 1963 führten wir die Hitparaden nicht weniger als 37 Wochen an."

Die Melody-Maker-LP-Charts von England beweist dies:

LP Please Please Me
4. 5.-23. 11. 63 Nr. 1 (= 30 Wochen in Folge)
dann: LP With The Beatles
30. 11. 63-25. 4. 64 Nr. 1 (= 22 Wochen in Folge)
zusammen also ein Jahr in Folge Nr. 1,
nach 11 Wochen dann:
LP A Hard Day's Night
18. 7. 64-5. 12. 64 Nr. 1 (= 21 Wochen in Folge)
dann: LP Beatles For Sale
12. 12. 64-6. 2. 65 Nr. 1 (= 9 Wochen in Folge)

In England ist der ganz große Erfolg nun da, aber in Amerika tut sich sehr wenig. In den amerikanischen Charts (Hitparaden) hatte bisher kein britischer Plattenkünstler großen und vor allem andauernden Erfolg verzeichnen können. Auch die Beatles haben in Amerika anfangs Schwierigkeiten. Der Präsident von Capitol (ihrer Plattenfirma in Amerika), Alan Livingston, schreibt nach England: „Wir glauben nicht, daß die Beatles auf dem Markt hier irgend etwas erreichen werden." Sie lehnen die Veröffentlichung einer Single ab.

Epstein findet eine kleine Firma (Vee Jay Records), die die 1. Single der Beatles in Amerika veröffentlicht. Das gleiche passiert mit der 2. Single. Sogar den Riesenerfolg „She Loves You" (ihre 3. Single) lehnt Capitol ab, und EMI in England denkt gar nicht daran, Epstein bei seinen Bemühungen zu unterstützen. Im November 1963 reist Epstein dann nach Amerika. Bereits im Frühjahr hatte er versucht, verschiedene Veranstalter und Plattenfirmen für die Beatles zu interessieren. Denn wenn die Beatles in Amerika auftreten, dann nicht unter „ferner liefen", sondern als Hauptgruppe. So will es Epstein. Daher kommt eine Tournee dort erst in Frage, wenn die Beatles eine Nummer 1 in den Hitparaden haben.

Ihre 4. Single „I Want To Hold Your Hand" ist nach Meinung Epsteins besonders für den amerikanischen Markt geeignet.

Capitol kann dieses Mal nicht ablehnen, da bereits sehr viele Leute auf diese englische Gruppe aufmerksam geworden sind.

1964

Am 13. Januar erscheint dann die Single „I Want To Hold Your Hand"/„I Saw Her Standing There" in Amerika. Eine Woche später veröffentlicht Capitol die LP „Meet The Beatles". „I Want To Hold Your Hand" verkauft 500 000 Stück in zehn Tagen und erreicht in neuer Rekordzeit die Nummer 1-Position in den Hitparaden.

Die Einheitlichkeit in Kleidung und Haarmode verhalf den Beatles zu diesem sauberen, unschuldigen Image, das die Leute so ansprach

„Cash Box" notiert sie Ende Januar an der ersten Position, Billboard am 1. Februar. Am selben Tag erreichen „I Saw Her Standing There" und „Please Please Me" die Billboard-Singles-Hitparaden und „Meet The Beatles" die Billboard Album Charts, in denen die LP die nächsten 69 Wochen verbleiben wird. Jetzt geht es Schlag auf Schlag. Am 3. Februar erreichen „I Want To Hold Your Hand" und die LP „Meet The Beatles" Gold. Und der Erfolg bricht nicht ab.

Bis zum März 1964 werden die Beatles die Hitparaden beherrschen. Am 4. April haben die Beatles zwölf Titel in den Billboard-Hot-100-Hitparaden; die ersten fünf Plätze dort sind:
Can't Buy Me Love (Nr. 1), Twist And Shout (Nr. 2), She Loves You (Nr. 3), I Want To Hold Your Hand (Nr. 4) und Please Please Me (Nr. 5), alle von den Beatles. Mitte März wird berichtet, daß die LP „Meet The Beatles" die Rekordzahl von über 3,6 Millionen verkauften Exemplaren erreicht hat, und daß für die Single „Can't Buy Me Love" bereits über 1 Million Vorbestellungen vorliegen. Produzent George Martin zu dem immensen Erfolg: „Es war schließlich nicht mehr die Frage, ob die Platte Nr. 1 würde, sondern nur wie lange es dauern würde. Das passierte dann in der ersten Woche mit Vorbestellungen in der Größenordnung von 1 Million Exemplaren." Ganz Amerika spricht von den Vier. George Harrison: „Der Ruhm war für uns alle neu, und dennoch taten wir so, als wären wir völlig vertraut damit. Es stand alles im Drehbuch. Es war wirklich so, als sei es nur ein Drehbuch, das nichts mit uns zu tun hat, und ich habe nicht einmal das Gefühl, daß ich damit irgend etwas zu tun hatte. Es war einfach wie ein Film, der geschrieben und gedreht wurde, und man sagte uns, daß wir mitspielten. Leute erklären mir, daß ich in diesem Film eine Rolle hatte."

Am 7. Februar landen die Beatles und Brian Epstein in New York. Noch wenige Wochen vorher hatte sie fast niemand hier in Amerika gekannt, und jetzt bereitet man ihnen einen unglaublichen Empfang. Werbematerial im Werte von 50 000 $ war zuvor verteilt worden, um die Beatles anzukündigen. Die „New York Times" schreibt über sie: „Man multipliziere Elvis Presley mit vier, subtrahiere sechs Jahre seines Alters, addiere dann den britischen Akzent und einen ausgeprägten Sinn für Humor dazu. Das Ergebnis: die Beatles."

„Amerika zu erobern war das beste. Wir wollten größer sein als Elvis – das war die Hauptsache.

Keiner von uns hätte es alleine schaffen können, denn Paul war nicht stark genug, ich nicht genug Mädchentyp, George zu ruhig und Ringo nur der Schlagzeuger. Aber wir dachten, daß doch jeder irgendeinen von uns mögen würde, und so ist es dann auch gekommen", sagt Lennon. George erklärt: „Zwischen uns herrschte immer ein Gleichgewicht, deshalb konnte man auch einmal einen schlechten Tag haben. Ringo war sehr solide, aber auf vielerlei Weise konnte er schlimmere Sachen sagen als jeder andere von uns. Dennoch kam er immer damit durch, weil ihn die Omis und alle liebten, sie schluckten es einfach. Immer gab es einen Ausgleich innerhalb der Gruppe: manchmal war Paul der Böse und John der Diplomat. Wir waren nie alle zur gleichen Zeit ärgerlich, und ich denke, daß wir alle vier zu unterschiedlichen Zeitpunkten die gleichen Fehler und die gleichen Qualitäten hatten."

Brian Epstein erklärt ein paar Monate nach der eindrucksvollen Eroberung Amerikas, daß er und die Beatles immer geglaubt hatten, bereits das Größtmögliche erreicht zu haben. Als erstes einen Plattenvertrag, dann den Erfolg der 1. Single, dann die Nummer 1 in England mit „Please Please Me" und schließlich den Auftritt im Londoner „Palladium", der wichtigsten Fernseh-Show in Europa, und die „Royal Variety Performance" in Anwesenheit der Queen.

Nur Amerika erscheint zu groß, zu gewaltig, zu fern, zu amerikanisch. Doch es geht immer weiter. Die Beatles erreichen die Nummer 1 in Amerika und treten in der Carnegie Hall auf, von der Epstein sagt: „Die Carnegie Hall war sicherlich die größte Konzertbühne der Welt und für Popkünstler kaum zugänglich."

Epstein hatte sehr hart für einen Erfolg in Amerika gearbeitet. Er wußte, „Amerika würde uns als Weltstars entweder machen oder zerbrechen. Und in der Tat, es machte uns zu Stars".

Lennon und McCartney zweifeln am Erfolg in Amerika. „Amerika hat alles. Was können wir ihnen da bieten, das sie nicht haben?" fragt Paul Phil Spector während des Fluges von England nach Amerika.

Sehr wichtig für die Popularität ist der Auftritt der Gruppe in der Ed Sullivan Show am 9. Februar. Diese Fernsehshow wird von 70 Millionen Amerikanern gesehen. Das ist bis dahin die größte Anzahl von Zuschauern, die jemals eine Unterhaltungssendung ansahen (dies entspricht einer Einschaltquote von über 60 %). Das Engagement in der Ed Sullivan Show ist vor allem den unermüdlichen Bemühungen Epsteins zu verdanken.

Sullivan weigert sich lange, die Beatles, die in Amerika ja noch relativ unbekannt sind, als Hauptgruppe ins Programm zu nehmen. Daß er es doch tut, haben die Beatles auch dem Glück zu verdanken. Ringo erzählt:

Der populärste Showmaster Amerikas, Ed Sullivan, mit der Sensation aus England

„Ed Sullivan stieg zufällig gerade in London aus dem Flugzeug, als wir dort landeten. Wir kamen von unserer Tournee durch Schweden. Wir waren in ganz Europa populär, aber in Amerika kannte uns niemand. Bei unserer Ankunft am Flughafen waren 10 000 Fans da, die uns begrüßten. Ed Sullivan sagte: ‚Verdammt, was ist das?' und engagierte uns."

Die Beatles sind anders, als die bisherigen Teenager-Idole. Sie sehen anders aus und bilden als Gruppe eine Einheit, anstatt als Star mit seiner Begleitband aufzutreten. Der Erfolg ihrer Schallplatten läßt sich zu einem Teil dadurch erklären, daß ihre LPs nicht wie üblich zwei Hits und sonst nur minderwertiges Material enthalten. Auch die B-Seiten der Singles sind von nahezu gleicher Qualität wie die A-Seiten.

Beatles For Sale

Mit ihrem Erfolg kommt auch ein riesiger Boom der „Beatles-Industrie". Bis Ende 1964 werden Beatles-Artikel (T-Shirts, Becher, Strümpfe und vieles, vieles mehr) allein in den Vereinigten Staaten im Werte von etwa 50 Millionen Dollar verkauft. (Nach einer Schätzung des Wall Street Journals.) Es sei hier auch angemerkt, daß Brian Epsteins mangelnde Erfahrung bei dem Abschluß von Verträgen zur Vermarktung des Namens „Beatles" sehr unvorteilhafte Ergebnisse erzielte. Dadurch entgingen Epstein und den Beatles Einnahmen in Millionenhöhe. Alles mit dem Namen BEATLES drauf läßt sich verkaufen. Doch nicht alles ist legal hergestellt. Bereits in den ersten Monaten des Jahres 1964 werden 60 Hersteller wegen unerlaubten Benutzens des Namens „BEATLES" verklagt.

Auch die Plattenindustrie ist nicht faul. Unzählige Veröffentlichungen (und Wiederveröffentlichungen) überfluten den Markt. Viele dieser Produkte sind heute gesuchte Sammlerstücke.

Die Vorgehensweise der Plattenfirmen wird am Beispiel der Firma Vee Jay Records deutlich. Da Capitol die Beatles anfangs ablehnt, übernimmt Vee Jay die Veröffentlichung der ersten Aufnahmen. Sie bringen die LP „Introducing The Beatles" im Juli 1963 und die drei Singles der Beatles im Februar, Mai und September 1963 heraus.

In Amerika können sich die Beatles vor ihrem Auftritt in der Ed-Sullivan-Show noch unerkannt in der Öffentlichkeit zeigen

Im Januar und Februar 1964 kommen die Beatles zu einer nicht erwarteten Popularität. Vee Jay veröffentlicht daraufhin ihre LP „Introducing The Beatles" nochmals Ende Januar (es wird „Love Me Do" durch „Ask Me Why" und „P. S. I Love You" durch „Please Please Me" ersetzt, ansonsten sind die LPs identisch). Eine LP mit vier der alten Titel folgt im Februar unter dem Titel: „Jolly What! The Beatles And Frank Ifield On Stage". Sie enthält neben den besagten vier Titeln Live-Aufnahmen von Frank Ifield. Der Name ist sehr irreführend, da die LP weder Live-Aufnahmen der Beatles, noch Aufnahmen der Beatles mit Ifield enthält. Ähnlich ist es mit der LP "The Beatles Vs. The Four Seasons", die im Oktober folgt. Es handelt sich hierbei um eine Doppel-LP. Die erste Platte ist mit der LP „Introducing The Beatles" identisch, die zweite enthält Material der Four Seasons. Aber damit ist noch lange nicht Schluß.

Vee Jay veröffentlichte elf Tage nach der letztgenannten Platte die LP „Songs, Pictures and Stories of The Fabulous Beatles". Diese wiederum ist mit „Introducing The Beatles" und „The Beatles Vs. The Four Seasons" *identisch*. Von den Vee-Jay-Aufnahmen werden acht Singles und eine EP veröffentlicht (vier davon wiederum nochmals ein paar Wochen später unter neuem Label). Als Capitol 1965 die Rechte für diese Aufnahmen erwirbt, bringt auch sie eine LP heraus. Die elf Titel sind bereits auf den beiden LPs mit dem Titel „Introducing The Beatles" erschienen.

Es sind 19 verschiedene Lieder der Beatles, die betroffen sind. Die meisten werden drei- bis viermal veröffentlicht („Please Please Me" hält den Rekord von siebenmal). Der durchschnittliche Wert liegt über vier, d. h. jedes der 19 Lieder ist auf durchschnittlich etwa vier verschiedenen Platten herausgegeben worden, die innerhalb von weniger als 18 Monaten auf den Markt geworfen werden.

Dieses Beispiel zeigt die Vermarktung der Beatles, die vor allem 1964 in Amerika betrieben wird.

Verschiedene LPs mit Interviews und Gesprächsfetzen werden auf den Markt geworfen. So gibt es da z. B. „Hear The Beatles Tell All", „The American Tour With Ed Rudy" (beide kürzlich wiederveröffentlicht), „All About The Beatles" (mit der Schwester von George Harrison) oder das „offizielle" Capitol-Produkt „The Beatles Story".

Gleichzeitig muß gesagt werden, daß in Amerika andere Platten erscheinen als in Europa. Eine amerikanische LP enthält etwa elf Titel, eine europäische 14. In Amerika lassen sich mehr LPs als in Europa verkaufen. Für Singles gilt das gleiche. In England ist die EP erfolgreich eingeführt. Eine EP ist eine Single mit jeweils 2 Titeln auf einer Seite. In Amerika dagegen bleibt die EP ohne Erfolg.

Für die Jahre 1962–1966 ergibt sich in England und Amerika folgende Statistik:

102 Songs werden veröffentlicht, in England auf 8 LPs, 12 EPs und 13 Singles, in Amerika auf 11 LPs, 4 EPs und 20 Singles.

Neben drei Auftritten in der Ed Sullivan Show am 9., 16. und 23. Februar geben die Beatles auf ihrer ersten Amerika-Tournee Konzerte im Washington Coliseum und in der New Yorker Carnegie Hall. Die Gagen sind, gemessen an ihrer plötzlichen Popularität, lächerlich gering. Die Beatles als Gruppe (einschließlich Manager Epstein) erhalten für jede der Ed Sullivan Shows sowie die zwei Auftritte in der Carnegie Hall je 3500 $. Epstein kommt es nicht auf die Gage an, sondern darauf, daß die Beatles überhaupt dort auftreten können. Jetzt kann er an umfangreiche Tourneen denken.

Die Beatles sind sehr populär. Sie stellen immer neue Verkaufsrekorde auf und beherrschen die Hitparaden, nicht nur in Amerika, sondern auch in Australien. Dort halten sie die ersten sechs Plätze der Hitparade mit „I Saw Her Standing There", „Love Me Do", „Roll Over Beethoven", „All My Loving", „She Loves You" und „I Want To Hold Your Hand" besetzt.

Selbst John Lennons Buch „In His Own Write" wird zum Bestseller. Es erscheint Ende März 1964 und wird mit guten Kritiken bedacht. Der englische Prinz Philipp sagt, er habe das Buch mit großer Freude gelesen.

A Hard Day's Night

Im März und April drehen die Beatles auch ihren ersten Film. Die Produktionskosten von „A Hard Day's Night" belaufen sich auf ca. 250 000 £. Alleine in England spielte der Film binnen kurzer Zeit den vierfachen Betrag ein. Es werden 15 000 Kopien hergestellt, mehr als für jeden anderen Film. Eine Kopie wird sogar in kalifornische Erde eingegraben, um der Nachwelt erhalten zu bleiben. Die zum Film erscheinende LP mit gleichem Titel enthält zum ersten Mal nur Lennon-McCartney-Kompositionen. Auch haben die Beatles mehr Geld und damit Zeit für die Aufnahmen im Studio. Sie probieren verschiedene neue Techniken aus. Nach „A Hard Day's Night" gehen sie auf Tournee.

Die Organisation von riesigen Tourneen ist Epsteins neueste Aufgabe. Zwischen dem 4. Juni und 10. November 1964 spielen die Beatles in 50 Städten auf vier Kontinenten. Die Beatles beginnen in Dänemark und Holland

„Around The Beatles“ Show im englischen Fernsehen (28. April 1964)

Der Auftritt in der Essener Gruga-Halle am 25. Juni 1966

(4.–6. Juni). Dann folgen Hongkong, Australien und Neuseeland (9.–29. Juni). Auf 300 000 Leute, die größte Menge, die sie je begrüßt hat, treffen sie in Adelaide.

Im Juli folgen Auftritte in Schweden und England. Ihre erste „richtige" Amerika-Tournee (vom 19. 8.–20. 9.) schließt daran an. Sie führt die Beatles durch 24 Städte der Vereinigten Staaten und Kanadas. Zum Abschluß spielen die Beatles nochmals in England und in Wales, Schottland und Nordirland. „Die Tourneen der Beatles waren wie Fellinis ‚Satyricon'. Wir hatten zwar dieses (saubere) Image, aber auf Tournee lief das ganz anders. Stell dir einfach ‚Satyricon' mit vier Musikern vor", sagt John Lennon Jahre später.

Ihre nächste LP („Beatles For Sale" bzw. in Amerika „Beatles '65" und „Beatles VI") zeigt weiter veränderte Beatles. Besonders bei Lennon ist der Unterschied deutlich. John schreibt immer mehr über sich selbst. Vorher hat er den Texten, wie er selbst sagt, keine Beachtung geschenkt. Persönliche Geschichten veröffentlichte er nur in seinem Buch "In His Own Write". Das änderte sich ab jetzt.

1965

1965 veröffentlicht er auch sein zweites Buch. Der Titel „A Spaniard In The Works" wurde ins Deutsche mit „Ein Spanier macht noch keinen Sommer" übersetzt. Aber der Titel ist ein Wortspiel, das sich eigentlich nicht treffend in die deutsche Sprache übersetzen läßt. „A *Spanner* In The Works" heißt soviel wie eine Fliege in der Suppe. Ähnlich wie Johns erstes Buch enthält dieses Werk Wortspiele der Nonsensliteratur. In verschiedenen Texten befinden sich autobiographische Anklänge. So zum Beispiel heißt es in dem Gedicht „Unser Paps" (Our Dad):

„Paps ging uns auf den Wecker
Der blöde alte Mann
Bald hatte er es spitz gekriegt
Und fing zu packen an."
(It wasn't long before old dad
Was cumbersome – a drag
He seemed to get the message and
Began to pack his bag.)

Im Frühjahr 1965 wurden der Film „Help" gedreht und die LP mit gleichem Titel aufgenommen.

George Harrison über „Beatlemania": „Beatlemania. Nie möchte ich das noch einmal erleben. Es war schrecklich. Es war wie ‚Einer flog über das Kuckucksnest'. Du bist der Gesunde in der Mitte von Verrückten. Alles was wir tun mußten, war, in die Stadt zu kommen, und schon würden die Leute Schaufensterscheiben einwerfen und die Polizisten von ihren Motorrädern runterfallen. Für uns war das schmerzlich. In den Büchern anderer Leute sieht das immer so aus wie ‚Für euch vier war alles in Ordnung, ihr wart immer glücklich'. Niemand hat über unser Elend geschrieben. Nicht einmal Elvis wurde etwas Mitleid zu teil und für ihn muß es noch schlimmer gewesen sein, denn er war auf sich gestellt, wir waren wenigstens zu viert.

Die Leute bekommen immer nur die eine Seite zu sehen, Bilder wie den Chauffeur, der für dich Päckchen aus Harrods holt und in den Rolls Royce legt. Es ist ähnlich wie eine parteipolitische Sendung für die extrem reichen Leute. Es wird immer so hingestellt, als sei es alles nur Spaß und Freude – kein Grund zu klagen, denn du bist dort oben, wo alle gerne sein würden. Aber bei Gott, es war zeitweise schrecklich."

Rechtzeitig zur LP und zum Film folgen Tourneen durch Europa und Amerika. Da ihre letztjährige Welttournee so erfolgreich war, wählt Epstein jetzt die größten Stadien, die er bekommen kann. Sie beginnen in Paris, Lyon, Mailand, Genua, Rom, Nizza, Madrid und Barcelona (20. Juni bis 3. Juli) und fliegen anschließend nach Amerika. Dort findet am 15. August das denkwürdige Konzert im New Yorker Shea Stadium statt. 55 600 Zuschauer besuchen an jenem Tag das Shea Stadium, niemals zuvor gab es ein Konzert vor so großem Publikum. Die Beatles spielen eine knappe halbe Stunde und erhalten eine Gage von 160 000 $ (das entspricht einem Betrag von etwa 100 $ pro Sekunde). In diesem Jahr treten die Beatles nur in zehn Städten auf. Das Shea Stadium ist das erste der Mammutkonzerte.

Es folgen Auftritte in Toronto (Maple Leaf Gardens, 17 500 Plätze), Atlanta (Atlanta Stadium, 35 000 Plätze), Houston (Sam Houston Coliseum, 12 500 Plätze), Chicago (Comiskey Park, 25 000 Plätze), Minneapolis (Metropolitan Stadium, 22 000 Plätze), Portland (Portland Coliseum, 10 000 Plätze), San Diego (Balboa Stadium, 20 000 Plätze), Los Angeles (Hollywood Bowl, 20 000 Plätze) und San Francisco (Cow Palace, 30 000 Plätze). Die Konzerte finden zwischen dem 15. und 31. August statt. Drei Monate nach dieser Amerika-Tournee folgt eine kleinere durch England. Die Konzerte der Jahre 1964 und 1965 finden statt, während die Beatles auf dem Höhepunkt ihrer Karriere sind.

Rückblickend auf jene Zeit berichtet Ringo Starr: „Es war egal, wie gut oder schlecht wir spielten. Es war immer dieselbe Reaktion des Publikums. Auch wenn wir die mieseste Show gemacht haben, applaudierten und schrien sie."

George Harrison: „Beatlemania. Nie möchte ich das noch einmal erleben.“

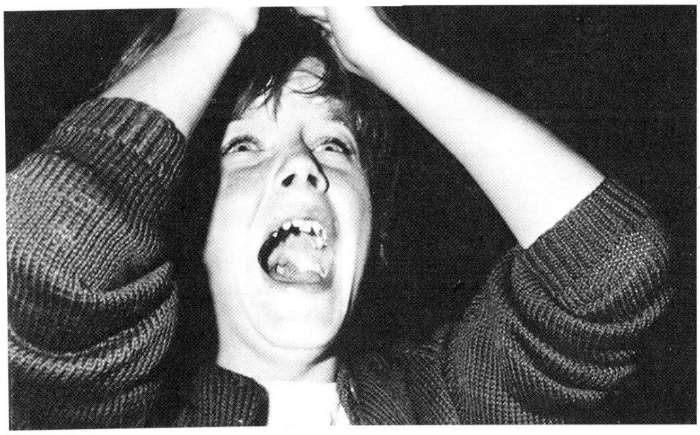

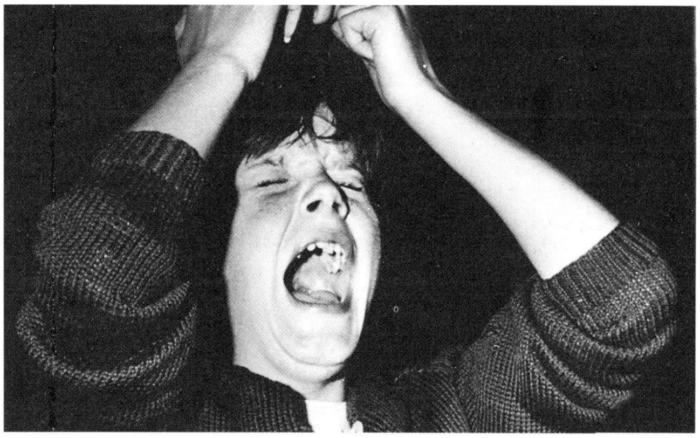

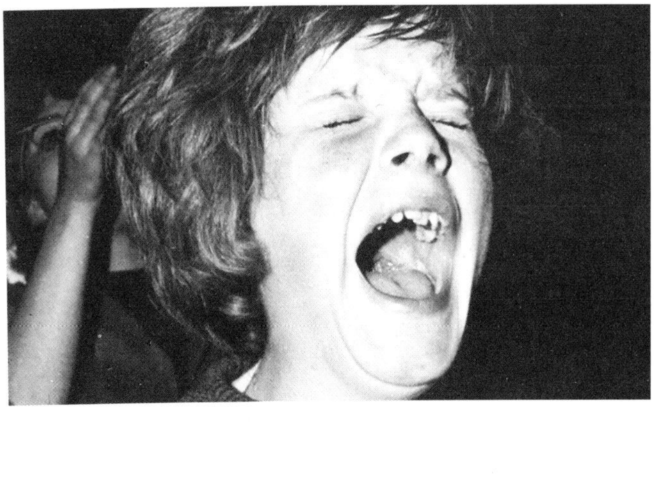

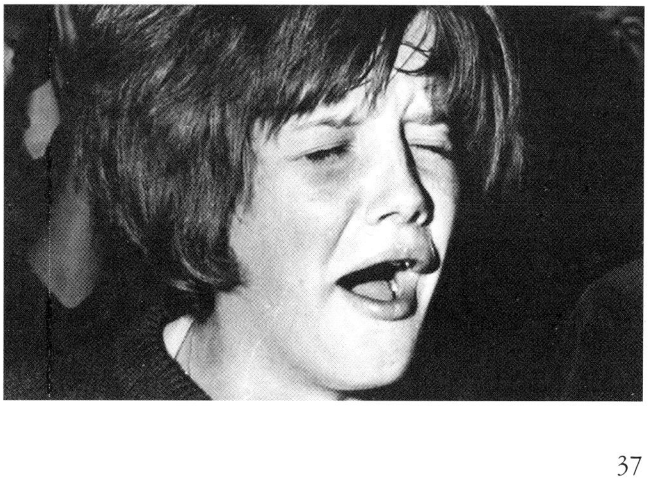

Am 24. Juni 1966: ein Konzert im Münchner Circus Krone

„Ich erinnere mich an Chicago. In den schwarzen Ghettos gab es Tumulte, und als wir durchfuhren, leiteten Polizisten den Verkehr. Sie waren aufgeregt und versucht, elegant zu wirken. Sie hielten sich nicht an den Lenkern fest und fielen von ihren Motorrädern herunter. In Houston lehnte der Polizeichef die Ratschläge, auf welche Probleme er stoßen würde, ab. Als die Räder die Rollbahn berührten, mußte unser Pilot die Maschine abstellen und das Flugzeug rollen lassen, weil Tausende von Fans auf der Rollbahn entlanggelaufen kamen. Innerhalb von Minuten erreichten die Leute das Flugzeug, stiegen auf die Flügel und klopften an die Fenster.

Ein anderes Mal schossen eifersüchtige Freunde auf unser Flugzeug", erzählt George Harrison in seiner Autobiographie „I Me Mine".

Die Beatles und Bob Dylan

Der Amerikaner Robert Zimmermann, bekannt unter dem Namen Bob Dylan, stößt vor allem in Amerika mit seinen Folksongs auf große Begeisterung. Mit seinen meist mit akustischer Gitarre und Mundharmonika vorgetragenen Protestsongs kommt er zu einer großen Popularität bei der jüngeren Generation. Sein Einfluß auf die Jugend ist mit dem der Beatles vergleichbar.

Die wichtigsten Einflüsse auf die populäre Musik kommen nach herrschender Meinung von den Beatles und Bob Dylan. Auch gegenseitig haben sie sich nicht unerheblich beeinflußt.

Über die Beatles sagt er: „Sie machten Dinge, die sonst niemand tat. Jeder dachte, sie würden bald wieder verschwinden. Für mich war es offensichtlich, daß sie eine bleibende Macht waren, die die Richtung zeigte, in die Musik zu gehen hatte." „Ich war in diesen Tagen (1964) nicht zu sehr erpicht auf die Texte", sagt Lennon, „Dylan kam dann mit dem Entwurf für sein neuestes Stück an und sagte: ‚Mensch, hör' dir den Text an.' Ich sagte: ‚ich achte nie auf die Worte.'

Ich fing an, mir über meine eigenen Gefühle Gedanken zu machen. Ich weiß nicht genau, wann das los ging, vielleicht mit ‚I'm A Loser' oder ‚You've Got To Hide Your Love Away'. Anstatt mich in irgendeine Situation hineinzuversetzen, versuchte ich einfach, meine Gefühle auszudrücken, ich glaube, Dylan hat mir dabei geholfen."

Lennon sorgt sich mehr um die Texte, Dylan verwendet mehr und mehr elektrische Gitarren und den musikalischen Stil der Beatles. Eine perfekte Mischung aus Beatles und Dylan ist die amerikanische Gruppe „The Byrds". Sie spielen Titel von Dylan perfekt im Stil der Beatles. Aus Folk- (Dylan) und Rockmusik (Beatles) entsteht, was in Zukunft Folk-Rock genannt wird. Vom Sommer 1965 ab werden die Texte der Rockmusik ernster genommen, nicht zuletzt dank Dylan.

Der erste Beatlessong, der von dem Einfluß Dylans zeugt, ist wohl „I'm A Loser". Lennon gibt zu, daß er von ihm beeinflußt worden ist, meint aber, „ich hätte das Stück noch mehr wie Dylan machen können." Das tat er dann schließlich auch mit „You've Got To Hide Your Love Away", das auf der LP „Help" erscheint. Der Titelsong dieser LP ist ein Hilfeschrei Lennons. „Die meisten Leute dachten, es sei einfach ein schneller Rock 'n' Roll-Titel. Auch ich habe erst später gemerkt, daß ich tatsächlich um Hilfe rief. Es war meine „Fetter-Elvis"-Periode. Man sieht es in dem Film. Ich bin ziemlich dick und unsicher und singe über die Zeit, als ich noch jünger war, wo es alles viel einfacher war."

„Help" beinhaltet erstmals zwei Kompositionen von George Harrison, „You Like Me Too Much" und „I Need You". Nach dem ersten Versuch („Don't Bother Me") wachsen seine Songschreiberfähigkeiten. Das zweifellos bekannteste Stück dieser Platte und der Beatles überhaupt ist „Yesterday". Es wird von den Musikverlegern in aller Welt mit über 2000 Cover-Versionen als das wertvollste Stück Musik angesehen, das es bisher gibt. Etwas komisch klingt es dann schon, wenn man erfährt, daß das bekannteste Stück der Beatles eigentlich gar nicht von den Beatles ist. Es ist das erste Soloprojekt. Es werden zwar alle vier Beatles genannt, es wirkt jedoch lediglich Paul McCartney mit einer akustischen Gitarre mit. Er hat das Lied (ohne John) komponiert. Unterstützt wird er bei der Aufnahme von einem Streichquartett.

Rubber Soul

„Von unseren frühesten Tagen in Liverpool an hatten wir einen unterschiedlichen musikalischen Geschmack. Das hat vielleicht zu Streitereien geführt, besonders zwischen Paul und George, aber ich bin sicher, daß dieser Unterschied musikalisch sehr viel Gutes gebracht hat."

(John Lennon)

Die 65er LP „Rubber Soul" ist stark vom Einfluß des Folk Rock gekennzeichnet. „Rubber Soul war ein Wendepunkt für uns. Es ist die erste Platte, die vollständig unter unserer Leitung entstand", berichtet Ringo. Ähnlich sieht es John: „Wir wurden musikalisch und technisch besser. Wir übernahmen das Studio und entwarfen das Cover selbst."

Dies ist bahnbrechend. Die Schallplattenhülle (Cover) ist nicht mehr länger ein einfaches Verpak-

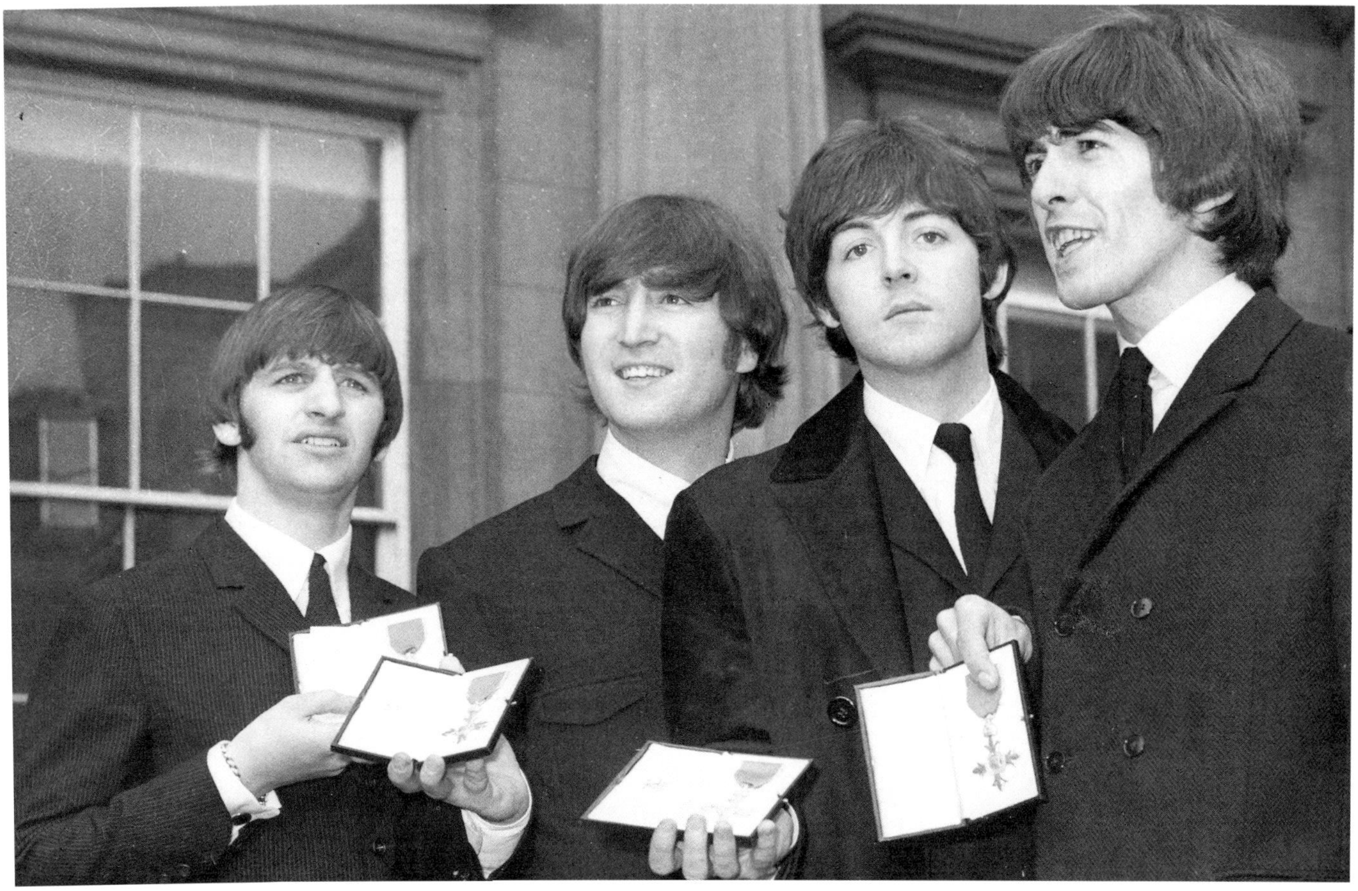

Königliche Ehren für eine Popgruppe: Im Oktober 1965 verleiht Königin Elisabeth den Beatles den MBE-Orden („Most Excellent Order of the British Empire").

kungsmittel; ab jetzt ist das Cover ein wichtiger (künstlerischer) Bestandteil des Produktes. Ihre Gesichter sind inzwischen weltweit so bekannt, daß der Name Beatles gar nicht mehr auf dem Cover auftaucht.

Erstmals hört man den Sitar. George Harrison benutzt dieses Instrument bei dem Lied „Norwegian Wood". Er hat ihn in London gekauft und spielt ihn noch wie eine Gitarre. Später reist er mehrmals nach Indien und übt intensiv das Spielen des Sitars. Harrison übt von 1965 bis 1968 fast jeden Tag. Er erkennt aber auch, daß er kein großer Sitarspieler wird und konzentriert sich wieder auf die Gitarre.

In ihren Liedern erzählen die Beatles jetzt Geschichten, die nicht mehr nur von der Junge-Mädchen-Beziehung handeln. John Lennon beschreibt den „Nowhere Man" (Nirgendsmann) und fragt den Zuhörer, ob er nicht ein wenig wie du und ich sei. Auch „Norwegian Wood", „Girl" und „In My Life" sind sehr persönliche Lieder, während McCartney mit „Drive My Car" und „Michelle" Lieder schreibt, die später als für ihn typisch beschrieben werden. Harrison steuert auch dieses Mal wieder zwei Kompositionen bei, nämlich „Think For Yourself" und „If I Needed Someone".

1966

„1965 folgte ein Erfolg dem anderen. Die Jahre 1966–1967 waren schreckliche Jahre der geistigen und physischen Veränderungen für die Beatles."

(Cynthia Lennon)

Mit 1966 kam der Anfang der sogenannten psychedelischen Periode. Innerhalb von zwei Jahren hatten die Beatles das Showgeschäft beherrscht und ständig neue Rekorde aufgestellt.

Musikindustrie und Presse erwarteten, daß der Stern der Beatles so schnell wie er aufgestiegen war, auch wieder sinken würde. „Die Chefs von Capitol behandelten jede Beatlesplatte, als sei sie die letzte. Sie warteten immer darauf, daß die Beatles zu Ende gingen. Doch alle endeten vor den Beatles", erklärt Lennon.

Was sich bereits 1965 angedeutet hat, setzt sich im Jahre 1966 fort: Die musikalische (und persönliche) Weiterentwicklung der Vier. „Wir waren so gut etabliert, daß wir die Grenzen der Pop-Musik ausdehnen konnten", sagt McCartney.

Die wenigsten Lieder der nun kommenden zwei Jahre beschäftigen sich nur mit einfachen Liebesgeschichten. Neue Soundeffekte, Instrumente und einiges mehr werden ausprobiert. Es gibt (fast) keine Grenzen mehr. Man kann diesen Fortschritt mit der Entwicklung von Schwarzweiß- zu Farbfilmen vergleichen. Ganze Orchester werden eingesetzt, und immer neue Ideen tauchen auf, angefangen damit, daß John den Titel „Rain" rückwärts abgespielt auf Platte bringen will. Daraus wird zwar letztendlich doch nichts, aber immerhin sind die Gitarrensoli rückwärts eingeblendet.

Auch die Besetzung, John Lennon – Rhythmusgitarre, Paul McCartney – Baß, George Harrison – Leadgitarre und Ringo Starr – Schlagzeug, wird nicht bei jedem Lied streng eingehalten. Teilweise spielen sie andere Instrumente (wie Klavier oder Orgel) oder andere Musiker kommen hinzu. Bei etwa 40 Prozent der Aufnahmen ist die obengenannte Besetzung verändert worden. Das fing bereits mit der LP „With The Beatles" an, auf der George Martin bei dem Song „Not A Second Time" Klavier oder John auf „I Wanna Be Your Man" die Hammondorgel spielt. Bei verschiedenen Titeln werden auch die Rollen getauscht, so spielt Paul z. B. bei „Ticket To Ride" oder „Another Girl" die Leadgitarre. John tut dies bei „Every Little Thing", bei dem George überhaupt nicht mitwirkt.

Bei den späteren Alben werden immer häufiger veränderte Besetzungen verwendet. Weitere Informationen darüber folgen später.

Aufsehen erregt John Lennon, der im Februar Maureen Cleave vom Londoner „Evening Standard" ein Interview gibt, in dem er sagt, daß das Christentum verschwinden wird. Er äußert die oft kritisierte und umstrittene Behauptung, daß die Beatles populärer als Jesus seien. Wörtlich heißt es: „Christianity will go. It will vanish and shrink. I needn't argue about that. I'm right and I will be proved right. We're more popular than Jesus now. I don't know which will go first – Rock 'n' Roll or Christianity. Jesus was all right but his disciples were thick and ordinary. It's them twisting it that ruins it for me."

Das Interview wird am 4. März 1966 im „Evening Standard" gedruckt, im August dann nochmals in der amerikanischen Teenager-Zeitung „Datebook". Im März kaum bemerkt, folgt im August eine Welle des Aufschreies. Große Beatlesplatten-Verbrennungen werden in Texas und Alabama veranstaltet, sechs Ku-Klux-Klan-Mitglieder stören ein Konzert in Memphis, 30 amerikanische Radiostationen verbannen Platten der Beatles aus ihrem Programm (in Südafrika werden sämtliche Aufnahmen der Vier für über fünf Jahre verboten) und die Beatles ziehen sich durch diese Bemerkung den Unmut vieler Fans zu. Doch diese Affäre verdeutlicht zweierlei:

Die Beatles sind populär genug, um sie zu überstehen und, was noch wichtiger ist, sie sind nicht mehr bereit, nach Brian Epsteins Anweisungen kritische Themen in Interviews auszulassen. (Epstein verbot ihnen z. B., ihren Kommentar zum Vietnam-Krieg abzugeben.)

Schnell tritt John wieder vor die Mikrophone, um sich zu entschuldigen. Er sagt, er habe sich halt Gedanken über dieses Thema gemacht und stützt sich auf das Buch „The Passover Plot" von Hugh J. Schonfield, das er gelesen hat. „Ich nehme an, hätte ich gesagt, das Fernsehen ist bekannter als Jesus, wäre ich ohne Aufsehen weggekommen. Ich habe nichts gegen Gott, Christus oder Religion, und ich habe nicht behauptet, wir seien größer oder besser", entschuldigt er sich. Der Erzbischof von Boston gesteht John die Richtigkeit seiner Aussage zu, und der Vatikan nimmt offiziell seine Entschuldigung an.

John Lennon hat sich über Gott häufig Gedanken gemacht und 1970 äußert er seine Ansichten: „Ich glaube an Gott und daran, daß er die höchste Macht ist, weder gut noch schlecht, weder rechts noch links und weder schwarz noch weiß. Wir erschließen diese Machtquelle und machen daraus, was wir wollen. Ähnlich wie Elektrizität sowohl Menschen auf dem elektrischen Stuhl töten als auch einen Raum ausleuchten kann. So ist es auch mit Gott." 10 Jahre später sagt er: „Wenn jemand mit einem guten Stück Wahrheit ankommt, fixieren sich alle auf diese Person und nicht auf die Aussage. Wenn schlechte Nachrichten kommen, erschießt man den Boten, und sind es gute Nachrichten, verehrt man den Boten. Die Aussage wird nicht beachtet. Sei es das Christentum, der Islam, der Marxismus, der Maoismus – alle handeln nur von der Person und nicht von dem, was die Person gesagt hat.

Die Leute haben den Eindruck von mir, daß ich gegen Christus oder gegen Religion bin. Das stimmt überhaupt nicht. Ich bin ein höchst religiöser Mensch. Religiös in dem Sinne, zuzugeben, daß es mehr gibt als das Auge sieht. Ich bin sicherlich kein Atheist. Es gibt vieles, das wir noch lernen können. Das ist sicher überhaupt nicht antireligiös."

Aufsehen erregt auch eine LP in Amerika. Dort erscheint „Yesterday ... and today" mit einem ungewöhnlichen Cover. Es zeigt die Beatles in weißen Kitteln, viel rohes Fleisch und verschiedene Teile von Puppen. Es wird unter dem Namen „Butcher Cover" legendär. Die LP wird nach kurzer Zeit zurückgezogen. Trotz hoher Kosten bekommt sie ein neues Cover, das alte wird entfernt oder überklebt. Eine LP mit Originalcover gehört zu den kostbarsten Plattenraritäten, die es heute gibt. Sammler zahlen z. T. über tausend Mark für das Butcher Cover.

Es verwundert, daß dieses umstrittene Foto überhaupt Brian Epstein ohne Einspruch passieren konnte. Das verdeutlicht auch, daß sein Einfluß mehr und mehr schwindet und die Beatles jetzt selbst entscheiden. Die Beatles stehen auch nach wie vor zu dem Cover, Lennon nennt es „so zutreffend wie Vietnam".

Die zunehmende Komplexität ihrer Aufnahmen ist ein wichtiger Grund dafür, daß sie im Jahre 1966 Live-Auftritte aufgeben. Ihre letzte Tournee dauert vom 24. Juni bis zum 29. August.

„Ich erinnere mich, daß ich viele Male vor Konzerthallen auf die Polizei wartete, die uns hineineskortieren mußte, und dachte, ‚ich will das nicht mehr durchmachen. Wir haben genug gemacht, laßt uns das Geld nehmen und abhauen'." (Paul McCartney)

Während dieser letzten Tournee erleben sie noch einmal einige Hoch- und Tiefpunkte. Sie beginnen in Deutschland: München, Essen und Hamburg stehen auf dem Programm. Ihre Konzerte hier sind erfolgreich. In Hamburg treffen sie mit alten Bekannten wieder zusammen. Von Hamburg aus fliegen sie nach Japan. Zwischen dem 30. Juni und 4. Juli touren sie im Fernen Osten. An drei Tagen geben sie jeweils zwei Konzerte in Tokio. Zum Abschluß reisen sie nach Manila (Philippinen). Dort spielen sie am 4. Juli im Araneta Coliseum vor 100 000 Zuschauern. Der Platz dort ist allerdings nur für 70 000 Zuschauer vorgesehen.

Für die Beatles gehört Manila zu den schrecklichsten Erlebnissen, die sie je hatten. Direkt aus dem Flugzeug werden die Vier (ohne Brian Epstein oder ihre Roadmanager Neil Aspinall und Mal Evans) auf ein Schiff gebracht, das von bewaffneter Polizei umgeben ist. Nach zweieinhalb Stunden kommt Epstein an und erreicht, daß sie ins Hotel können. Sie wissen nicht, daß der Veranstalter Präsident Marcos zugesagt hat, daß die Beatles ihm einen Besuch abstatten würden. Als sie dann nicht bei ihm auftauchen, spielt das ganze Land verrückt. Die Filipinos fühlen sich beleidigt, und die Beatles können kein Taxi finden, das sie zum Flughafen bringt. Auf dem Weg zum Flughafen, und bevor sie einsteigen können, werden sie von aufgebrachten Bürgern belästigt und beleidigt. Epstein wird gezwungen, die Einnahmen abzugeben.

Zwischen dem 12. und 29. August geben sie dann ihre letzten Konzerte. Sie treten in den Großstädten Chicago, Detroit, Cleveland, Washington, Philadelphia, Toronto, Boston, Memphis, Cincinnati, St. Louis, New York, Seattle, Los Angeles und San Francisco auf.

Trotz der gerade bekannt gewordenen Aussage Lennons über das Christentum, verkaufen sich die Eintrittskarten gut. Sogar das riesige New Yorker Shea Stadium ist mit 50 000 Besuchern fast ausverkauft.

Das Konzert am 29. August im Candlestick Park von San Francisco ist ihr letzter öffentlicher Auftritt. Von jetzt ab gibt es die Beatles nur noch als Studioband.

Bei ihrer letzten Tournee greifen sie auf ältere Aufnahmen, hauptsächlich von den LPs „Help", „Beatles For Sale" und „Rubber Soul" zurück. Titel ihrer aktuellen Platte „Revolver" können sie nicht mehr live auf der Bühne spielen.

Ringo sagt über die Zeit der Tourneen: „Es war die beste und die schlimmste Zeit meines Lebens. Die beste, weil wir viel gute Musik gespielt haben und viele gute Zeiten gehabt haben, und die schlechteste, weil es fast 24 Stunden täglich ohne Pause Streß gab. Es hörte nie auf. Hätten wir weitergemacht, ich persönlich wäre verrückt geworden."

Auch haben sie jetzt von ihrer früheren Musik genug. Lennon sagt: „Ich kann mir unsere früheren Aufnahmen nicht anhören, Lieder wie ‚Eight Days A Week' oder ‚She Loves You'. Wenn sie im Radio laufen, schalte ich es ab."

Harrison meint fast anderthalb Jahrzehnte später: „Das Gute am Aufgeben der Tourneen war, daß es die Trennung erzwang oder zumindest dabei half. Es bedeutete so etwas wie ‚nein, vielen Dank. Laß uns eine Pause machen'."

Revolver

Die LP „Revolver" setzt da ein, wo „Rubber Soul" aufgehört hatte. Ihr Titel stand lange Zeit nicht fest, im Gespräch waren u. a. auch „Abracadabra" und „Magic Circles". McCartney schreibt wieder einen Beatles-Klassiker, „Eleanor Rigby". Harrison steuert gleich drei Lieder bei, nämlich „I Want To Tell You", „Love You To" und „Taxman", mit dem er offen die Minister Wilson und Heath angreift. George sagt später, daß für ihn das Songschreiben wie das Beichten ist. „Das war auch die Folge des LSDs, einen Song zu schreiben und versuchen herauszufinden, wer du bist."

Viele Songschreiber sehen es einfach als ihren Job an. Für George aber sind Lieder Mittel, um Gefühle, oder was er zu einer gewissen Zeit durchmacht, zu beschreiben.

John Lennon: „Von dem Tag an, als ich ‚How I Won The War' filmte, wartete ich auf einen Grund, bei den Beatles auszusteigen."

Lennons Beiträge (z. B. „I'm Only Sleeping", „She Said She Said", „And Your Bird Can Sing", „Tomorrow Never Knows") sind sehr stark von seinen Erfahrungen mit Drogen geprägt. Neue Instrumente ergänzen den bekannten Sound von Baß, Gitarre und Schlagzeug. So hört man bei „Eleanor Rigby" Streicher, bei „For No One" ein Horn oder bei „Got To Get You Into My Life" Bläser. Die indische Tabla wird bei Harrisons Komposition „Love You To" verwendet. Aus „The Word Is Love" (The Word) wird „Love Is All And Love Is Everyone" (Tomorrow Never Knows).

Der „Melody Maker" schreibt über diese LP: „Ein brillantes Album, das ein für alle Mal unterstreicht, daß die Beatles die Grenzen von dem, was wir Pop nennen, überschritten haben."

Auch George Martin erkennt in „Revolver" einen Wendepunkt. Sein Einfluß in der Plattenfirma ist stark angewachsen. Für die Beatles verliert er an Bedeutung, da sie immer eigenständiger werden. Anerkennend sagt er, daß eine Idee, die von den Beatles kommt, besser sei, als seine eigenen Ideen. Ihr Talent sei das größere.

Soloaktivitäten

Nach ihrem Erfolg mit „Revolver" gehen die vier Beatles erstmals eigene Wege. Da sie nicht mehr auf Tournee gehen, haben sie viel freie Zeit.

Lennon spielt den Musketier Gripweed in Richard Lesters Anti-Kriegskomödie „How I Won The War" (Wie ich den Krieg gewann) und wirkt bei der Fernsehshow „Not Only – But Also" von Peter Cook und Dudley Moore mit. „Von dem Tag an als ich ‚How I Won The War' filmte, wartete ich auf einen Grund, bei den Beatles auszusteigen. Ich hatte nur nicht den Mut dazu. Daß wir keine Tourneen mehr machten, war aber die Saat für das Ende der Beatles", meint Lennon.

McCartney schreibt den Soundtrack zum Film „The Family Way" und geht mit seiner Freundin Jane Asher auf Safari nach Kenia. Harrison geht nach Indien, um die indische Musik, die ihn seit einiger Zeit fasziniert, weiter kennenzulernen. Dieses Studium bringt ihm endlich eine Identität. Früher war er nur der junge Gitarrist, der keine eigenen Songs schrieb und vom Talent Lennons oder McCartneys fast erdrückt wurde. Lennon erzählt später: „Es dauerte Jahre, bis ich anfing, ihn als gleichberechtigt anzusehen." Jetzt erreicht er langsam die Anerkennung innerhalb der Gruppe. So wie die indische Musik für seine Rolle in der Gruppe wichtig ist, ist die indische Religion für sein Leben von hohem Wert – davon später mehr.

Nachdem George angefangen hat, sich ausgiebig mit indischer Musik zu beschäftigen, erproben unter anderem Brian Jones von den Stones und Donovan den Sitar. Die Rockmusik wird dadurch beeinflußt, man denke etwa an Donovans LP „Sunshine Superman", „Paper Sun" von Traffic oder „Paint It Black" von den Stones.

Seit 1963 haben die Beatles stets rechtzeitig zum Weihnachtsgeschäft eine LP veröffentlicht. (1963: „With The Beatles", 1964: „Beatles For Sale" und 1965: „Rubber Soul"). 1966 ist dies nicht möglich, da sie erst im Dezember wieder anfangen, an einer neuen Platte zu arbeiten. Ihre Plattenfirma will sich das Weihnachtsgeschäft aber nicht entgehen lassen und veröffentlicht die Zusammenstellung „A Collection of Beatle Oldies", eine Art „Best Of..."-LP der Jahre 1963-65.

Mit Ausnahme der einzigen Fremdkomposition „Bad Boy" und dem Lied „Michelle", welches nicht auf Single ausgekoppelt worden war, haben alle Lieder der LP mindestens in Amerika oder England den Platz 1 in den Hitparaden erreicht. Die 14 Titel haben in Amerika und England zusammen 23 Nr.-1-, eine Nr.-2- und eine Nr.-5-Notierung. Also beim besten Willen nichts Neues für die Fans, die diese Titel bereits auf Single haben.

Die nächste wirklich neue Veröffentlichung der Beatles sollte erst im Februar des nächsten Jahres erfolgen. Der Vollständigkeit halber soll noch erwähnt werden, daß die LP merkwürdigerweise nicht in Amerika veröffentlicht wurde.

1967

1967 läuft ihr Vertrag mit EMI aus. George Martin berichtet, daß die Beatles jetzt sehr hohe Summen fordern, nachdem sie aufgrund ihres ersten Vertrages nur sehr geringe Anteile bekommen hatten. So gab es keinen Grund, EMI treu zu bleiben. Jetzt muß EMI einen sehr hohen Preis zahlen, um die Beatles, die bekannteste Gruppe der Welt, zu halten.

Ihre Tantiemen steigen von 6 auf 39 Cents je verkaufter LP. Sie bekommen 10 Prozent vom Großhandelspreis und 17,5 Prozent für LPs in Amerika. Der Vertrag läuft über 10 Jahre. Bisher betrugen die Tantiemen im Höchstfall 5 Prozent. Nachdem die Beatles wesentlich mehr erhalten, folgen auch andere Künstler. Die Tantiemen erreichen bisher unbekannte Höhen und die Schallplattenfirmen müssen ihre Verkaufspolitik ändern und die Preise erhöhen. Wie in vielen anderen Dingen auch, führen die Beatles diese „Revolution in der Plattenindustrie" (George Martin) an.

Im Februar 1967 erscheint die Single „Penny Lane/Strawberry Fields Forever". Wie zuvor „Day Tripper/We Can Work It Out" und „Yellow Submarine/Eleanor Rigby" erscheint auch diese Single in England als sogenannte "Double-A-Side"-Single. In Amerika erreicht „Penny Lane" die 1. Position („Strawberry Fields" immerhin noch die 8.). Beide Titel zusammen schaffen auch in England den 1. Platz der Melody-Maker-Hitparaden. Nur in den britischen Billboard Top 20 kommen sie nicht über Platz 2, erstmals also keine Nr. 1 seit „From Me To You" im April 1963. In England schafften übrigens sämtliche Singles der Beatles ab April 1963 die Nr. 1, bis auf obige und „Something/Come Together" (Nr. 4) und „Let It Be/You Know My Name" (Nr. 2).

Über „Strawberry Fields Forever" gibt es ein Kuriosum zu berichten: Es existieren zwei Aufnahmen in verschiedenen Tempi und Tonlagen. Doch der Zufall wollte es, daß man beide zu einem Produkt vereinigen konnte, indem man die schnellere der beiden Aufnahmen verlangsamte und dabei genau die Tonlage der ersten erreichte. Am Ende des Liedes hört man John verlangsamt „I'm very bored" sagen.

„Sgt. Pepper", erschienen im Juni 1967, entschädigte die Fans für eine relativ lange Wartezeit.

„Sgt. Pepper" stellt ganz sicher einen der Höhepunkte der Rockmusik dar. Sie erscheint am Anfang des „Summer Of Love", wie er heute genannt wird. Die Haare werden länger, bunte, psychedelische Farben tauchen auf, die Jugend erreicht ein neues Bewußtsein und die zwei beliebtesten Worte, vor allem der jüngeren Generation, sind „Love" und „Peace".

„Im Sommer 1967 erschienen die philosophischen Beatles. Der regelmäßige Gebrauch von Drogen erweitert ihren Horizont zu einem Lebensbewußtsein, so ganz anders als ‚She Loves You' und dem ‚Junge-trifft-Mädchen'-Bild", erzählt Cynthia Lennon. Ergebnis ist das revolutionäre Werk „Sgt. Pepper's Lonely Hearts Club Band". Textlich und musikalisch bietet es viel Neues. Die Möglichkeiten und das Potential im Jahre 1967 scheinen fast unbegrenzt. Bevor näher auf die LP eingegangen wird, soll einiges über den Zeitgeist gesagt werden.

Harrison sagt 1967: „Jeder lebt sein Leben und denkt ‚Das ist die Realität'. Zu Leuten wie uns sagen sie: ‚Ihr brecht aus der Wirklichkeit aus!' Dieses Aufwachen, zur Arbeit gehen, wieder nach Hause gehen und wieder dasselbe bezeichnen sie als Wirklichkeit."

Im Jahre 1967 nehmen die Beatles besonders intensiv Drogen. Lennon meint Jahre später: „Ich muß Tausende von Trips gehabt haben. Ich aß das Zeug die ganze Zeit." Seine damalige Frau sagt: „Das Übel begann in dem Moment, als Cannabis und LSD in unser Leben trat. Die Vier hatten alles, was sich ein Mann im Leben wünschen kann: Wohlstand, Erfolg, Familien und gute Freunde. Aber die menschliche Natur und die Suche nach etwas Neuem und Unerreichbarem brachte sie dazu, mit allem, was ihnen angeboten wurde, zu experimentieren. Durch diesen unheimlichen Erfolg schwand die Normalität in unserem Leben. Wir wurden durch Umstände, die außerhalb unserer Kontrolle lagen, zu einem Lebensstil gezwungen, auf den keiner von uns vorbereitet war. John brauchte es, vor der Realität zu flüchten. Durch Marihuana entkamen sie dem Druck und der Verantwortung ihrer Position."

Als bekannt wird, daß die Beatles Drogen nehmen, gibt es einen neuen Skandal. Paul gibt gegenüber dem amerikanischen Magazin „LIFE" zu, LSD zu nehmen. Doch damit nicht genug, am 24. Juli erscheint in der renommierten „London Times" eine ganzseitige Anzeige, die eine Legalisierung von Marihuana fordert. Unterzeichnet ist sie unter anderem von Brian Epstein und den Beatles.

Sgt. Pepper

„Sgt. Pepper" bildet als erste LP der Rockmusik eine Einheit, später Konzeptalbum genannt. Es enthält die unterschiedlichsten Arten von Rockmusik. Selbst Takt- und Tonarten wechseln innerhalb eines Stückes. So wird in „Within You Without You" sowohl 4/4- und 5/8- als auch 5/4-Takt verwendet. Bei „Day In The Life" werden verschiedene Taktarten (4/4, 4/8, 5/8 und 6/4) verwendet. Ungewöhnliche Taktarten wie 5/8, 4/8 oder 6/4 und Taktwechsel innerhalb eines Stückes waren bisher in der Rockmusik nicht üblich.

Außerdem sorgt das inzwischen weltberühmte Cover – es zeigt George Bernard Shaw, Edgar Allan Poe, Fred Astaire, Marilyn Monroe, Stan Laurel und Oliver Hardy, Bob Dylan, Karl Marx, Albert Einstein, Lewis Carroll und viele andere – für Aufsehen. Die LP ist ein bedeutender Meilenstein in der Rockmusik.

Die Beatles benötigen vier Monate im Studio und 100 000 Dollar zur Fertigstellung dieses Albums. Nach heutigem Maßstab ist das sehr wenig, aber im Jahre 1967 war es eine Sensation. Auch auf diesem Gebiet sind die Beatles die Vorreiter, denn nach „Sgt. Pepper" benötigen mehr und mehr Künstler ähnlich lange Produktionszeiten und vergleichbare Summen.

Am Anfang von „Sgt. Pepper" steht das Lied „Strawberry Fields Forever". Kurz darauf folgen „When I'm Six-

„Our World“ Fernsehshow: die Vier mit „All You Need Is Love“ – weltweit und live

ty-Four“ und „Penny Lane“. Das erste und das dritte Stück werden jedoch auf Single vorab veröffentlicht und nicht auf die LP genommen. Das erste Lied der LP ist der Titelsong. Mit „Sgt. Pepper“ beginnt und endet die Platte, als Zugabe kommt schließlich noch „A Day In The Life“, eines der beliebtesten und eindrucksvollsten Lieder der Beatles überhaupt.

Lennons Beiträge sind von verschiedensten Quellen inspiriert, z. B. „Being For The Benefit Of Mr. Kite“ von einem alten Zirkus-Poster, „Good Morning, Good Morning“ von einem Werbespot für Cornflakes, „A Day In The Life“ von diversen Zeitungsmeldungen und „Lucy In The Sky With Diamonds“ von einer Zeichnung seines Sohnes Julian. Im letzteren Fall vermuten viele Zuhörer einen Hinweis auf LSD (den Initialen des Songs). Einige Leute gehen sogar soweit, zu behaupten, daß Lieder wie „Lucy...“ und „A Day In The Life“ zum Drogenkonsum auffordern. Bei letzterem ist das mit Sicherheit falsch. Ganz deutlich wird aber der große Einfluß der Drogen auf die Beatles.

Der Text des besagten „Lucy In The Sky With Diamonds“ ist sicherlich der ungewöhnlichste, den die Beatles (bzw. John Lennon) bisher geschrieben haben. Lennon spricht von „Schaukelpferdmenschen, die Marshmallow-Süßigkeiten essen“, von „Zeitungstaxis, die am Ufer erscheinen und darauf warten, dich wegzubringen“, von „Pförtnern aus Plastilin mit Spiegelkrawatten“ und von Lucy, dem Mädchen mit den Kaleidoskopaugen.

Dieses Lied ist durch den Einfluß des Autors Lewis Carroll entstanden. John bezeichnet Carroll, der auch auf dem Cover von „Sgt. Pepper“ zu sehen ist, als seinen Lieblingsautor und größten Einfluß.

McCartney zeigt sich sehr vielfältig mit Liedern wie „She's Leaving Home“, „Lovely Rita“, „When I'm Sixty-Four“ oder dem Titelsong. Jetzt wird auch der Kontrast zwischen den Liedern McCartneys und denen Lennons immer deutlicher. Zugleich arbeiten die beiden auf dieser LP zusammen wie schon lange nicht mehr (und wie nie mehr in der Zukunft). „A Day In The Life“ besteht aus zwei Teilen. Im ersten Teil („I read the news...“) besingt Lennon Zeitungsmeldungen. Das Verkehrsopfer, von dem er spricht, ist übrigens der 21jährige Guinness-Erbe Tara Brown, der mit den McCartneys befreundet war. Der zweite Teil („Woke up...“) stammt von Paul. Zusammengesetzt und durch ein Orchester unterstützt ist das Lied ein Höhepunkt der LP.

Harrison ist zu dieser Zeit so sehr mit indischer Philosophie und Musik beschäftigt, daß er nur Zeit für ein Lied hat. Seine einzige Komposition ist „Within You Without You“, welche mit indischen Musikern, aber ohne John, Paul und Ringo aufgenommen wird.

Die Aufnahmen der LP sind voller technischer Spielereien. Um zum Beispiel die richtige Atmosphäre für „Being For The Benefit Of Mr. Kite“ zu erzielen, gehen die Beatles ganz ungewöhnlich vor: Verschiedene Aufnahmen von Orgelmusik werden in unterschiedlichen Tempi abgespielt, elektronisch verzerrt und dann rückwärts wiedergegeben. Diese Aufnahmen werden in Streifen von knapp 40 cm Länge geschnitten und in zufälliger Reihenfolge wieder zusammengesetzt. Im angesprochenen Lied folgt außerdem nach den Worten „Of course Henry the horse dances the waltz“ ein ganz ungewöhnliches Stückchen Walzer.

Auch für die Auslaufrille lassen sich die Beatles etwas Ungewöhnliches einfallen. Man kann dort (allerdings nur bei einigen Pressungen, z. B. nicht bei Pressungen aus Amerika) ein Stück von zwei Sekunden Länge hören. Auch Töne von 20 000 Hertz, die Menschen nicht mehr hören können, sind noch darauf gepreßt.

„‚Sgt. Pepper‘ war der Höhepunkt. Wir komponierten auch wieder zusammen“, sagt Lennon. Ganz unterschiedlich fallen die Meinungen der Kritiker aus. Kritiker sind alle diejenigen, die meinen, etwas zu den Beatles sagen zu müssen. Der bekannte Dr. Timothy Leary (der übrigens bei „Give Peace A Chance“ mitsingt) sieht in den Beatles Agenten Gottes. Seine Thesen, die er in dem Essay „Thank God For The Beatles“ bei der Liga für geistige Entdeckungen veröffentlicht, klingen heutzutage genauso lächerlich wie die Dr. Joseph Crows, der als Amerikas Spezialist für musikalische Subversion angekündigt wird. Crow ist Sprecher der rechtsgerichteten John Birch Society, die bereits früher vermutet hatte, die Beatles seien eine kommunistische Verschwörung. Unter anderem äußert er: „Weder Lennon noch McCartney waren sehr gut in der Schule, nie hatten sie Unterricht in Musik. Daß sie solche Musik geschrieben haben, ist genauso, als ob jemand, der keine Mathematik oder Physik hatte, die Atombombe erfände. Ich habe keine Ahnung, ob die Beatles wissen, was sie tun, oder ob sie von sehr raffinierten Leuten benutzt werden. Aber das spielt eigentlich keine Rolle. Das Ergebnis alleine zählt. Die Beatles sind die Rattenfänger und rufen ein Durcheinander, eine Drogenseuche und eine Atmosphäre für gesellschaftliche Revolutionen hervor.“

Auch Kritiker der ernsten Musik beschäftigen sich intensiv mit den Beatles. Sie werden mit dem Genie Mozart verglichen und es heißt zum Beispiel, „die Beatles belegen die Renaissance des Liedes.“ Leute wie Bernstein, Copland und Ginsberg loben das Album.

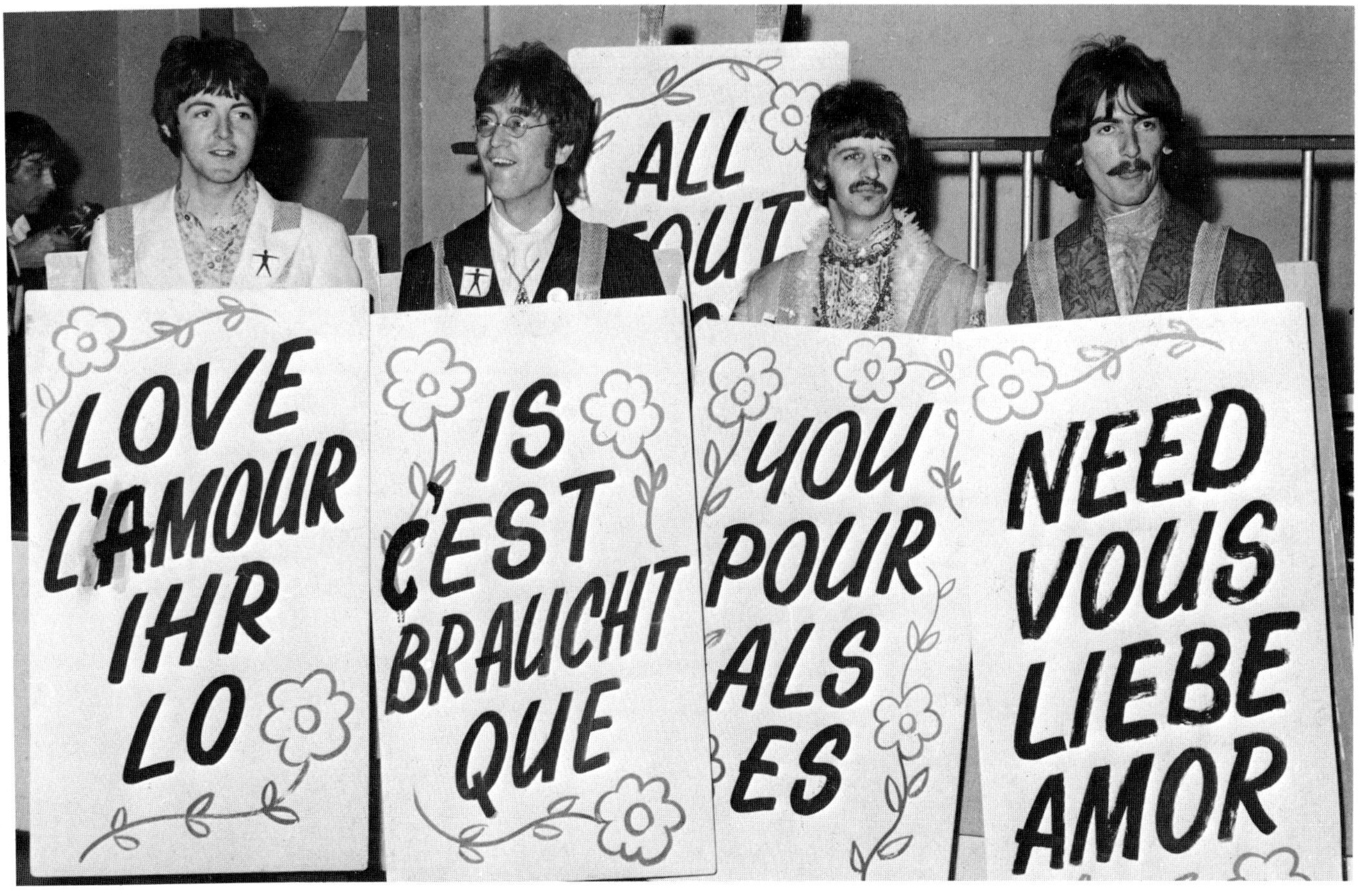

„All You Need is Love“: die Botschaft der Beatles im Juni 1967

Erstmals werden auf einer Rockplatte auch die Texte abgedruckt. Die LP bleibt übrigens 121 Wochen in den amerikanischen Top-200-LP-Charts, länger als jede andere Beatles-LP. Eine Single wird nicht ausgekoppelt Der Single-Hit der Beatles in diesem Sommer ist zwar nicht von „Sgt. Pepper“, jedoch nicht minder populär. Er wird zum Motto der gesamten jüngeren Generation: „All You Need Is Love.“

„All You Need Is Love“

„All You Need Is Love“ ist ein Lied Lennons, das er für die Fernsehsendung „Our World“ geschrieben hat. „Our World“ ist die erste weltweit gesendete Live-Fernsehsendung. Via Satellit wird sie in 24 Ländern übertragen, wo sie von etwa 400 Millionen Menschen gesehen wird. „All You Need Is Love“ ist der Beitrag Englands für „Our World“. Für das Lied wird ein einfacher und leicht verständlicher Text gefordert, also nicht unbedingt das, was Lennon in letzter Zeit meist lieferte. Wegen der Eingängigkeit des Textes und der Musik wird es so etwas wie eine Hymne für die „Love and Peace“-Generation.

Drogen

„Ich war Kaiser, ich hatte Millionen Mädchen, Drogen, Alkohol, Macht und alle sagten, was für ein toller Typ ich doch sei. Wie sollte ich da wieder rauskommen?“
(John Lennon)

Affären der Rockstars mit Drogen werden in der Öffentlichkeit bekannt. Verschiedene Musiker wie Mick Jagger oder Keith Richards von den Rolling Stones werden wegen Drogenbesitzes verhaftet. Nachdem sie aus dem Gefängnis kommen, nehmen sie das Lied „We Love You“ auf, bei dem Lennon und McCartney im Hintergrund mitsingen. Sie veröffentlichen ihre LP „Their Satanic Majestic Request“, die von vielen Seiten als Sgt.-Pepper-Imitation bezeichnet wird. Daraufhin finden die Stones wieder zu einfacherem Rock zurück.

Die Beatles wenden sich mehr und mehr vom LSD ab. Harrison sagt, daß LSD das Wahrnehmungsvermögen erweitert. Er führt aber auch an, daß er keinen Sinn darin sieht, an Halluzinationen zu glauben. Die Drogen waren der Schlüssel zu einer Tür und Türen sind bekanntlich dazu da, durchschritten zu werden.

Welch ein Kontrast zu den Beatles der Jahre 1963 und 1964 (vgl. z. B. Foto von Seite 27)!

George Harrison und John Lennon mit dem Maharishi Mahesh Yogi

Durch Marianne Faithfuls Mann John Dunbar lernen die Beatles einen jungen Griechen kennen. Dunbar lobt ihn sehr, und besonders John ist von ihm beeindruckt. Sein Name ist Alexis Mardas, und er ist Elektronikingenieur. Er wird Magic Alex genannt und macht verrückte (oft nutzlose) Erfindungen. Und George Harrison erzählt: „Was Magic Alex machte, war, daß er uns die neuesten Erfindungen zeigte und wir dachten, die seien von ihm. Wir waren so naiv.“ John, der kaum Ahnung von Elektronik hat, glaubt dem jungen Griechen alles.

„Alex erreichte großen Einfluß bei den Beatles“, erzählt Cynthia Lennon. „Sein Drang, zu beeindrucken, führte uns dazu, die Meditation kennenzulernen.“ Alex Mardas hat von dem Maharishi gehört, ebenso wie Patti Harrison. Im August fahren die Beatles dann nach Bangor, Wales, um an einer Konferenz von Maharishi „Spiritual Regeneration League“ teilzunehmen. Hunderte von Reportern, Fotografen, Fans und Polizisten, die für Ordnung sorgen sollen, verabschieden die Beatles.

Die Transzendentale Meditation, kurz TM, sollte den Beatles zu einem glücklicheren, erfüllteren Leben verhelfen.

Maharishi Mahesh Yogi

Die Beatles, das versteht der Maharishi sehr schnell, würden ihn bekannt machen. Sie sind die beste Werbung, die er sich vorstellen kann.

Nachdem er Physik studiert hatte, lernte der junge Mahesh Sanskrit (die Literatur- und Gelehrtensprache des Altindischen), studierte die Heiligen Schriften und legte sich den Titel Maharishi zu. Seit 1959 versuchte er, mehr oder minder erfolglos, seine Lehren zu verkaufen, bis ihm 1967 eine Rockgruppe zu ungeheurer Popularität verhilft. Die transzendentale Meditation wird sehr populär, zuerst unter Popstars (wie den Beatles, dann Donovan, Brian Jones, den Beach Boys und den Doors). Man schätzt, daß bis heute etwa zwei Millionen Menschen versucht haben, durch TM glücklicher zu leben.

Die Beatles besuchen am 24. August eine Vorlesung des Maharishi in London. Nach der Vorlesung lädt er sie nach Bangor, Nord-Wales ein. Einen Tag später fahren sie dann auch dorthin. Während ihres Aufenthaltes erfahren sie, daß Brian Epstein tot ist. Es ist der 27. August 1967.

Brian Epstein

Brian Epstein wird häufig kritisiert. Denn seine mangelnde Geschäftserfahrung führte in mehreren Fällen zu sehr unvorteilhaften Verträgen, so z. B. im Zusammenhang mit der Vermarktung des Namens „Beatles". Ähnlich ungünstig waren auch die Film-Verträge. United Artists, die für einen Film der Beatles bis zu 25 % vom Gewinn abzugeben bereit waren, müssen auf Epsteins Vorschlag nur 7,5 % zahlen. Er geht zusätzlich noch die Verpflichtung für drei Filme ein. Nach 15 Jahren gehen außerdem die Filmrechte an den Produzenten Walter Shenson. Angesichts des Erfolgs der Gruppe hätte sich Epstein seiner starken Verhandlungsposition bewußt sein müssen.

Auch die Tantiemen, die die Beatles bis 1966 erhielten, hätten bei mehr Verhandlungsgeschick deutlich höher ausfallen müssen.

Dennoch gebührt ihm große Anerkennung. Die Beatles hätten es ohne ihn wahrscheinlich nie geschafft, an einen Plattenvertrag heranzukommen. Ohne seine Beziehungen und sein Engagement hätten sie kaum eine Platte veröffentlichen können. Auch in den Jahren 1963–1967 hat er alles organisiert und kontrolliert.

Manager Brian Epstein

Er stirbt kurz vor seinem 33. Geburtstag unter mysteriösen Umständen. Ein persönlicher Angestellter ist davon überzeugt, daß er ermordet wurde. Wahrscheinlich handelt es sich aber um einen Unglücksfall. Bereits seit 1966 nimmt er sehr viele Aufputschmittel. Man vermutet, daß er mitten in der Nacht aufwachte und versehentlich eine größere Dosis Schlaftabletten schluckte. An dieser Überdosis stirbt er dann.

Ein guter Bekannter sagt über ihn: „Er war sehr egozentrisch. Er wollte nicht teilen. Er war witzig, romantisch, empfänglich für alles Schöne, aber er hatte auch sehr viel Kummer in seinem Leben."

Produzent George Martin, der ihn gut kannte, berichtet in seiner Autobiographie „All You Need Is Ears" über Epstein: „Ich weiß, daß er nicht zu glücklich in der Schule war, und ich weiß, daß er nie eine wirkliche Beziehung zu einem Mann oder einer Frau hatte. Ich glaube, aus diesen und anderen Gründen, wie seinem erfolglosen Wunsch, Schauspieler zu werden, litt er an großen Frustrationen in seinem Leben. Diese Frustration endete mit dem Erfolg der Beatles, für den er in großem Maß verantwortlich war. Er widmete sich ihnen völlig. Sehr viele Leute hätten lange vorher aufgegeben, bevor er zu mir (zu Parlophone) kam.

Er gab ihnen auch Stil. Er war es, der ihnen sagte, wie sie sich zu verhalten hätten, um erfolgreich zu sein. Er bestand auf der Einheitlichkeit der Haare, und er steckte sie in kragenlose Anzüge, die sie haßten. Ihr Image war ein Teil des ganzen Paketes. Später gingen sie davon ab und entwickelten ihren eigenen Geschmack in der Kleidung und so weiter. Aber Brians Einfluß färbte stark auf sie ab. ... Für Brian wurde dann das Leben sehr schwer. Er verlor die Kontrolle. Sein schon immer kompliziertes Privatleben wurde gestört, und er hielt sich mit Pillen in Gang. Schlaftabletten zum Einschlafen, Aufputschpillen am Morgen und so weiter.

Würde er heute noch leben, hätte er es sehr schwer, mit dem Leben fertig zu werden. Das ist die Tragik. Es war unvermeidbar, daß er die Beatles in Kürze verlieren würde. Für ihn hätte das das gleiche bedeutet, als würde er seine Kinder verlieren, seinen Sinn des Lebens. Wären sie zu ihm gekommen und hätten gesagt, ‚Brian, wir möchten nicht mehr, daß du uns managst', hätte ihn das zerstört. Und das ist gar keine Frage, sie wären gekommen."

Im Oktober 1967 läuft der 5jährige Managementvertrag mit Epstein aus. Ähnlich wie Martin äußern sich auch andere Betroffene. Cynthia Lennon stimmt mit Martin vollkommen überein. Paul McCartney sagt Jahre später: „Brians Herrschaft war dabei, zu enden. Am

Anfang brauchten wir den Mann mit dem Ford Zodiac, um einen Plattenvertrag zu bekommen und um sicher zu gehen, daß wir die richtige Kleidung trugen und so weiter. Aber im Jahr 1967 war vieles nicht mehr unter seiner Kontrolle."

Gerry Marsden, dessen Gruppe „Gerry And The Pacemakers" von Brian gemanagt wurde und den Brian zu großen Erfolgen führte, sagt bezeichnenderweise: „Als Brian starb, hat sich alles schlagartig verändert. Es ist alles zusammengebrochen, und für uns war es das Ende der Erfolgsleiter."

Der Anfang vom Ende

Der Tod Epsteins ist der Anfang vom Ende der Beatles. Lennon sagt: „Die Beatles brachen auseinander als Brian starb. Ich hatte Angst und wußte, daß wir jetzt in Schwierigkeiten waren."

Paul äußert sich zum Tode und sagt, daß wohl niemand Epstein ersetzen kann, und versucht es selbst. Er übernimmt die Führung im Film „Magical Mystery Tour". Paul sorgt dafür, daß jeder der vier einen Teil des Drehbuchs schreibt. Im September gehen sie mit einem gemieteten Bus, einer ganzen Reihe von Schauspielern und der Filmcrew auf die „magisch geheimnisvolle Fahrt" durch England. Die Fahrt stellt sich aber sehr bald weder als magisch noch als geheimnisvoll heraus. Paul McCartney gibt sich große Mühe, die anderen drei sind jedoch eher gelangweilt. Das Fehlen eines richtigen Konzeptes macht sich schnell bemerkbar. Der Film fällt eher chaotisch aus. Die Kritiken sind überwiegend vernichtend. Der erste größere Reinfall der Beatles ist da.

Die LP „Magical Mystery Tour" ist zwar erfolgreich, aber bei weitem nicht so überzeugend wie erwartet. „Flying" ist das erste (und einzige) Instrumentalstück der Beatles, eine Komposition von allen vier Beatles. John spielt das Mellotron, ein Tasteninstrument, das man auf die Klänge verschiedener Instrumente programmieren kann. Später wird es besonders bei Produzenten beliebt, die sich zum Beispiel keine „richtigen" Streicher leisten können.

Die weiteren Lieder wie „Magical Mystery Tour", „Your Mother Should Know" und „The Fool On The Hill" können ebenso nicht dort anknüpfen, wo „Sgt. Pepper" endete.

„Ich ging lange durch meine Dylan-Periode mit Liedern wie ‚I'm The Walrus'. Der Trick war, nie zu sagen, was du meinst, aber immer den Eindruck zu hinterlassen, mehr zu meinen. So, daß mehr oder weniger hineingelesen werden kann." (John Lennon)

Am eindrucksvollsten ist da noch „I'm The Walrus" von Lennon, der wieder durch den Autor Lewis Carroll beeinflußt ist. Zur Veranschaulichung hier ein kleiner Auszug aus Lewis Carrolls Buch „Through The Looking Glass": „The time has come", the walrus said, „to talk of many things; Of Shoes – and ships – and sealing wax – Of cabbages – and kings – And why the sea is boiling hot – And wether pigs have wings."

Das „Walrus" übernimmt John für dieses Lied. Das „Looking Glass" (vom Titel) gefiel ihm so gut, daß er es in „Lucy In The Sky With Diamonds" einbrachte.

Die obengenannten Lieder erscheinen in England auf einer Doppel-EP. Da diese Lieder für eine LP nicht ausreichen, fügt man auf der „Magical Mystery Tour"-LP noch die Single-Hits „Hello Goodbye", „Strawberry Fields Forever", „Penny Lane", „Baby You're A Rich Man" und „All You Need Is Love" hinzu.

1968

Im Februar 1968 reisen die Beatles nach Indien, um während eines zehnwöchigen Aufenthalts in Rishikesh die indischen Lehren weiter kennenzulernen. Ringo Starr reist nach nur 10 Tagen (am 1. März) ab. Knapp vier Wochen später kehren auch McCartney und seine Freundin Jane wieder nach England zurück. Nur Lennon und Harrison verweilen in Rishikesh. Magic Alex, der mit den Beatles in Indien ist, sorgt schließlich für Mißtrauen gegenüber dem Maharishi. Außerdem ist besonders John enttäuscht; die Transzendentale Meditation bietet ihm nicht das, was er erwartet. Am 20. April reisen er und seine Frau Cynthia ab. Harrison folgt zwei Tage später.

Lennon nennt TM jetzt Zeitverschwendung. Verärgert schreibt er ein Lied über den Maharishi („Sexy Sadie"). Harrison dagegen ist weiterhin an den indischen Lehren interessiert. Mit ihnen beschäftigt er sich auch in Zukunft. Die Reise nach Indien bleibt die letzte gemeinsame Reise der Vier (und Cynthias mit John).

Nach der Abkehr von LSD und TM sind aus den Beatles neue, veränderte Menschen geworden.

Ohne ihren Manager Brian Epstein kümmern sie sich nun selbst um geschäftliche Angelegenheiten. Komplizierte Vereinbarungen und Geschäfte kommen auf die Vier zu, die sie nicht ohne weiteres bewältigen.

Ein wichtiger Grund für die Trennung der Beatles sind diese geschäftlichen Angelegenheiten, ebenso wie der Streit um den Manager oder den Ärger mit Northern Songs. Darüber später mehr.

Apple

Die Idee für eine Gesellschaft wie Apple entstand bereits, als Epstein noch lebte. Um ihr Geld nicht durch Steuern zu verlieren, müssen die Beatles es anlegen. Im April 1967 wird die Teilhaberschaft Beatles & Co. gegründet, deren Management die Apple Organization übernimmt. Die Beatles Ltd. (im Juni 1963 gegründet) zahlt 800 000 £ für eine Teilhaberschaft an der Beatles & Co. Gesellschaft. Dadurch erhält jeder der Vier 200 000 £. Um kein Geld durch Steuern zu verlieren, müssen sie mindestens zwei Millionen Pfund investieren.

Aus diesem Grund kaufen sie einen Laden in der Bakerstreet in London. Am 7. Dezember 1967 eröffnen sie dort die Apple Boutique, ein „schöner Ort, wo man schöne Dinge kaufen kann" (Paul). Im Februar 1968 wird dann die Beatles Ltd. in die Apple Corps Ltd. umgegründet. Apple Corps Ltd. ist die Muttergesellschaft von Apple Electronics Ltd., Apple Music Publishing, Apple Records, Apple Films Ltd. (Nachfolger der Beatles Film Productions), Apple Television, Apple Wholesale und Apple Retail.

Später werden noch die Apple Management Company (Agentur für Apple-Künstler), die Apple Overseas Company (für fremde Künstler) und die Apple Publicity Company (zuständig für Werbung) gegründet. Viele ihrer alten Freunde übernehmen führende Positionen in diesen Gesellschaften. So wird ihr früherer Road Manager Neil Aspinall Direktor von Apple Corps Ltd., Mal Evans wird Manager von Apple Records und Derek Taylor wird Publicity Manager. Im Mai eröffnen Lennon und Harrison ein weiteres Geschäft, Apple Tailoring in Chelsea.

Knapp acht Monate nach Eröffnung schließt die Apple Boutique wieder. Der Laden wird am 30. Juli 1968 geschlossen und das Inventar verschenkt. Dies ist ein erstes Indiz für die Hilflosigkeit der Beatles und die teilweise chaotischen Verhältnisse.

Ohne irgendwelche geschäftlichen Kenntnisse oder Fähigkeiten arbeiten die Beatles in Apple. Anfangs macht ihnen dieses neue Spielzeug viel Spaß, doch nach und nach verlieren sie das Interesse daran. Erst nach vielen Monaten bemühen sie sich, das Durcheinander unter Kontrolle zu bringen. Bis dahin leben die Angestellten weiter auf Kosten der Beatles. Sehr viel Geld verschwindet unkontrolliert. Sehr spät erst erkennen die Beatles ihre finanzielle Situation. In dem berühmten „Rolling Stone"-Interview sagt John Lennon 1970: „Die Leute raubten uns aus, sie lebten auf unsere Kosten, es ging um Beträge von 18 000 £ bis 20 000 £, die wöchentlich verschwanden. Kein Mensch kümmerte sich darum. Alle unsere Kumpels, die seit vielen Jahren für uns arbeiteten, lebten sorglos in den Tag hinein und soffen und fraßen wie im alten Rom. Plötzlich wurde mir das klar. Wir verloren so viel Geld, daß wir in absehbarer Zeit pleite gegangen wären, wirklich pleite."

Doch bevor Allen Klein für sie arbeiten und in Apple aufräumen wird, vergeht noch einige Zeit. In dieser Zeit passiert viel. So wird zum Beispiel ihr nächster Film veröffentlicht. Es handelt sich hierbei um einen Zeichentrickfilm mit dem Titel „Yellow Submarine". Die Beatles haben eigentlich nicht sehr viel mit dem Film zu tun. Sie erscheinen am Ende des Filmes kurz und liefern die Musik, übriggebliebene Aufnahmen aus früheren Sessions von „Magical Mystery Tour" und „Lady Madonna". Paul McCartney sagt bei der Filmpremiere treffend: „Mir gefällt, was ich gesehen habe. Aber es sind nicht wir. Es ist nicht unsere Arbeit."

Der Produzent Al Brodax sagt, daß er zu der Handlung des Filmes durch ein Telefongespräch mit Lennon inspiriert worden sei. Lennon sagte: „Wäre es nicht toll, wenn Ringo auf der Straße von einem gelben Unterseeboot verfolgt würde?" Aus dieser Idee entsteht die erste Szene. Brodax weiter: „Wir leiteten viel vom Sgt.-Pepper-Album ab. Wir übernahmen das Wort ‚Pepper', das etwas Positives und Pikantes symbolisiert. Wir erschufen das Pepperland, das voller Farbe und Musik ist. Aber in den anliegenden Hügeln wohnen die Blue Meanies, die alles Farbige und alles Positive hassen."

Mit „Yellow Submarine" kommt ein neuer Boom der Beatles-„Novelties" (Billig-Artikel). Artikel wie Puzzles, Puppen, Schlüsselanhänger, Fotoalben, Postkarten, Kalender, Poster, Kartenspiele und diverse andere Sachen. Ähnlich wie 1964 werden riesige Mengen umgesetzt.

Es gibt auch eine LP „Yellow Submarine", die aber erst im Januar 1969 erscheint. Sie enthält auf der ersten Seite Musik der Beatles und auf der zweiten Seite die Filmmusik von George Martin. Genau wie „Magical Mystery Tour" kann auch sie nicht überzeugen.

Doch vor „Yellow Submarine" kommen einige andere Platten heraus. Erstmals erscheinen am 26. August 1968 Platten auf dem Apple Label.

Apple Records

Apple Records veröffentlicht im Zeitraum vom August 1968 bis zum Mai 1976 in Amerika über 100 Singles (England: knapp 100) und etwa 80 LPs (England: knapp über

Gezeichnete Gesichter – der Enthusiasmus der netten „Fab Four“ ist verloschen

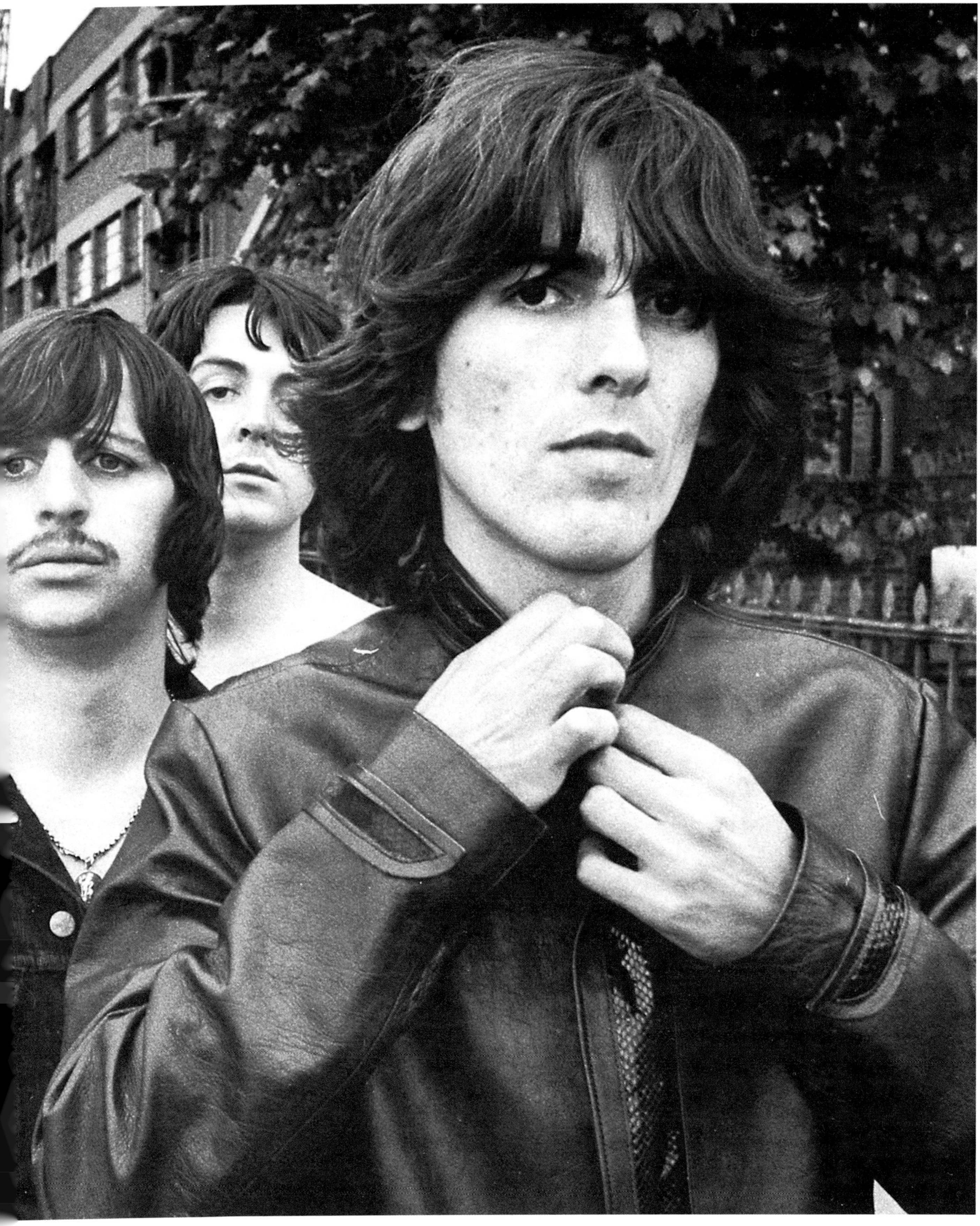

60). Mehr als zwei Dutzend Künstler erscheinen auf Apple. Aber nur zwei goldene Schallplatten gehen an Apple-Künstler (Platten mit den Beatles natürlich nicht gerechnet) und nur eine Handvoll der Platten werden Hits. Doch wie bei der Apple-Dachgesellschaft fehlt auch bei Apple Records die leitende starke Hand eines Managers wie Brian Epstein.

Zu den Künstlern, die bei Apple Platten veröffentlichten (oder veröffentlichen sollten) gehören: Badfinger, die Black Dyke Mills Brass Band, Richard Brautigan, Brute Force, Delaney & Bonnie, Elephant's Memory, Bill Elliott And The Elastic Oz Band, Grapefruit, Chris Hodge, Mary Hopkin, die Hot Chocolate Band, Jackie Lomax, das Modern Jazz Quartet, Yoko Ono, David Peel, Billy Preston, Radha Krana Temple, Ravi Shankar, Phil Spector und Ronnie Spector, Sundown Playboys, John Tavener, Doris Troy, James Taylor, Trash, Lon & Derrek von Eaton und natürlich die Beatles (auch solo).

Die ersten Platten, die bei Apple Records veröffentlicht werden, sind: „Thingumybob/Yellow Submarine" von der Black Dyke Mills Band, „Those Were The Days/ Turn! Turn! Turn!" von Mary Hopkin (beides McCartney-Produktionen), „Sour Milk Sea/The Eagle Laughs At You" von Jackie Lomax (eine Produktion von Harrison, der die A-Seite auch komponiert hat) und „Hey Jude/Revolution" von den Beatles.

Letztgenannte Platte wird die erfolgreichste Single der Beatles. Ein Novum ist die Spieldauer. Mit 7 Minuten und 11 Sekunden ist der Titel der A-Seite ungewöhnlich lang. John Lennon: „Als Paul mir ‚Hey Jude' das erste Mal vorsang, nahm ich es sehr persönlich. Ich dachte, es sei über mich. Er sagte mir aber, es ginge über ihn. Aha, wir gehen also beide durch das Gleiche."

Paul McCartney, der sich inzwischen von Jane Asher getrennt hat, freundet sich mit der New Yorker Fotografin Linda Eastman an. Er hatte sie zum ersten Mal 1967 getroffen. 1968 sieht er sie wieder, im Juni verbringen sie ein paar Tage gemeinsam im Beverly Hills Hotel. Ab Oktober leben die beiden zusammen.

Die B-Seite der Single ist eine Komposition Lennons. Er redet von Revolution und versteht sich, so sagt er, als singender Reporter, „in der Tradition der Minnesänger, die über ihre Zeit und über das, was gerade passierte, sangen". (Lennon).

Ein Auftritt in der amerikanischen David-Frost-Fernsehshow, bei dem sie „Hey Jude" live spielen, bringt Paul zum Entschluß, wieder Konzerte zu geben. Er sagt: „Ich wollte wieder raus. Vor einem Publikum zu spielen, ist mit nichts vergleichbar. In einem Aufnahmestudio muß man sich vorstellen, das Publikum sei begeistert."

Wonderwall

Als erste LP auf Apple erscheint am 1. November George Harrisons „Wonderwall Music", die Musik zum gleichnamigen Film. Am Schlagzeug wirkt Ringo Starr als Roy Dyke mit, Eric Clapton spielt unter dem Namen Eddie Clayton Gitarre. Doch George Harrisons erste Solo-LP wird kaum beachtet.

Two Virgins

Aufsehen erregt Lennons erste Soloplatte. Sie erscheint unter dem Titel „Unfinished Music No. 1 – Two Virgins". Er hat diese Platte mit der japanischen Künstlerin Yoko Ono aufgenommen. Die Platte enthält Avantgarde-Musik, auf dem Cover sieht man John und Yoko nackt.

Lennon hat Yoko Ono erstmals in der Londoner Indica Gallery getroffen, wo Yoko ihre Ausstellung „Unfinished Paintings And Objects" eröffnete. Im Jahre 1968 trifft John Yoko wieder. Sie bleiben in Kontakt. Im Mai ziehen sie dann zusammen und eröffnen ihre erste gemeinsame Kunstausstellung in der Londoner Arts-Lab-Galerie.

Cynthia Lennon, Johns erste Frau, sagt: „Als ich Yoko das erste Mal sah, wußte ich, daß sie die Frau für John war. Ich beschuldige weder John noch Yoko, ich verstand ihre Liebe zueinander." John und Yoko sind jetzt unzertrennbar. Sie veranstalten die verschiedensten „events" (Ereignisse). Vor der Coventry Cathedral pflanzen sie Eicheln ein. John veranstaltet seine erste eigene Ausstellung unter dem Titel „You Are Here" im Juli, er widmet sie Yoko. Im November setzen sie sich für eine neutrale Radiostation („The Peace Ship" genannt) im Mittleren Osten ein. Im Oktober hatten sie bekanntgegeben, daß Yoko schwanger sei. Doch nach einer Verhaftung wegen Drogenbesitzes verliert Yoko das Kind Ende November durch eine Fehlgeburt.

John Lennons Verbindung mit Yoko Ono und ihre Zusammenarbeit – sie nehmen verschiedene Platten auf, produzieren mehrere Filme und veranstalten Happenings – ersetzt ihm mehr und mehr die Arbeit mit den Beatles, an denen er zunehmend das Interesse verliert, als er die ablehnende Haltung Pauls und Georges gegenüber Yoko erkennt. (J. Lennon:) „Ich verlor wirklich das Interesse an der Beatles-Sache, und ich glaube, wir alle taten das. Paul leistete gute Arbeit, uns noch ein paar Jahre zusammenzuhalten, solange wir noch unentschlossen waren. Ich fand schließlich für mich heraus, was zu tun war, und es mußte wirklich nicht mit den

Der Film „Magical Mystery Tour“: Paul McCartney scheint hier eine Dirigentenrolle übernehmen zu wollen, während George und John wenig begeistert folgen

Beatles zusammenhängen. Es hätte so sein können, wenn sie gewollt hätten. Es kam so, daß ich nicht auf sie warten wollte, bis sie sich über Frieden oder was auch immer klar geworden waren, also machte ich für mich weiter, und ich hätte es gerne mit ihnen zusammen gemacht.“

Sie möchte bei den Beatles mitmachen, was jedoch nicht auf die Zustimmung von Paul, George oder Ringo stößt. „Ich war verärgert über John und eifersüchtig auf Yoko. Ich fürchtete, daß eine große musikalische Partnerschaft auseinanderbrechen könnte“, sagt Paul McCartney zurückblickend. Ein Wortspiel Lennons verdeutlicht die Auseinandersetzungen: „Wonsapoa time there were two balloons called Jack and Yono. They were strickly in love-bound to happen in a million years. .... But they battled on against over whelming oddities, includo some of their beast friends.“

„Sie schauten uns alle komisch an, weil wir versuchten, unser Leben in die Hand zu nehmen und wir nicht mehr nur ein Mythos sein wollten“, sagt Lennon. Die Inhalte von Johns Liedern verändern sich durch seine Beziehung zu Yoko. Er tritt in eine neue Lebensphase ein, die anfangs selbst bei seinen treuesten Verehrern kaum auf Begeisterung oder auch nur auf Toleranz stößt. Durch die Veröffentlichung der LP „Two Virgins“ und durch seine Verhaftung wegen Besitzes von Cannabis sorgt er für Skandale. Diese Verhaftung wird ihm noch große Schwierigkeiten einbringen. Er nimmt die ganze Schuld auf sich, da Yoko schwanger ist. Später, als er versucht, nach Amerika zu ziehen, wird er deswegen lange abgewiesen.

Das Weiße Album

Zwischen Mai und Oktober dieses Jahres sind die Beatles wieder sehr fleißig. Sie stellen 34 Aufnahmen fertig. Zwei davon sind „Hey Jude“ und „Revolution“, die als Single veröffentlicht werden. Aus weiteren 30 Liedern stellen sie die Doppel-LP „The Beatles“ zusammen, zwei Titel („Not Guilty“ von Harrison und „What's The New Mary Jane“ von Lennon) bleiben unveröffentlicht. Die Doppel-LP, als „Weißes Album“ bekannt, hat eine ungewöhnlich lange Spieldauer von mehr als eineinhalb Stunden.

Das Cover wird ganz in Weiß gehalten, ohne jeglichen Aufdruck. Nur eine Gruppe wie die Beatles kann sich so etwas leisten. Alle Platten werden durchnumeriert, d. h. jede einzelne Doppel-LP besitzt eine individuelle Nummer.

„Das Weiße Album war das Album der Spannungen. Es war sonderbar. Nie zuvor hatten wir mit Betten im Studio usw. eine Platte aufgenommen. Und die geschäftlichen Treffen und all das. Es gab sehr viel Reibungen bei diesem Album“, meint Paul McCartney. Trotz allem braucht sich dieses Album nicht hinter „Sgt. Pepper“ zu verstecken. Obwohl letztere bei Kritikern meist als die beste LP der Beatles gehandelt wird, ist der Favorit vieler Fans und der Beatles selbst jenes Weiße Album.

Ringo sagt: „Als ein Mitglied der Band war ich immer der Meinung, das ‚Weiße Album‘ sei besser als ‚Sgt. Pepper‘. Wir waren wieder mehr wie eine wirkliche Gruppe. Durch die ganzen Orchester und was weiß ich noch alles wurden wir bei ‚Pepper‘ praktisch zu einer Sessionband auf unserem eigenen Album. Deshalb genoß ich das ‚Weiße Album‘; wir waren wieder eine wirkliche Band.“

Angesichts der Spannungen, wie Paul sie nennt, ist diese Aussage vielleicht ein wenig naiv. Lennon berichtet, daß es eigentlich nicht mehr die Beatles sind, die ein Album aufnahmen, sondern er und eine Begleitband, Paul und eine Begleitband oder George und Ringo mit einer Begleitband. Die Werke sind reine Solokompositionen der Mitglieder. Aber das mindert nicht die Qualität. Ähnlich Ringo äußert sich John: „Ich habe immer das Doppel-Album bevorzugt, weil dort meine Musik besser ist. Mich interessiert das Konzept von ‚Pepper‘ nicht, es mag besser sein. Aber auf dem Doppel-Album habe ich bessere Musik gemacht, weil ich da ich selbst bin.“

Ihr Produzent George Martin versucht, sie dazu zu bringen, einen Teil der Lieder auszuwählen und nur eine einzelne LP zu veröffentlichen. Doch dadurch, daß sie zwei LPs herausbringen, brauchen sie zur Erfüllung des Vertrages, den Epstein 1967 mit EMI geschlossen hat, nur noch eine einzige weitere Langspielplatte fertigzustellen.

Wie bei „Sgt. Pepper“ sind wieder eine Vielzahl von Musikrichtungen vertreten. Von den Liedern „Back In The USSR“ (eine Parodie auf die Beach Boys und auf „Back In The USA“ von Chuck Berry) und „Yer Blues“ (Parodie auf den britischen Blues) bis zu dem sozialkritischen „Piggies“ oder dem satirischen „Bungalow Bill“, von McCartneys Balladen wie „Mother Nature's Son“ oder „Blackbird“ bis zu Lennons sehr persönlichen Songs „I'm So Tired“, „Everybody's Got Something To Hide Except For Me And My Monkey“ und „Julia“, zeigt die LP eine ausgesprochen große Vielfalt. Sogar Ringo Starr hat ein Lied („Don't Pass Me By“) komponiert, George Harrison steuert vier bei. Die anderen 25 Lieder sind etwa zur Hälfte von Lennon und von McCartney.

Nur bei etwa einem Drittel der Lieder wird die Stammbesetzung beibehalten. Bei den anderen zwei Dritteln werden die Rollen getauscht (so z. B. bei „Back In The USSR“: Paul McCartney spielt Lead- und Rhythmusgitarre, George Harrison Baß und John Lennon einen sechssaitigen Baß; oder bei „Honey Pie“: John spielt hier die Lead-Gitarre, Paul übernimmt das Piano und George wieder den Baß), andere Musiker hinzugenommen (bei „While My Guitar Gently Weeps“: Eric Clapton an der Gitarre) oder die Aufnahme wird ohne die anderen gemacht („Why Don't We Do It In The Road“ und „Wild Honey Pie“: Paul McCartney spielt Gitarre, Baß, Klavier und Schlagzeug). Die meisten der Lieder wurden während des Aufenthalts in Indien komponiert.

John Lennon bezieht sich in „Glass Onion“ auf ältere Songs wie „Strawberry Fields Forever“, „I Am The Walrus“, „Lady Madonna“, „Fixing A Hole“ and „Fool On The Hill“ und gibt den Ratschlag, die Welt durch eine gläserne Zwiebel zu betrachten. Er sagt, er sei müde und wisse nicht, was er tun soll („I'm So Tired“) und redet sogar davon, sterben zu wollen („Yer Blues“). „Julia“ widmet er seiner Mutter. „Ocean Child“ ruft ihn, so schreibt er in dem Lied. „Ocean Child“ ist die englische Übersetzung für Yoko.

Paul McCartney beschreibt in seinen Liedern Leute wie Desmond und Molly, Martha, Rocky oder den Mother Nature's Son. Anders als Lennon, schreibt er recht selten in der ersten Person. Ausnahme ist das Stück „I Will“, das einige Parallelen zu „Julia“ aufweist.

Ein Lied soll hier aber nicht vergessen werden: „Revolution“ von John Lennon. Für die LP haben die Beatles eine weitere Version aufgenommen (Revolution One). Sie ist mit der Single-Version weitgehend identisch. Von den meisten unbemerkt geblieben ist aber, daß John Lennon nach „But when you talk about destruction, don't you know that you can count me out“ „in“ singt.

„Ich wollte zum Ausdruck bringen, was ich über Revolution dachte. Ich dachte, es sei verdammt noch mal an der Zeit, daß wir uns dazu äußerten. Ich wollte sagen, was ich von Revolution hielt. In den Bergen in Indien hatte ich darüber nachgedacht. ‚Revolution No. 9‘ zeichnet ein unbewußtes Bild von dem, was meiner Meinung nach passiert, wenn sie stattfindet“, sagt Lennon 1970. Er

Der „Rock And Roll Circus" der Stones mit John Lennon, Keith Richard und Eric Clapton (11. Dezember 1968)

beschäftigt sich auch später mit solchen Gedanken. In einem anderen Interview äußert er: „Immer wenn eine gewaltsame Revolution durchgeführt wird, herrschen die Waffen. Du erschießt die anderen – wenn sie dich nicht kriegen – und du kommst an die Macht. Aber du bist gescheitert und baust die herrschenden Kreise auf und es ist wieder dasselbe wie vorher. Es ist überall das gleiche, es spielt keine Rolle, ob es sich um Schwarze, Juden oder Kommunisten handelt. Du zertrümmerst, baust neu auf und mußt dich dann daran halten. Und die Leute, die daran festhalten, sind meistens die, die Waffen tragen. Wir sind der Meinung, das alles ist falsch. Gewalt erzeugt Gewalt. Okay, einige werden sagen, es ist von Ort zu Ort verschieden, und die Situation wird manchmal die Gewalt rechtfertigen, aber das ist ein Kompromiß. Ich sage, der Frieden kann nicht durch einen Kompromiß eingeschränkt werden.

Zeig mir eine gewaltsame Revolution, die Frieden und Freiheit brachte. Dann sage ich, okay, du hast recht. Tausende von Jahren hatten wir Gewalt, was ist denn so schlecht daran, Frieden auszuprobieren? Gib dem Frieden eine Chance."

„Ich machte die Platten mit den Beatles wie einen Job. Paul oder wer auch immer sagte: ‚Es ist Zeit, wieder eine Platte aufzunehmen'. Ich dachte dann nicht viel nach und nahm einfach eine auf. Wenn es eine gute Session war, hat es Spaß gemacht, immer. Aber es war ein Job."

(John Lennon)

Im Dezember des Jahres tritt er gleich zweimal auf verschiedenen Bühnen auf. Am 11. spielt er zusammen mit Eric Clapton, Keith Richard von den Rolling Stones und Mitch Mitchell von der Jimi Hendrix Experience „Yer Blues" für den „Rock And Roll Circus" der Stones. Dieser Auftritt wird gefilmt, offiziell jedoch nie im Fernsehen gezeigt. Eine Woche später treten er und Yoko auf einer „Underground Christmas Party" (der „Alchemical Wedding") in der Royal Albert Hall in einem weißen Sack auf. Sie nennen das „bagism".

1969

Am 2. Januar 1969 beginnen die Arbeiten an einem neuen Projekt der Beatles in den Twickenham Film Studios in London.

Die Beatles im Studio – „Wir nahmen einfach ein paar Sachen auf, aber eigentlich interessierte es niemanden so richtig" (John Lennon)

Get Back Sessions

In der ersten Woche nehmen die Beatles 17 Lieder auf, nach zwei Wochen sind es bereits 44.

Insgesamt werden während dieser „Get Back Session“ über 100 Aufnahmen gemacht, viele davon werden später illegal auf Raubpressungen veröffentlicht. 28 Stunden Filmmaterial existieren. Aus diesen 28 Stunden werden 90 Minuten für den Film „Let It Be“ ausgewählt.

Zuerst ist ein Konzert im Gespräch. Die genannten Sessions sollten als Proben dazu dienen. Doch die Idee stößt auf den Widerspruch Harrisons (später auch Ringo Starrs). Das mitgeschnittene Filmmaterial soll jetzt für eine Fernsehdokumentation verwendet werden, bei der gezeigt wird, wie die Beatles eine LP aufnehmen.

Im Studio gehen inzwischen die Arbeiten weiter. Sie stehen unter dem Motto „Back To The Roots“, zurück zu den Anfängen. Ein Lied („One After 909“) stammt sogar aus den Anfängen der Beatles-Zeit. Es wurde zu den Zeiten der Quarrymen komponiert.

Nichts läuft wie geplant. Besonders George und Paul fangen immer öfter an, miteinander zu streiten. „Ich war zu verschiedenen Zeiten brummig. Es gab immer viele Sachen, die wir zusammen machen mußten, die mich persönlich aber nicht sehr interessierten. Auch das Interessanteste wurde schnell langweilig“, sagt George Harrison.

Ähnlich äußert sich John Lennon. „Wir nahmen einfach ein paar Sachen auf, aber eigentlich interessierte es niemanden so richtig. In dem Filmstudio war es fürchterlich, du konntest einfach nicht richtig arbeiten um 8 Uhr morgens mit lauter fremden Leuten, die filmten.“

Alle Aufnahmen sollen live gemacht werden, also ohne nachträgliches Einspielen einzelner Parts. Lennon: „Wenn da ein Fehler ist, ist das Pech. Es wird ehrlich sein.“ George Martin erklärt dazu: „Es wurde lächerlich. John fragte zum Beispiel nach einer Aufnahme: ‚Wie war sie?‘. Ich sagte: ‚Etwas besser als Nr. 46, aber nicht ganz so gut wie Nr. 53. Das Schlagzeug war bei Nr. 69 aber lauter.‘ Wir versuchten die perfekte Aufnahme live zu machen, es war lächerlich.“

Dutzende von Bändern werden so aufgenommen. Niemand will erst einmal daran arbeiten.

Am 30. Januar 1969 findet ein „historisches“ Ereignis statt: Die Beatles spielen für den Film „Let It Be“ auf dem Dach ihres Geschäftshauses. Billy Preston begleitet sie auf den Keyboards. Sie spielen folgende vier Lieder: „I've Got A Feeling“, „One After 909“, „I Dig A Pony“ und „Get Back“. Auf der Straße vor dem Haus kommt es zu einem Verkehrsstau und die Nachbarn beschweren sich über den Krach. Alles wird im Film gezeigt – eine willkommene Abwechslung.

Im April 1969 wird die Single „Get Back/Don't Let Me Down“ veröffentlicht. „Get Back“ wird für die LP nochmals überarbeitet. Die B-Seite ist eines der besten Stücke aus jener Zeit. Die meisten Lieder, die während den sogenannten Get Back Sessions aufgenommen werden, sind höchstens Mittelmaß. Positiv fallen nur wenige auf, so zum Beispiel „Two Of Us“, „Get Back“, „Let It Be“, das oben erwähnte „Don't Let Me Down“ und die Urfassungen von „Across The Universe“ und „The Long And Winding Road“.

Die Texte zweier Lieder sind hier noch erwähnenswert. In „Two Of Us“ heißt es: „Two of us sending postcards, writing letters on my wall. You and me burning matches. ... We're on our way home. We're going home.“ Das erinnert stark an die Zeiten in Hamburg, als sie nach Hause geschickt werden, nachdem sie angeblich ihre Unterkunft angezündet haben.

Der ursprüngliche Text von „Get Back“ lautete folgendermaßen: „Don't dig no Pakistanis takin' all the people's jobs. Wilson said to the immigrants: ‚You'd better get back to your Commonwealth homes. Yeah-yeah-yeah you'd better get BACK HOME‘... Too many Pakistanis living in a council flat.“

Der Großteil der über 100 Lieder (u. a. Stücke wie „Third Man Theme“, sieben Lieder von Chuck Berry, fünf Presley-Hits und fünf Dylan-Stücke, Neuaufnahmen von „She Said She Said“, „I'm So Tired“, „You Can't Do That“, „Norwegian Wood“, „Love Me Do“ sowie Lieder, die später auf Solo-LPs wiederzufinden sein werden, wie „Gimme Some Truth“, „Teddy Boy“ und „All Things Must Pass“) bleibt freilich (offiziell) unveröffentlicht.

Paul & Linda, John & Yoko

Am 12. März 1969 heiratet Paul seine „lovely Linda“ Eastman. Acht Tage später tut es John Paul gleich. Er heiratet Yoko Ono in Gibraltar. Am 8. November 1968 war er von Cynthia geschieden worden.

John Lennon und Yoko nutzen die Heirat, um ein Happening daraus zu machen. Im Amsterdamer Hilton Hotel bleiben sie eine Woche lang für den Frieden im Bett, Bed-In genannt. Die Reporter haben ausgiebig Zeit, Fragen zu stellen. „Dies ist unser Protest gegen all das Leiden und die Gewalt in der Welt“, erfahren sie von dem Paar.

Wie bei den meisten ihrer „events“ ist die Reaktion wichtiger als das Happening selbst. Und die Weltpresse

Paul & Linda

reagiert darauf. Auf den Titelseiten vieler Zeitungen in aller Welt wird über sie berichtet. Sie machen so kostenlos Werbung für den Frieden.

Das nächste Happening folgt in Wien. Sie verweilen im berühmten Sacher Hotel, um der Premiere ihres Filmes „Rape", der fürs österreichische Fernsehen gemacht ist, beizuwohnen. Auf der Pressekonferenz erscheinen sie in einem Sack, für die Reporter also nicht sichtbar. Sie nennen das totale Kommunikation ohne Vorurteile, da man den Gesprächspartner nicht sieht.

Am 1. April landen sie in London. Sie bringen 50 Eicheln mit, die sie für den Frieden in der Welt an die Staatsoberhäupter vieler Länder schicken.

Drei Wochen später ändert John seinen Mittelnamen Winston in Ono um.

Im Mai erscheint dann seine zweite Solo-LP mit dem Titel „Unfinished Music No. 2 – Life With The Lions", die ganz im Stile der ersten LP auf vernichtende Kritiken stößt. In diesem Jahr werden noch zwei weitere LPs folgen: Das „Wedding Album", ein Dokument seiner Heirat mit Yoko, und die LP „Live Peace In Toronto". Mehr darüber später.

Auch George Harrisons zweite Solo-LP, „Electronic Sounds", schneidet kaum besser ab als „Life With The Lions". Electronic Sounds enthält Synthesizer Musik, eigentlich vor allem elektronische Spielereien an einem Synthesizer.

In Montreal, Kanada, findet das zweite Bed-In statt. Zur gleichen Zeit gründen John und Yoko die Bag Productions, ihre Firma, die Platten, Filme und Bücher vertreiben soll. Die erste Plastic-Ono-Band-Aufnahme „Give Peace A Chance" erscheint. John Lennon hat dieses Lied in Montreal im Hotelzimmer aufgenommen. Im Hintergrund singen verschiedene Besucher, unter anderem Timothy Leary, der Discjockey Murray The K und Petula Clark.

In Kanada trifft Lennon den Premierminister Pierre Trudeau.

Die Single „The Ballad Of John And Yoko" wird im Mai veröffentlicht. John ist über dieses Lied so erfreut gewesen, daß er es sofort aufnehmen wollte, ohne George oder Ringo. Paul spielt Klavier und Schlagzeug für Ringo. Die Single wird kurz nach „Get Back" veröffentlicht und kurz vor „Give Peace A Chance".

John & Yoko

Abbey Road

Im Sommer 1969 kehren die Beatles nochmals in das Aufnahmestudio in der Abbey Road zurück. Sie empfinden die „Get Back"-LP selbst als enttäuschend, die noch nicht in „Let It Be" umbenannt worden und bisher noch unveröffentlicht ist. In den Abbey-Road-Studios nehmen sie in kürzester Zeit eine LP auf, die später als eines ihrer Meisterwerke gepriesen wird.

Unter dem Titel „Abbey Road", so benannt nach der Straße, in der das Aufnahmestudio der EMI steht, erscheint im September 1969 (acht Monate vor „Let It Be") eigentlich ihre letzte LP. Zu den besten Stücken zählen die zwei Harrison-Kompositionen „Something" und „Here Comes The Sun". Endlich gelingt es Harrison, aus dem Schatten Lennons und McCartneys etwas herauszutreten. Ringo Starr sagt über Harrisons Position innerhalb der Beatles: „Am Ende war er in der schwierigsten Lage, denn Paul und John wollten sogar seine Soli schreiben. Paul wußte immer ganz genau, wie er die Soli seiner Lieder wollte, und George war zeitweise sehr enttäuscht." George Harrison erzählt: „Es war schwierig für mich, meine Lieder auf die Beatles-Alben zu bringen. Deshalb sind auf ‚All Things Must Pass' so viele Stücke, die sich seit Jahren angesammelt hatten. Auch bei Liedern wie ‚Something' war es sehr schwierig. Es wurden zehn Songs von John und Paul genommen, bevor einer von mir dran kam."

Harrison wird zum ersten Mal die A-Seite einer Single überlassen. Ringo Starr schreibt wieder ein eigenes Lied (mit etwas Hilfe von seinen Freunden). Es heißt „Octopus's Garden".

Auf der zweiten Seite der LP befindet sich ein etwa viertelstündiges Medley. Produzent George Martin sagt darüber: „Paul mochte wirklich, was ich machen wollte. Ich wollte versuchen, eine Symphonie der Popmusik zu machen. Paul sollte Sachen schreiben, die wir in den Kontrapunkt bringen konnten, oder mit denen wir motivisch arbeiten konnten.

John haßte das – er mochte guten alten Rock 'n' Roll. Deshalb war Abbey Road ein Kompromiß. Seite 1 ist die Zusammenstellung verschiedener individueller Lieder."

Ähnlich dem „Weißen Album" sollte bei „Abbey Road" die Musik wichtiger als die Technik sein. Ringo drückt das so aus: „Es ist wichtiger, daß wir gut zusammenspielen, als daß einige Geigen gut zusammenspielen."

Die ausgekoppelte Single „Something" (von Harrison)/„Come Together" (von Lennon) verkauft sich besser als andere Singles der Beatles, nur „Hey Jude" und „I Want To Hold Your Hand" ausgenommen.

Die Zeile „Something in the way she moves" hat George übrigens von der Debüt-LP des Apple-Künstlers James Taylor geliehen.

Weitgehend unbekannt aber ist, daß ein weiterer Beatle ein Lied komponiert hat, welches wiederum einem anderen sehr ähnlich ist. John Lennons „Come Together", ursprünglich Thema für Timothy Learys Kampagne gegen Ronald Reagan als Governor of California, hat große Ähnlichkeiten mit „You Can't Catch Me" von Chuck Berry. Teile der Melodie und die ersten zwei Textzeilen sind nahezu identisch. Deshalb kommt es zu einem Rechtsstreit. Er endet damit, daß Lennon sich verpflichtet, das Lied aufzunehmen (was er später auf seiner Rock 'n' Roll-LP tun wird).

Bei zwei Liedern der LP, nämlich bei „Here Comes The Sun" und „Maxwell's Silver Hammer", setzt George Harrison erstmals ein in der Popmusik noch weitgehend unbekanntes Instrument ein: den Synthesizer.

Nicht nur Lennon und Harrison übernehmen Textstücke von anderen Künstlern. Auch Paul McCartney tut dies. Ein etwa 400 Jahre altes Gedicht nimmt er sich bewußt als Vorlage und schreibt das Lied „Golden Slumbers". Zum Vergleich ist das besagte Gedicht untenstehend abgedruckt. Pauls Änderungen sind in Klammern vermerkt.

Golden Slumbers
„Golden Slumbers kiss (fill) your eyes
Smiles awake you when you rise
Sleep pretty wantons (darling) do not cry,
And I will sing a lullaby.
Rock them, rock them, lullaby."

Die letzte Zeile läßt Paul weg, setzt dafür aber vier neue Zeilen vorweg. Das Gedicht wurde bereits früher vertont. Die Noten dazu sah Paul McCartney eines Tages auf dem Klavier seiner Familie liegen. Da er keine Noten lesen kann, schreibt er seine eigene Melodie dazu.

Die LP „Abbey Road" erreicht sehr hohe Verkaufszahlen. Überhaupt verkaufen sich Beatles-Platten besser als je zuvor. Ein ganz wichtiger Grund dafür sind sicherlich die verschiedenen Gerüchte, die auftauchen. Ausgelöst durch einen Telefonanruf bei einer Radiostation, kommt das Gerücht auf, Paul sei tot. Sehr viele Leute beschäftigen sich damit und suchen nach Beweisen. Hier soll nicht näher auf diesen Unsinn eingegangen werden. Entscheidend ist lediglich, daß solche Gerüchte anscheinend den Verkauf von Platten anheizen. Ähnlich ist es mit dem Gerücht, die Beatles hätten sich zerstritten, was zu diesem Zeitpunkt nicht ganz falsch ist.

Let It Be

Nachdem die „Get Back"-Aufnahmen einige Monate rumgelegen haben, werden sie dem amerikanischen Produzenten Phil Spector übergegeben. Zum ersten (und einzigen) Mal ist nicht George Martin der Produzent.

Mitte des Jahres 1969 soll die LP „Get Back" als Promocopy an Radiosender verschickt werden. Die LP enthält folgende Titel: „One After 909", „Save The Last Dance For Me", „Don't Let Me Down", „Dig A Pony", „I've Got A Feeling", „Get Back" (auf der 1. Seite) und „For You Blue", „Teddy Boy", „Two Of Us", „Maggie Mae", „Dig It" (5minütige Version), „Let It Be", „The Long And Winding Road" und ein kurzes „Get Back" (Finale) (auf der 2. Seite). Doch die Sache wird abgeblasen, die „Get Back"-LP zurückgenommen. Ein amerikanischer Geschäftsmann hat das Management von Apple übernommen.

Allen Klein

Der Film „Let It Be", der ursprünglich als Dokumentation für das Fernsehen gedacht war, wird auf 35 mm vergrößert und als Kinofilm veröffentlicht. Die LP „Get Back" wird neu zusammengestellt. Um bessere Verkaufszahlen für die LP und gleichzeitig Publicity für den Film zu erreichen, wird sie bis zur Filmpremiere auf den Mai 1970 verschoben. Sie wird in „Let It Be" umbenannt, ein zu dieser Zeit passenderer Name.

Allen Klein aus New York hat das Management der Beatles (minus Paul) übernommen. Nachdem klar war, daß Apple große Verluste macht, suchte man einen Chef, der Ordnung in das Chaos bringt. Die Beatles fragen Sir Joseph Lockwood, Chef der EMI. Der arrangiert ein Treffen mit Lord Poole von Lazard, der unter anderem für die Königin tätig ist. Die Beatles lehnen jedoch dessen Mithilfe ab. So wird nach einigem Hin und Her der amerikanische Geschäftsmann Allen Klein bestimmt, der auch die Rolling Stones managt. Klein, der bereits einen angeschlagenen Ruf hat, ist ähnlich wie Lennon ohne Vater und Mutter aufgewachsen und John ist von ihm sehr beeindruckt.

Lennon ist es letztendlich anzurechnen, daß Klein der Manager wird. Paul akzeptiert Klein eine kurze Zeit lang, doch sehr bald schon stellt er sich gegen ihn. Paul McCartney will seinen Schwiegervater Lee Eastman als Manager. Daraus ergibt sich ein Streit zwischen Lennon/Klein und McCartney/Eastman. Dies wird 1970 ein wichtiger Grund für die Auflösung der Gruppe sein. Paul McCartney: „Unangenehm wurde es, weil das Geschäftliche geklärt werden mußte, und als Allen Klein dazukam, wurde es sehr schwierig. Zuerst war auch ich für ihn. Wir gaben ihm eine Probezeit. Nach und nach bekam ich aber mehr Zweifel. An diesem Punkt wollte ich nicht mehr mitspielen, aber alle anderen wollten ihn unter Vertrag nehmen. Das erste Mal in meinem Leben hatte ich das Gefühl, daß ich die anderen gemein behandelt hatte. Es war drei gegen einen. Sie waren mit ihm einverstanden, und ich war unter allen Umständen gegen ihn. Deshalb boykottierte ich die Sache, kam nicht und streikte. Alles was ich tun konnte, um Klein abzuhalten."

Verschiedene geschäftliche Schwierigkeiten, gegen die auch Klein machtlos ist, bereiten den Beatles Kopfschmerzen. Die Situationen von NEMS (der Firma, die sie managt) und von Northern Songs (ihrem Songverlag) sind recht kompliziert. Brian Epstein hatte früher Robert Stigwood, einem ehemaligen Mitarbeiter von ihm, eine Kaufoption für einen 51 %igen Anteil an NEMS angeboten. Doch die Beatles wollten Stigwood nicht. Es gelingt Brians Bruder, Clive, Stigwood dazu zu bringen, auf NEMS zu verzichten. Stigwood verließ NEMS etwa eine halbe Million Pfund reicher und mit einigen NEMS-Künstlern, wie z. B. den Bee Gees, Cream und Jimi Hendrix.

Eine Holdinggesellschaft namens Nemperor Holdings wird gegründet, um NEMS zu verwalten. Nach Epsteins Tod will Clive Epstein, Bruder und Nachfolger Brians, NEMS an den Triumph Investment Trust verkaufen. Triumph besitzt nach kurzer Zeit 90 % der Geschäftsanteile von Nemperor Holdings. Damit erwirbt Triumph auch das Recht, 25 % der Einnahmen für das Management (Epsteins ehemaligen Anteil) einzubehalten. Erst nach einer Zahlung von mehr als einer Million Pfund ist Triumph bereit, auf die 25 % zu verzichten.

Ähnlich schwierig ist es mit Northern Songs. Northern Songs wurde 1965 als öffentliche Gesellschaft gegründet. Anteile wurden an etwa 3000 Aktionäre verkauft. 1965 besitzen Dick James 23 %, John Lennon und Paul McCartney je 15 %, NEMS Enterprises 7,5 % und George Harrison und Ringo Starr je 1,6 % von Northern Songs.

Bis 1967 verfünffachen sich die Preise für die Aktien, nachdem „Revolver" und „Sgt. Pepper" mehr als eine Million Pfund Profite eingebracht haben. Dick James verkauft seine Anteile im März 1969 an Sir Lew Grade von ATV Network (Associated Television Corporation). ATV, das bereits einige Anteile besaß, verfügt nun über 36 %. Um die Mehrheit von 51 % zu besitzen, sollen die Beatles für 2 Millionen Pfund 20 % der Aktien aufkaufen. Doch auch ATV ist interessiert.

Während sich Apple und ATV streiten, kauft ein Firmenkonsortium 14 % auf. Dieses Firmenkonsortium ist eher bereit, an die Beatles (bzw. Apple) zu verkaufen als an ATV, stört sich jedoch an Allen Klein. Längere Zeit müssen die Beatles um diese Anteile kämpfen. Doch Klein ist nicht erfolgreich. Ab März 1969 kontrolliert ATV Northern Songs. Im Oktober hat ATV sogar über 50 %. Allen Klein verklagt Northern Songs auf fünf Millionen Pfund unbezahlter Autorentantiemen. Klein verzeichnet diesmal einen Erfolg, denn Lennon und McCartney bekommen etwa je 1,5 Millionen Pfund und Ringo Starr 80 000 Pfund. Harrison hatte seine Rechte an Northern Songs bereits Monate vorher verkauft. Ihre Anteile an Northern Songs tauschen die drei Beatles Ende des Jahres gegen Anteile an ATV.

1982 sorgen die Northern-Songs-Anteile noch einmal für Aufmerksamkeit in der Presse. Paul McCartneys Songverlag MPL bietet Sir Lew Grade (inzwischen Lord Lew Grade) 21 Millionen Pfund. Doch kurz bevor es zu einem Abschluß kommt, wird das Geschäft dadurch gestört, daß verschiedene multinationale Firmen Grades gesamte Firma aufkaufen wollen. 1985 erwirbt Michael Jackson den Song-Katalog. Doch wieder zurück ins Jahr 1969.

Obwohl der Vertrag der Beatles mit EMI noch sieben Jahre läuft, haben die Vier bereits die Mindestzahl von LPs vorgelegt. Klein schüchtert die Plattenfirma ein, indem er droht, die Beatles würden keine weitere LP mehr veröffentlichen, wenn sie nicht den Anteil von 72 Cent je Album erhalten würden. (Im Vergleich: bis 1966 erhielten sie 6 Cent und von 1966 bis 1969 39 Cent.) Die EMI, ungewillt ihre größte Einnahmequelle versiegen zu lassen, stimmt zähneknirschend zu. Damit steigt auch der Listenpreis für Beatles-LPs um etwa 2,– DM.

Bei Apple räumt Klein auf. Er entläßt viele Bedienstete, die sich auf Kosten der Beatles ein schönes Leben gemacht haben. Doch Klein ist nicht unumstritten. Als Geschäftsmann hat er einen sehr schlechten Ruf. Die amerikanische Musikzeitung „Rolling Stone" schreibt über den Vertragsabschluß der Beatles mit Allen Klein: „Wir erwarteten von den Beatles Neuerungen, neue Perspektiven und Ehrlichkeit. Vor allem Ehrlichkeit. Das macht den Vertrag mit Klein so schockierend."

„Es war Zeit. Wir alle wollten viele andere Sachen machen. Wir waren aufgewachsen, hatten Familien und jeder arbeitete an seiner eigenen Solo-LP. Wir konzentrierten uns nicht mehr auf die Gruppe.

Du kannst in einer Goldmine nur fördern, solange du fündig bist. Du suchst dann noch ein bißchen, das war, was wir taten, denn nach acht Jahren ist es schwer, aufzuhören. Obwohl wir gemerkt hatten, daß es zu Ende war, benötigten wir noch ein Jahr, um ‚Stopp' zu sagen!"

(Ringo Starr)

Die Differenzen innerhalb der Beatles werden größer. George Harrison und John Lennon verlieren immer mehr das Interesse an der Gruppe, und auch Ringo Starr wandelt bereits auf Solopfaden. Er nimmt die LP „Sentimental Journey" auf, die ursprünglich „Ringo Starrdust" heißen soll.

John Lennon wird am 11. September 1969 zum Rock 'n' Roll Festival in Toronto eingeladen, das zwei Tage später stattfinden soll. Er nimmt unter der Bedingung an, daß er und Yoko nicht wie König und Königin als Zuschauer in der ersten Reihe sitzen, sondern daß er auftreten darf. So kommt es dazu, daß er und Yoko zusammen mit Klaus Voormann, Alan White und Eric Clapton, die wiederum seiner Einladung zusagten, als Plastic Ono Band am 13. 9. 1969 im Torontoer Varsity Stadium auftritt. Auf diesem Festival erscheinen neben der Plastic Ono Band Bo Diddley, Jerry Lee Lewis, Gene Vincent, Little Richard und Chuck Berry. Die Lennons wollen das Konzert nutzen, um für den Frieden zu werben. „Give Peace A Chance – das ist der Grund, daß wir gekommen sind", kündigen sie das Lied an. Außerdem spielen sie die alten Titel „Blue Suede Shoes", „Money", „Dizzy Miss Lizzy", sein „Cold Turkey" und Yokos „Don't Worry Kyoko" und „John John (Let's Hope For Peace)". Der Auftritt wird mitgeschnitten und im Dezember als „Plastic Ono Band – Live Peace in Toronto" veröffentlicht.

Es wird kurze Zeit später bekannt, daß Lennon Eric Clapton gefragt hat, ob er Interesse habe, bei der Plastic Ono Band mitzumachen. Ihm ist klar, daß die Beatles kurz vor dem Ende stehen, und er überlegt, ob er eine neue Band mit Yoko, Klaus Voormann (Baß), Eric Clapton (Gitarre) und eventuell George und Ringo gründen soll. Diese Idee gibt er aber sehr bald auf.

Obwohl die Band keine überzeugende Leistung bringt, ist er so begeistert, daß er „Cold Turkey" sofort in London mit Klaus Voormann, Eric Clapton und Ringo Starr aufnimmt. Er wollte „Cold Turkey" mit den Beatles aufnehmen, doch Paul lehnte ab. Deshalb bringt er es jetzt als Soloplatte heraus.

„War Is Over"

John Lennon ist jetzt der aktivste der Vier. Seine Kampagne für den Frieden erreicht im Winter dieses Jahres den Höhepunkt. In Athen, Amsterdam, Berlin, London, Paris, Rom, Toronto, Los Angeles, New York und zehn weiteren Städten werden auf seine Kosten Plakate mit dem Text „WAR IS OVER (If you want it), Happy Christmas from John and Yoko" angebracht. Gleichlautende Anzeigen erscheinen in mehreren Zeitungen.

John schickt seinen MBE-Orden zurück, als Zeichen des Protests gegen die britische Einmischung in Vietnam und Biafra und, wie er ironisch hinzufügt, wegen des Absinkens von „Cold Turkey" in den Hitparaden. Er hat sich mit den Happenings und der Friedenskampagne eine neue Aufgabe geschaffen, die seine Aufgabe bei den Beatles ersetzt. Er ist aber nicht entschlossen genug, den Beatles „Lebewohl" zu sagen. Einmal, als er vorhat, die Gruppe endgültig zu verlassen, halten ihn Allen Klein und Paul zurück, weil es (aus geschäftlichen Gründen) ein ungünstiger Zeitpunkt ist.

Noch ist Paul da, der sich weiter ehrgeizig für die Beatles einsetzt. Doch auch ihm wird langsam klar, daß es keinen Zweck mehr hat, weil sich die Beatles zu sehr voneinander entfremdet haben.

Er zieht sich auf seine Farm in Schottland zurück und denkt über seine Zukunft nach.

John Lennon ist indes weiter aktiv. Am 15. Dezember gibt er in Londons Lyceum Ballroom ein Benefizkonzert zugunsten der UNICEF. George Harrison, der gerade bei einer Tournee von Delaney und Bonnie (Bramlett) mitgespielt hat, kommt ebenfalls mit auf die Bühne.

Es werden Improvisationen auf „Cold Turkey" und „Don't Worry Kyoko" gemacht. Das Konzert wird knapp drei Jahre später auf der Doppel-LP „Some Time In New York City" veröffentlicht. Einen Tag später fliegt Lennon nach Kanada und verkündet dort ein Musikfestival im Mosport Park von Toronto. Es soll am 3. und 5. Juli 1970 stattfinden. Alle beteiligten Musiker sollen zugunsten einer Stiftung für den Frieden auf einen Teil ihrer Gage verzichten.

John sagt: „Alle, die für den Frieden sind, werden das neue Jahr als Jahr 1 A.P., für After Peace, betrachten. Zusammen mit dem Festival werden wir eine internationale Umfrage veranstalten. Wir fordern alle auf, entweder für Frieden oder Krieg zu stimmen. Wenn wir dann 20 Millionen Stimmen haben, geben wir sie an die Vereinigten Staaten weiter."

Doch aus alledem wird schließlich doch nichts. Auch das Festival wird vorzeitig abgesagt. Eine neue Plastic-

Ringo Starr: „Obwohl wir gemerkt hatten, daß es zu Ende war, benötigten wir noch ein Jahr, um ‚Stopp' zu sagen."

Ono-Band-Single im Reggae-Stil mit dem Titel „Make Love Not War" sowie eine neue LP von John und Yoko („Unfinished Music No. 3") kommen ebenso nicht zustande.

Lennon zeichnet 14 Lithografien, die unter dem Namen „Bag One" bekannt geworden sind. 300 dieser Sets werden gedruckt und jede einzelne der insgesamt 4200 Zeichnungen von Lennon handsigniert. Diese Sets wurden ursprünglich für 1000 Dollar verkauft, 1982 werden einzelne Zeichnungen bereits für 2000 bis 4000 Dollar angeboten. Ein ganzes Set kostet 40 000 Dollar. Lennons Aktivitäten für den Frieden sind erfolgreich. Für ihn persönlich, weil er eine Aufgabe findet, die ihn reizt und in Anspruch nimmt und überhaupt, weil er mit seinen Kampagnen Aufsehen für den Frieden erregt.

Als einen persönlichen Erfolg darf er wohl werten, daß er mit Kanadas Premierminister Pierre Trudeau zusammentrifft. Er spricht über eine Stunde mit ihm. Trudeau widmet ihm also mehr Zeit als einigen Staatsoberhäupten, die kürzlich in Kanada zu Gast waren, wie die Presse kritisch feststellt.

In diesem Jahr vergibt die Zeitschrift „Rolling Stone" erstmals ihre inzwischen bekannten Auszeichnungen. John Lennon wird Mann des Jahres. In einem langen Editorial schreibt der Herausgeber unter anderem: „Ein Treffen zwischen John Lennon und Präsident Richard Nixon wäre bedeutender als jedes Gipfeltreffen zwischen Amerika und Rußland in Genf."

1970

Allen Klein, der inzwischen erkannt hat, daß die Auflösung der Beatles nur eine Frage der Zeit ist (und daß deshalb keine neuen Aufnahmen zu erwarten sind), stellt schnell eine LP mit zehn bekannten Titeln zusammen und nennt sie „The Beatles Again" (später umbenannt in „Hey Jude"), die in Amerika im Februar 1970 erscheint.

Das Ende der Beatles

„Jeder hatte seine eigenen unterschiedlichen Ideen. Deshalb brachen wir auseinander." (Ringo Starr)

Im April ist es soweit. Paul McCartney hatte sich lange auf seine Farm zurückgezogen, um nachzudenken und um eine Solo-LP aufzunehmen. Jetzt verkündet er, daß er die Beatles verläßt.

Im einzelnen geht das folgendermaßen vor sich: Am 2. April bringt der „Evening Standard" ein Interview, in dem die zugespitzte Lage und der Streit innerhalb der Gruppe deutlich wird. Eine Woche später dementiert der offizielle Beatles Fan Club wieder einmal die seit einiger Zeit in Umlauf gebrachten Gerüchte einer Auflösung der Beatles.

Am selben Tag (dem 9. 4. 1970) sieht man McCartney in einem fünfminütigen Film „Maybe I'm amazed" fürs Fernsehen singen. Das Lied stammt von seiner neuen LP, die einfach mit „McCartney" betitelt ist. Vorzeitig erscheint einen Tag später das als Beilage vorgesehene Publicity-Interview Pauls – er stellt die Fragen selbst –, in dem Paul seine Unabhängigkeit betont und über die Entfremdung der Beatles als Gruppe spricht. Dies wird als seine Erklärung zum Verlassen der Gruppe aufgefaßt, und der Londoner „Daily Mirror" berichtet bereits, daß er die Gruppe verlassen habe.

Noch am gleichen Tag weist Apple diese Vermutungen zurück. Doch schon einen Tag später, an jenem 11. April 1970, berichten die Zeitungen in aller Welt von der Trennung der Gruppe.

Tags darauf gründet Paul seine Gesellschaft McCartney Productions Limited (MPL) und plant als erstes Projekt einen Zeichentrickfilm über „Rupert The Bear", der erst 1984 als Kurz-Video zur McCartney-Single „We all stand together" erscheint. Nur der offizielle Beatles Fan Club hält noch daran fest, daß die Beatles sich nicht getrennt haben. Am 28. April werden die amerikanischen Bezirksleiter der Fan Clubs angewiesen, die angeblichen Gerüchte zu ignorieren.

Doch es ist inzwischen allen klar geworden: Die Beatles als Gruppe gibt es nicht mehr. Eine Ära ist zu Ende gegangen. John Lennon sagt in dem „Rolling Stone"-Interview aus dem Jahre 1970 recht treffend:

„Ich glaube nicht länger an Mythen, und die Beatles sind zu einem Mythos geworden. Der Traum ist vorbei, und wir müssen wieder zur sogenannten Realität zurückfinden."

Die Solojahre: Die 70er, 80er und 90er Jahre

Ich hätte nie die Beatles verlassen, wenn es die anderen nicht auch getan hätten. Es gab keine Möglichkeit, daß wir wieder zusammenkommen würden. Ich war nicht dafür verantwortlich, daß sich die Beatles getrennt haben – tatsächlich war ich der letzte, der zu der Einsicht kam. Ich wollte live auftreten, was uns wieder enger zusammengebracht hätte.
(Paul McCartney)

Zu der Auflösung der Beatles gibt es sehr viele Stimmen, die ganz unterschiedlich urteilen.

George Harrison sagt: „Jeder Mensch benötigt Raum für sich, er darf nicht eingeengt sein. Das ist so wichtig. Aber das waren wir. Es war wie mit den Tieren im Zoo, sie sterben. Nachdem wir so lange zusammen waren, war eines der Probleme, daß wir vorgefaßte Meinungen von einander hatten und uns gegenseitig zu sehr beschränkten. Die Trennung mußte kommen."

Jeder der Beatles hat eigene Interessen entwickelt. So sieht es auch Ringo Starr, und ihr Produzent George Martin sagt: „Sie gaben auf ihre Art uns einen großen Teil ihres Lebens, in dem sie die Beatles waren. Jetzt haben sie ihre eigenen individuellen Ichs gefunden. Viel Glück den Vieren."

Nachdem die Vier so große Erfolge gefeiert hatten, entwickelten sie sich persönlich immer weiter. Bis zum Jahre 1966 verbrachten sie sehr viel Zeit miteinander im Studio oder auf den zahlreichen Tourneen. Als sie im Sommer 1966 ihr letztes öffentliches Konzert gaben, hatten sie einen entscheidenden Punkt ihrer Karriere erreicht. Dadurch, daß sie nicht mehr auf Tournee gehen mußten, hatten sie viel Zeit, eigenen Interessen (Filmen, Soloplatten) nachzugehen. Ihr Manager starb, und auf sie kamen größere geschäftliche Schwierigkeiten zu, denen sie nicht gewachsen waren. Jeder der Vier hatte seine eigene Familie. Deshalb mußte es früher oder später zur Trennung kommen. Etwas verbittert ist John Lennon. In dem oft zitierten „Rolling Stone"-Interview des Jahres 1970 sagt er: „Das ganze Geschäft war schrecklich. Es war eine widerliche Demütigung. Man muß sich total erniedrigen, um das zu sein, was die Beatles waren. Das ist es, worüber ich mich ärgere. Ich habe es nicht vorausgesehen, es kam einfach nach und nach. Plötzlich bist du von diesem totalen Wahnsinn umgeben und machst Sachen, die du nicht machen willst, mit Leuten, die du nicht leiden kannst, die du mit 10 gehaßt hast." Auch George Harrison bereut zuweilen, ein berühmter Musiker geworden zu sein. Trotzdem vermißt er die Gruppe öfters. In seiner Autobiographie sagt er: „Es war verrückt. Ringos Geschichte ist komisch. Wir sprachen mal über die Schulzeit, und er sagte, er sei so viel im Krankenhaus gewesen, daß, als er zurückkehrte und eine offizielle Bestätigung haben wollte, daß er die Schule wegen dem Krankenhausaufenthalt verlassen habe und jetzt wieder zurückgekehrt sei, man ihm sagte, er sei nie dort zur Schule gegangen. Er sagte: ‚Doch, ich war nur sehr viel im Hospital'. Ein paar Jahre später stellte die Schule einen Tisch aus und kündigte an: ‚Dies ist Ringos Tisch. Der große Mann hat hier gesessen.' Verrückt. Manchmal vermisse ich die anderen."

Paul McCartney, der nach dem Tod Epsteins das Ruder in die Hand genommen hatte, kündigt den Bruch mit den Beatles auf Grund von „persönlichen, geschäftlichen und musikalischen Differenzen" an. „Vor allem aber, weil ich mehr Spaß mit meiner Familie habe", sagt er.

Er benutzt seine Entscheidung, um seine Solo-LP „McCartney" zu verkaufen. Paul hat diese LP in dem Heimstudio seiner Farm in Schottland aufgenommen. Er hält bis zur Veröffentlichung alles Nähere geheim. Ganz alleine spielt er alle Instrumente (Baß, Schlagzeug, akustische und elektrische Gitarren, Mellotron, Orgel, Klavier und Miniatur-Xylophon), eine Idee, die er später nochmals aufgreift.

Die LP verkauft sich zwar ganz gut (über 2 Millionen Exemplare), stößt aber fast durchweg auf schlechte Kri-

McCartney nach einer Gerichtsverhandlung im Februar 1971. „Das Schlimmste war, daß ich die anderen Beatles verklagen mußte."

tiken. Insbesondere die britische Presse verzeiht ihm nicht, daß er die Beatles verlassen hat. Eine objektive Beurteilung ist natürlich sehr schwer. Aber erst nach dem Erfolg von „Maybe I'm Amazed", das die Wings auf ihrer Welttournee mit ins Programm nehmen werden und das im Februar 1977 sogar als Single erscheinen wird, bemühen sich Kritiker um eine gerechte Einschätzung der Platte.

Die Medien greifen die Sensation auf und verwerten sie vielfach. Immer wieder will ein Reporter von spektakulären Streitereien, vor allem zwischen McCartney und Lennon, gehört haben. Sicherlich gab es Meinungsverschiedenheiten zwischen den beiden. Doch John Lennon sagt im Juni 1969: „Was auch immer aus den Beatles wird, wir werden Freunde bleiben. Alles, was ich für die Beatles wünsche, ist ihr individuelles Glück. Ob das in einer gemeinsamen Form möglich ist oder nicht, werden wir sehen."

Ähnlich ist es mit den Anschuldigungen an Linda oder Yoko. Lennon sagt im Oktober 1971: „Linda und Yoko haben sich nie gestritten. Wie können zwei Frauen vier starke Männer trennen? Das ist unmöglich. Die Beatles lösten sich langsam auf, nachdem Brian Epstein starb. Es war ein langsamer Tod. Es passierte und es war offensichtlich bei ‚Let It Be', in Indien und beim Weißen Album. Es ist ganz natürlich und keine Katastrophe. Die Leute sprechen immer davon, als sei es das Ende der Welt. Es ist nur eine Rockgruppe, die sich getrennt hat. Nichts Wichtiges. Man hat die ganzen alten Platten, wenn man sich erinnern will. Das ist verrückt. Sogar die jungen Leute weigern sich, Änderungen zu akzeptieren. Das ist das Problem." Im Herbst 1980 äußert er: „Was immer die Beatles zu den Beatles gemacht hat, machte auch die 60er Jahre zu den 60ern. Ich bin frei von den Beatles, weil ich mir die Zeit nahm, zu entdecken, daß ich John Lennon vor den Beatles war und es auch nach den Beatles sein werde."

Kurz nachdem die Nachricht bekannt geworden war, erscheint dann die LP „Let It Be". Sie ist nicht von George Martin produziert worden. Allen Klein hat dem Amerikaner Phil Spector die Rohaufnahmen übergeben. Spector bearbeitet die Aufnahmen. So werden zum Beispiel die Lieder „Across The Universe" und „The Long And Winding Road" durch ein Orchester ergänzt. Doch Spectors Techniken stoßen auf Kritik von vielen Seiten (u. a. McCartneys).

Die Auflösung der Gruppe fördert sehr stark den Verkauf von Schallplatten. Die LP „McCartney" verkauft sich innerhalb von vier Wochen eine Million Mal, für die LP „Let It Be" liegen alleine in Amerika 3,7 Millionen Vorbestellungen vor, und von der Single „Long And Winding Road" werden innerhalb von zwei Wochen sogar 1,2 Millionen Exemplare alleine in Amerika verkauft.

Für seine Single „Instant Karma" zieht John Lennon wieder den Produzenten Phil Spector heran. Das Lied, das nach seinen Angaben ihm an jenem Morgen im Traum eingefallen ist, wird mit George Harrison, Alan White, Klaus Voormann und einem Chor, der aus einem Dutzend Leuten besteht, die Mal Evans aus einer nahegelegenen Discothek geholt hat, aufgenommen. Die Single wird ein Erfolg.

Im Mai 1970 hat schließlich auch der Film „Let It Be" Premiere. Er endet mit schlechten bis vernichtenden Kritiken. Einzig und allein das berühmte Apple-Rooftopkonzert am Ende des Filmes wird herausgehoben. Der Rest fällt beim Publikum durch. Am Abend der Premiere, dem 20. Mai, ist George Harrison wieder im Studio und beginnt mit den Aufnahmen einer neuen LP.

All Things Must Pass

Die Aufnahmen werden ein halbes Jahr später als 3er-LP-Box unter dem Titel „All Things Must Pass" erscheinen. Zusammen mit Harrison produziert Phil Spector die Aufnahmen. Mitwirkende Musiker sind unter anderem so prominente Persönlichkeiten wie Jim Gordon, Carl Radle, Bobby Whitlock und Eric Clapton (von Claptons Gruppe „Derek And The Dominoes"), Alan White (später bei Yes), Gary Wright (Spooky Tooth), Gary Brooker (Procol Harum), Klaus Voormann, Billy Preston, Dave Mason (Traffic u. a.), die Band Badfinger und natürlich Ringo Starr. Die Lieder sind reine George-Harrison-Kompositionen, zumeist aus früheren (Beatles-) Tagen, mit zwei Ausnahmen: „If Not For You" von Bob Dylan und „I'd Have You Anytime" von Dylan und Harrison. George Harrison, der von Dylan und der Band nach Woodstock eingeladen worden war, schrieb dieses Lied 1968 in Dylans Haus. Dylan steuerte den Mittelteil des Stückes bei.

Das bekannteste Lied ist wohl „My Sweet Lord". Harrison sagt, er sei durch das Lied „Oh Happy Day" dazu inspiriert worden, ohne die Ähnlichkeit mit „He's So Fine" zu erkennen. Harrison erzählt: „Der Richter urteilte, daß ich nicht schuldig sei, die Melodie von ‚He's So Fine' gestohlen zu haben, aber daß eine Verletzung des Copyrights vorliege. Er wollte von dem Kläger und mir, daß unsere Anwälte sich zusammensetzen und einen Vergleich aushandelten. Aber der Kläger wollte das nicht und versuchte, diese Angelegenheit zurück vor

George Harrison und der indische Musiker Ravi Shankar kündigen der Presse ein Wohltätigkeitskonzert für Bangla Desh an (vgl. S. 80 ff.)

Gericht zu bringen. Jetzt ist er tot, und Allen Klein hat die Rechte aufgekauft. Es ist ein Witz. Jetzt (Ende der 70er Jahre), wo alle Beatles-Prozesse beendet sind, muß er sich einsam fühlen, ohne jemanden zu verklagen. Also läuft der Prozeß immer noch. Ich war mir der Ähnlichkeit zwischen ‚My Sweet Lord' und ‚He's So Fine' nicht bewußt. Es wäre sehr einfach gewesen, an der einen oder anderen Stelle eine Note zu ändern, ohne die Aufnahme zu beeinträchtigen."

Die meisten Lieder hatte Harrison während seiner Beatles-Zeit komponiert, nur wurden sie von Lennon und McCartney abgelehnt. Wah Wah (was sowohl die Bezeichnung für ein Effektpedal der Gitarre ist, als auch soviel wie Kopfschmerzen bedeutet) stammt aus der „Get back"-Periode, ebenso „What Is Life" und der Titelsong. „Apple Scruffs" ist über die Fans, die bei jedem Wetter vor dem Apple-Gebäude auf die Beatles warten und „The Ballad Of Sir Frankie Crisp" ist einem exzentrischen Anwalt des 19. Jahrhunderts gewidmet, dem das Haus Harrisons gehörte.

George Harrison überrascht die Rockwelt mit diesem Album. Sehr schnell erreichte er die obersten Plätze der Hitparaden. Merkwürdig ist, daß George seinen größten Hit, „My Sweet Lord", zuerst an Billy Preston gegeben hatte. Preston hatte mit seiner Version (auf Apple erschienen) keinerlei Erfolg. Zu „My Sweet Lord" äußert sich George Harrison folgerndermaßen und erklärt damit zugleich einen Teil seiner Philosophie: „Ich wurde als Katholik erzogen mit der Vorstellung ‚du wirst niemals Gott sehen, er ist tot, wir töteten ihn vor 2000 Jahren'. Das erste, was mich zum Hinduismus zog, war dessen Vorstellung, ‚wenn es einen Gott gibt, müssen wir ihn sehen, wenn es eine Seele gibt, müssen wir sie wahrnehmen – sonst ist es besser, nicht zu glauben'. Darum sage ich in ‚My Sweet Lord' ‚I really want to see you', denn jetzt weiß ich: man kann es." Lennon kommentierte das Lied (und den großen Erfolg): „Immer wenn ich das Radio anstelle, geht es ‚oh my lord' – ich fange an zu glauben, daß es einen Gott gibt."

Der Einfluß Dylans ist auf diesem Album wieder zu erkennen. Er und Harrison arbeiten auch zusammen und nehmen einige Lieder auf (z. B. „When Everybody's Come To Town"), die bisher aber leider nicht veröffentlicht wurden.

Janov und die Primärtherapie

Im März 1970 erhält Lennon per Post ein Buch, das er sofort begeistert liest. Es heißt: The Primal Scream (Der Urschrei) und ist von Arthur Janov. Janovs Urschrei-Therapie ist, wie er sagt, „ein neuer Weg der Psychotherapie". In dem Buch heißt es unter anderem: „Real ist das Schlüsselwort der Janovschen Therapie. Denn fast alles, was wir tun, ist nicht real, sondern ein symbolischer Kampf um die Liebe unserer Eltern, die diese uns nie zu geben vermochten, da auch sie nicht real waren. Im Gegensatz zu Sigmund Freud geht Janov davon aus, daß wir real, d. h. ohne Neurosen und Abwehrsystem, geboren werden. Doch im Laufe der Zeit erfährt das Kind, daß seine realen Bedürfnisse und Gefühle zumeist im Widerspruch zu den Erwartungen der Eltern stehen. Diese (unbewußte) Erkenntnis verursachte Schmerzen, und die Summierung dieser Schmerzen durch zahlreiche, vielleicht ganz banale Erlebnisse bildet nach Janov den ‚Urschmerz', jene ursprüngliche, frühe Verletzung, auf der sich die spätere Neurose aufbaut. Diese mag sich auf mannigfaltige Weise äußern: im Rauchen, Überessen, einem permanenten Redezwang, der Sucht nach Drogen, Kleidern, Geld, Erfolg, in sexueller Besessenheit und Abartigkeit. All diese Verhaltensweisen sind irreal, Resultat einer Spaltung des Ichs, da das Kind sein reales Ich mit den Urschmerzen abkapselte, um auf irreale Weise überleben zu können. Das reale Ich ruht gleichsam in einer Art ‚Urschmerzbehälter', zu dem die Neurose den Deckel bildet. Die Janov-Therapie ist die methodische Entleerung dieses Urschmerzbehälters. Doch wie der Weg in die Neurose mit Schmerzen verbunden war, so auch der Weg aus ihr heraus: Sie entladen sich im ‚Urschrei', jenem Schrei, den das Kind einst nicht auszustoßen wagte, um die Liebe der Eltern nicht völlig zu verlieren." (Janov, „Der Urschrei")

Janov selbst sagt: „Ich glaube, die Primärtherapie ist erfolgreich, weil der Patient endlich Gelegenheit hat, zu empfinden, was er sein Leben lang auf tausenderlei Weise ausagiert hat. Er braucht nicht mehr erwachsen und beherrscht zu agieren: Er kann sein, was er nie durfte, und kann sagen, was er nie zu äußern wagte. Die Krankheit, behaupte ich, ist die Verleumdung des Fühlens, und das Heilmittel ist das Fühlen."

John Lennon ist sehr beeindruckt von dem Buch und besucht zusammen mit Yoko von April bis August das gerade gegründete Primal Institute in Los Angeles, nachdem er sich zuvor einer dreiwöchigen Therapie in England unterzogen hat.

„Janov lehrte mich, meine Ängste zu fühlen. Ich kann das jetzt besser handhaben als vorher, das ist alles. Ich bin derselbe, es gibt jetzt nur einen Kanal für meine Schmerzen, sie bleiben nicht mehr in mir drin", sagt Lennon kurze Zeit nach der Therapie.

Unter dem Eindruck der Therapie schreiben er und Yoko einige Lieder, die später auf den LPs „John Lennon/Plastic Ono Band" bzw. „Yoko Ono/Plastic Ono Band" erscheinen werden.

Beaucoups of Blues

Doch zuvor erscheint Ringo Starrs zweite Solo-LP, „Beaucoups of Blues". Innerhalb von sechs Tagen wird sie aufgenommen und abgemischt. Sie ist eine ganz passable Country-LP, von Peter Drake produziert und mit bekannten Musikern aus Nashville aufgenommen.

Für Ringo ist es immer so etwas wie ein Traum gewesen, eine solche LP mit solchen Musikern aufzunehmen. „Beaucoups of Blues" kommt mit besseren Kritiken weg als die mit vernichtenden Kritiken versehene LP „Sentimental Journey". Trotzdem erreicht sie in der LP-Hitparade nur Platz 65.

Ähnlich wie George muß aber auch Ringo nicht lange auf einen überraschenden Erfolg warten. Der im März 1970 aufgenommene und im April 1971 veröffentlichte Song „It Don't Come Easy" (mit Klaus Voormann, Stephen Stills und George Harrison) erreicht in Amerika Gold und übertrumpft Johns „Power To The People", Pauls „Another Day" und Georges „Bangla Desh", die etwa zur gleichen Zeit erscheinen.

Auf der Rückseite dieser Single befindet sich das Lied „Early 1970", mit dem Ringo seine eigene Version der jetzigen Beatles gibt. Paul ist „zu beschäftigt mit Farm und Familie, um mit Ringo zu spielen". John „ist ähnlich beschäftigt mit Yoko, aber immer bereit, wenn er Zeit findet" und George ist „für ihn immer da". Danach gesteht er seine musikalischen Mängel und schließt damit, daß er doch am liebsten alle drei sehen würde.

Er ist derjenige der ehemaligen Beatles, der am meisten für eine Wiedervereinigung ist.

John Lennon/Plastic Ono Band

Am 11. Dezember 1970 erscheinen die bereits oben erwähnten LPs „John Lennon/Plastic Ono Band" und „Yoko Ono/Plastic Ono Band". Die Aufnahmen sind im Oktober in Johns Heimstudio in Ascot gemacht worden, mitwirkende Musiker sind neben anderen Klaus Voormann und Ringo Starr.

Die Lennons mit kurzgeschnittenen Haaren bei einem Besuch in Dänemark, 1970

Auf Yokos LP soll an dieser Stelle nicht näher eingegangen werden. Johns LP wird als eine seiner besten überhaupt angesehen. Sie enthält sehr persönliche Lieder. In „Mother" verabschiedet er sich von seiner Mutter und seinem Vater. Im Lied „God" („God is a concept by which we measure our pain") beschreibt er, an welche Mythen er nicht mehr glaubt. Er zählt alles auf, was ihm gerade einfällt, so die Bibel, Tarot, Hitler, Jesus, Kennedy, Buddha, Mantra, Yoga, Kings, Elvis, Dylan und schließlich die Beatles. Er glaubt nur noch an sich und Yoko. Der Traum – gemeint sind die Beatles – ist vorbei.

Der Einfluß der Urschrei-Therapie ist klar erkennbar. Zwei sehr interessante Lieder sind „Isolation" und „Working Class Hero". Etwas verbittert wirkt er in diesen beiden Liedern. Das Album zeigt einen anderen, veränderten John Lennon. Er selbst sagt, er sei „wiedergeboren". „Meine Texte auf diesem Album sind besser als je zuvor", meint er. „Ich mochte immer einfachen Rock. Ich wurde von Drogen beeinflußt und wurde psychedelisch wie die ganze Generation. Aber wenn du dir das neue Album anhörst, merkst du, das Piano macht alles zusammen, deine Sinne tun den Rest. Ich brauche sonst nichts."

Am 24. Dezember gibt John dem „Rolling Stone"-Herausgeber Jann Wenner ein Interview, zwei Wochen später wird das Interview fortgesetzt. Es handelt sich hierbei um das wahrscheinlich längste Interview, das ein Rockstar gegeben hat. Es wird als Buch herausgegeben und ist unter dem Titel „Lennon Remembers" bekannt. In dem Interview spricht Lennon über die Beatles, sich selbst und vieles mehr, offener als je zuvor. Manchmal scheint es, als läge er auf der Couch eines Psychiaters und würde sich die Last von der Seele reden.

1971

Nach dem erfolgreichen „All Things Must Pass"-Album von George Harrison und John Lennons vielbeachtetem Album erwartet man nun von dem ehrgeizigen Paul McCartney, daß er (endlich) eine überzeugende LP vorlegen wird. Seine Single „Another Day" erreicht zwar die Top 5 der Hitparaden, bringt aber nicht den durchschlagenden Erfolg.

Ram

Auch die Paul-und-Linda-McCartney-LP „RAM" vom Mai 1971 wird sofort nach Erscheinen mit überwiegend schlechten Kritiken versehen. Der „Rolling Stone" nennt sie „unglaublich unzusammenhängend" und „kolossal belanglos".

McCartney sagt zwei Jahre später: „Ich dachte, ‚McCartney' wäre ganz gut. Ich hatte es ganz alleine aufgenommen, und es wurde ungeheuer schlecht gemacht. Also dachte ich mir: ‚machst du nächstes Mal das Gegenteil'. ‚Ram' wurde deshalb mit den Top-Leuten im Top-Studio aufgenommen. Ich dachte, das sei gefragt. Aber es wurde wieder heruntergemacht. Ich hatte mich aber sehr bemüht und hoffte, den Leuten würde es gefallen."

John Lennon, aber vor allem die Presse, erkennt auf „Ram" einige Angriffe gegen seine Person. So zeigt das Cover McCartney, der einen Schafbock (Ram) an den Hörnern packt. Man nimmt an, Paul will damit die Sturheit und Dickköpfigkeit Lennons symbolisieren. Auf der Rückseite des ominösen Covers sieht man zwei Käfer (Beetles). Auch einige Texte fallen auf, so heißt es z. B. „Too many people preaching practises" und „Dear Boy, betcha never know how much you missed". Darin sehen viele Anspielungen auf Lennon.

Der steht nicht zurück und revanchiert sich auf seinem nächsten Album.

Imagine

„Imagine" erscheint im Oktober 1971. Das Album trägt den Namen des wohl bekanntesten Liedes Lennons, das auch auf der LP zu hören ist.

Dem Album ist ein Foto beigefügt, welches dem Cover von „Ram" sehr ähnelt. Nur zeigt es dieses Mal John, der ein Schwein an den Ohren festhält. Offen greift er Paul in dem Lied „How Do You Sleep" an. Auch in der Presse spricht er über ihn und sagt, er sei wie Engelbert Humperdinck.

„Als ich davon hörte, haßte ich es. Ich setzte mich hin und las jeden Satz, den er gesagt hatte. Ich fing an zu denken, er habe recht, daß ich nur Balladen schreiben kann und wie Engelbert sei. Nach und nach erkannte ich, daß das nicht stimmt, aber am Anfang hat es mich sehr verletzt", erzählt McCartney einige Jahre später.

Die Gehässigkeiten zwischen den beiden Ex-Beatles werden vom Publikum mit Unverständnis und Enttäuschung aufgenommen.

Das bekannteste Stück der LP ist der Titelsong. Die Single erreicht in Amerika aber nur Platz 3 der Hitparaden. In England wird das Lied erst im Oktober 1975 ausgekoppelt. Man will die Verkaufszahlen des Albums steigern. Jeder, der „Imagine" auf Platte haben will, muß die LP kaufen. Auch 1975 schafft die Single nicht mehr als Platz 6.

In dem Lied fordert Lennon auf, sich vorzustellen, es gäbe keinen Himmel, keine Länder, nichts zum Töten

John Lennon im Mai 1971 auf dem internationalen Film-Festival in Cannes, auf dem auch zwei Filme der Lennons gezeigt werden

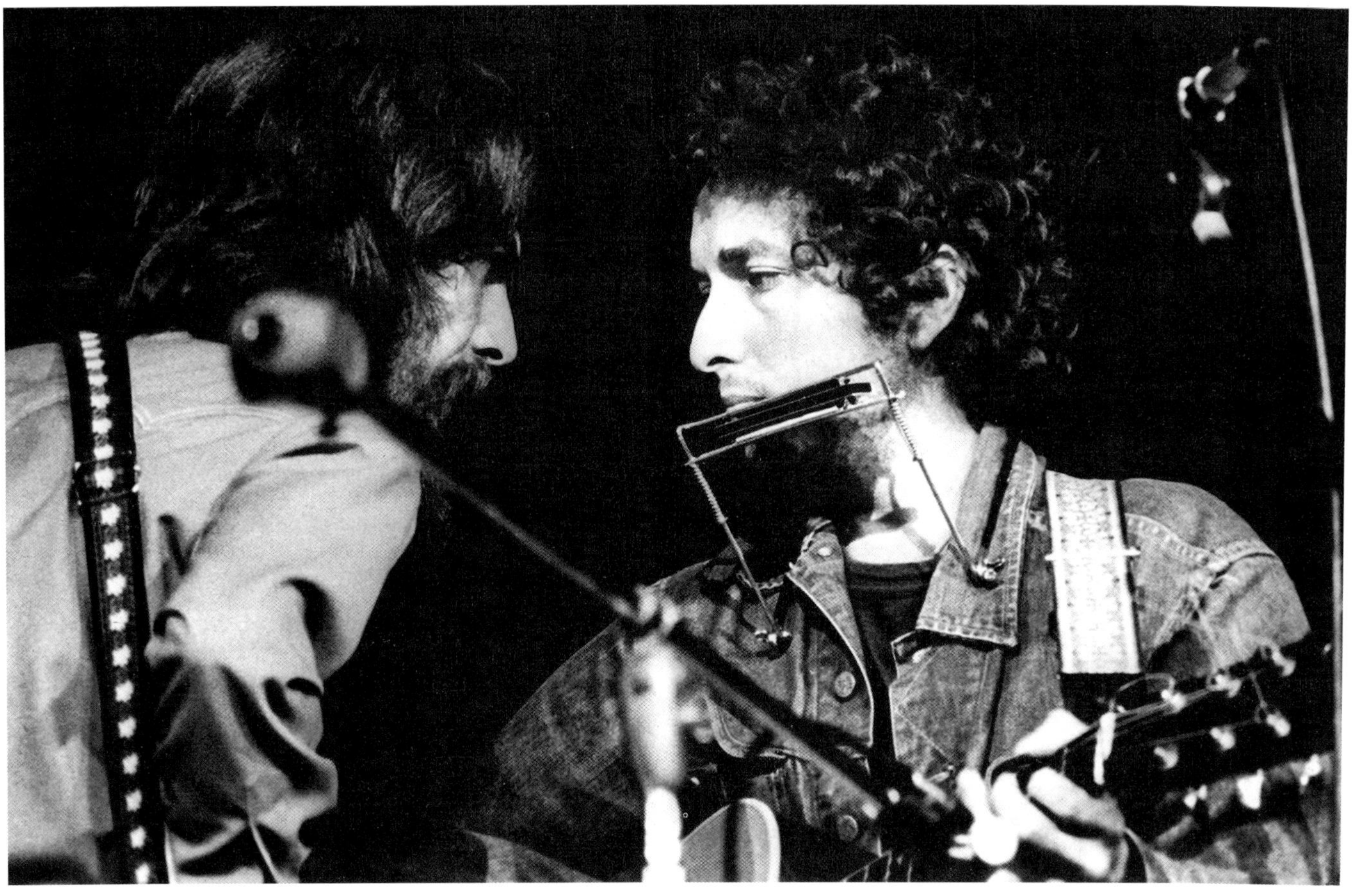

New York, Madison-Square-Garden am 1. August 1971: George Harrison und Bob Dylan gemeinsam auf einer Bühne

oder zum Dafür-Sterben, und keine Religion. „Imagine all the people living life in peace." Er spricht von einer friedlichen Einheit der Menschen.

„Jealous Guy", ein Überbleibsel aus Beatles-Zeiten, ist das sentimentalste Stück der Platte. Die Melodie erinnert an „A Day In The Life". Es ist eine Entschuldigung an Yoko, mit der er Streit gehabt hat. „Ich wollte dich nicht verletzen. Es tut mir leid, daß ich dich zum Weinen gebracht habe. Ich bin nur ein eifersüchtiger Kerl", singt er für Yoko. Auch „Oh My Love" und „Oh Yoko!" sind an sie direkt gerichtet.

1971 veröffentlicht Lennon auch noch zwei Singles. Die erste ist „Power To The People/Open Your Box". Sie ist sehr umstritten. In „Power To The People" heißt es „You say you want a revolution" wie in „Revolution" der Beatles, doch anstatt „Don't you know that you can count me out" folgt „better get it on right away". Das Lied ist ein Vorbote des politischen Albums „Sometime In New York City", das im kommenden Jahr folgen wird. Die B-Seite verursacht auch Schwierigkeiten. Der Text mußte von „Open your trousers, ... skirts, ... legs, ... thighs" in „Open your houses, ... church, ... lakes, ... eyes" geändert werden. In Amerika ersetzt man es vorsorglich durch ein anderes Lied Yokos.

Ein berühmter Slogan Lennons ist Vorbild für seine nächste Single: „Happy Xmas (War is over if you want it)." Diese Platte erscheint in Amerika leider erst im Dezember und verpaßt deshalb das Weihnachtsgeschäft. Nach Weihnachten ist die Platte dann nicht mehr aktuell. So kommt es, daß sie die erste Single eines Beatles ist, die nicht einmal die Top 100 in USA erreicht.

In England ist man umsichtiger und veröffentlicht die Platte erst im nächsten Jahr im November. Dort erreicht sie immerhin Platz 4.

Bangladesh-Konzerte

Wieder zurück zum Sommer des Jahres 1971. Erst im Juli wird das am 1. August stattfindende „Concert For Bangla Desh" angekündigt. Die Einnahmen aus dem Konzert (zwei Auftritte), einem mitgeschnittenen Film und einer 3er-LP-Box („The Concert For Bangla Desh", das im Dezember erscheinen wird) sollen den Opfern des pakistanischen Bürgerkriegs zugute kommen.

Das „Live-Aid-Konzert" des Jahres 1971: zugunsten von Bangladesh

Die Idee, den Flüchtlingen zu helfen, stammt von Ravi Shankar, dessen Vater in Bangladesh geboren wurde. Shankar sagte: „Ich war sehr traurig, nachdem ich die Meldungen über Bangladesh gelesen habe. Ich sagte George: ‚Ich weiß, es betrifft dich eigentlich nicht. Du kannst dich da wahrscheinlich nicht reinversetzen.' Während ich so mit ihm redete, war er sehr berührt und meinte, er könne vielleicht etwas tun."

George Harrison engagiert sich für diese Sache und ruft verschiedene ihm bekannte Musiker an. Bis kurz vor dem Konzert ist noch nicht klar, wer diese Freunde sind. Man redet von einer möglichen Beatles-Reunion für diesen guten Zweck, und die Preise für Karten sollen auf dem Schwarzmarkt bis zu 1000 Dollar erreichen.

In der Tat hat George seine drei Ex-Kollegen eingeladen. Paul stimmt zu unter der Bedingung, daß die vertragliche Partnerschaft gelöst wird. Im „Melody Maker" sagt er: „Ich möchte lediglich, daß wir vier zusammenkommen, und ein Abkommen unterschreiben, in dem steht, daß alles vorbei ist. John will das nicht. Jeder denkt, ich sei der Angreifer, aber das stimmt nicht. Ich will nur aus dem Vertrag raus."

Paul möchte, daß die Beatles-Teilhaberschaft gelöst wird, die noch laut Vertrag bis Mitte der 70er Jahre bestehen wird. Um das zu erreichen, muß er Klein und die Teilhaberschaft Beatles & Co., im April 1967 gegründet, verklagen – und damit auch die anderen drei. Er gesteht: „Das Schlimmste war, daß ich die anderen Beatles verklagen mußte. Da alle Gesellschaften auf ihre Namen liefen, mußte ich sie verklagen, um an Allen Klein heranzukommen. Aber das war eine sehr schwierige Entscheidung." Aufgrund des oben erwähnten Vertrages fließen alle Einnahmen, die einer der Vier macht, in die Teilhaberschaft, in der sie nach einem Schlüssel aufgeteilt werden, ungeachtet der Tatsache, daß es eigentlich die Einnahmen nur von einem der Vier sind.

John Lennon antwortet ihm in der Presse: „Zum millionsten Male wiederhole ich: ‚Was ist mit der Steuer?' Es ist ganz schön, den guten alten und ehrlichen Paul zu spielen, aber du weißt verdammt gut, daß wir dieses Abkommen nicht unterzeichnen können. Ich werde das sofort tun, wenn du uns vor dem Finanzamt schützt."

Die Auseinandersetzungen in der Presse gehen noch weiter. Doch obiges soll an dieser Stelle genügen. Es ver-

Paul McCartneys Gruppe, die Wings, hier 1976 in Berlin (zu den „Silly-Love-Songs“ s. a. Seite 110)

deutlicht, daß es in geschäftlichen Dingen zu Streitereien zwischen John und Paul kommt, die allerdings in der Presse hochgespielt werden. Genauso wie Paul kommt auch John nicht zum Konzert für Bangladesh. Nur Ringo Starr folgt der Einladung und erntet, als er „It Don't Come Easy“ singt, den größten Beifall der Veranstaltung. Als große Überraschung muß man den Auftritt Bob Dylans bezeichnen. Dylan zeigt sich nach längerer Zeit in der Versenkung erstmals wieder öffentlich auf einer Bühne. Er spielt seine älteren und bekannten Lieder wie „A Hard Rain's Gonna Fall“, „It Takes A Lot To Laugh“, „Blowin' In The Wind“, „Love Minus Zero/ No Limit“, „Mr. Tambourine Man“ und „Just Like A Woman“.

Die anderen mitwirkenden Musiker sind nahezu mit denen identisch, die auch auf „All Things Must Pass“ mitspielen. So erscheinen Eric Clapton, Klaus Voormann und Billy Preston, zusätzlich treten außer den oben genannten auch noch Leon Russell, Jesse Ed Davies, Jim Keltner und einige andere auf.

Durch die zwei Konzerte werden knapp eine Viertel Million Dollar eingespielt. Als Dank erhalten Shankar und Harrison vom Generalsekretär der Vereinten Nationen, Kurt Waldheim, besondere Auszeichnungen. Durch den Film und die LP-Box werden zusammen etwa 8 bis 10 Millionen Dollar eingespielt. Doch das Ergebnis bleibt nicht ohne bitteren Beigeschmack.

Aufgrund von Schwierigkeiten mit dem Finanzamt werden die Einnahmen auf einem Bankkonto eingefroren, bis die ganze Sache gerichtlich geklärt ist. Allen Klein ist erst nach dem Konzert zur UNICEF gegangen, anstatt dies vorher zu tun. Deshalb zweifelt das Finanzamt an, daß die Einnahmen wirklich nach Bangladesh gehen sollen und nicht in den eigenen Geldbeutel. Ein Jahrzehnt lang können die 8 bis 10 Millionen Dollar nicht zur Hilfe eingesetzt werden. Erst in den 80er Jahren erreicht das Geld sein Ziel.

Auch das Weiterleiten von Reisspenden ist rätselhaft. Sehr viele solcher Spenden werden nach Indien geschickt, doch, wie Harrison erzählt, verschwindet der Reis. Auf ominöse Art und Weise findet man ihn bei der indischen Regierung wieder, die ihn in ihren Geschäften in Indien verkauft oder zu indischen Geschäften im Westen verschifft.

In einer New Yorker Zeitung wird außerdem davon berichtet, daß ein Teil der Einnahmen des Konzertes auf Allen Kleins Bankkonto verschwunden sei. Eine Verleumdungsklage Kleins gegen den Autor des Berichtes wird später eingestellt.

Einen Erfolg aber hat das Konzert: Über die Zustände in Indien wird berichtet, und die Öffentlichkeit wird darauf aufmerksam.

Wings - Wild Life

Mit seiner Ende 1971 gegründeten Gruppe Wings, bestehend aus Denny Laine, Denny Seiwell, seiner Frau und ihm, nimmt Paul McCartney die LP „Wild Life" auf, die im Dezember erscheint. Es ist sein dritter Anlauf nach dem Ende der Beatles.

Paul berichtet: „Ich wurde durch Dylan inspiriert. Er ging einfach ins Studio und nahm ein paar Lieder auf." Nach zwei erfolglosen Versuchen probiert er es auf eine dritte Art. Er formiert eine Gruppe und nimmt innerhalb weniger Tage eine LP auf. Er hat von Dylan gehört, der seine LP innerhalb von drei Tagen fertigstellte. Doch auch dieser Versuch geht schief. Von der (Rock-)Presse wird das Album in der Luft zerrissen. Den Wings wünscht man eine Bruchlandung.

1972

„Ich habe die Wings eigentlich nur gemacht, um weiterhin Musik zu machen. Ich hätte auch nach Schottland gehen und ein Schäfer werden können, aber das wollte ich nicht die ganze Zeit machen.

Natürlich, die Wings sind nicht so gut wie die Beatles. Daran kannst du nichts ändern. Aber du mußt nehmen, was du kriegen kannst, und ich bin froh, nach den Beatles überhaupt etwas gemacht zu haben." (Paul McCartney)

Paul ist sehr betroffen von den vernichtenden Kritiken, die in seinen Augen ungerechtfertigt sind. 1972 sagt er in einem Interview: „Die Kritiker haben nie die großen Sachen der Geschichte gemocht. Nie haben sie Van Goghs Bilder leiden können, er hat nur ein einziges seiner Bilder an eine alte Frau verkauft. Man soll sich nicht in die Kritik verwickeln lassen. Man soll denken, daß es irgendwo jemanden gibt, dem die Sachen gefallen."

Zu den Wings kommt jetzt ein neuer Gitarrist hinzu. Sein Name ist Henry McCullough. Er hat schon bei mehreren Gruppen mitgespielt, unter anderem bei Joe Cocker und der Grease Band. Er hat als Sessionmusiker mit Spooky Tooth gespielt und bei dem Musical „Jesus Christ Superstar" mitgewirkt. Später wird er auf Harrisons „Dark Horse Label" eine Solo-LP veröffentlichen.

1972 versucht es Paul wieder anders. Er bringt keine LP heraus, sondern mehrere Singles. Bei „Night Owl", erschienen auf Carly Simons LP „No Secrets", ist er einmal ohne seine Wings zu hören.

Im Februar erscheint die Single „Give Ireland Back To The Irish", Pauls Reaktion auf die blutigen Morde am „blutigen Sonntag" in Nordirland. Die BBC verbannt die Platte, und sie wird als anspruchslos abgefertigt. Paul hört auf, über politische Themen zu sprechen.

Mit den Wings geht er erstmals auf Tournee. Sie reisen in einem Bus durch England und spielen unangekündigt vor kleinem Publikum in elf Universitäten. Innerhalb von zwei Wochen ist diese kleine Tournee beendet.

Im Mai folgt die nächste Single, mit garantiert unpolitischem und harmlosem Text. „Mary Had A Little Lamb", so die A-Seite, erreicht anders als der Vorgänger immerhin die Top 10 in England.

Im Sommer entscheidet Paul sich für eine Tournee durch Europa. Sieben Wochen lang geht es durch neun Länder Europas. 26 Auftritte stehen auf dem Programm, unter anderen in den Großstädten Lyon, Paris, München, Frankfurt, Zürich, Montreux, Kopenhagen, Helsinki, Stockholm, Oslo, Göteborg, Hannover, Rotterdam, Amsterdam, Antwerpen und Berlin (in dieser Reihenfolge). Schwierigkeiten gibt es mit dem schwedischen Zoll. Paul wird wegen Drogenbesitzes verhaftet und zu einer Geldstrafe verurteilt.

Erfolgreicher als Paul in den Hitparaden ist Ringo Starr. Mit seiner George-Harrison-Produktion „Back Off Boogaloo" erreicht er in Amerika Platz 9, in England sogar Platz 2. In Erscheinung tritt er außerdem als Regisseur des Films „Born To Boogie" und recht erfolgreich als Schauspieler in „That'll Be The Day".

Sometime In New York City

John Lennon produziert 1972 verschiedene Singles und LPs mit seiner Frau Yoko Ono, der Gruppe Elephant's Memory und dem New Yorker Sänger David Peel.

Im September veröffentlichen er und seine Frau Yoko dann die Doppel-LP „Sometime In New York City". Lennon kritisiert auf dieser LP die Unterdrückung der Frau, singt über die Morde im Attica-State-Gefängnis und in Ulster und über die Inhaftierungen von Angela Davis und John Sinclair. Das Cover ist wie eine Zeitung aufgemacht. Die erste LP enthält die genannten Lieder, die zweite Mitschnitte von „Live-Jams" mit George Harrison bzw. Frank Zappa.

Ein Jahr nach „Bangladesh“ wirken die Lennons bei dem „One-To-One“-Benefizkonzert mit. Harrison als Vorbild für Lennon?

John schreibt nicht über sich selbst und übernimmt die Meinung seiner (z. T. radikalen) Nachbarn in Greenwich Village in New York, wo er jetzt mit Yoko wohnt. Er fühlt sich als Reporter, der im Rock-Medium arbeitet. Doch ihm fehlt eine gewisse (politische) Ausgewogenheit. Er zieht sich mehr den Unmut als die Sympathie der Zuhörer zu. Die LP kommt in Amerika nicht über Platz 48 hinaus, die ausgekoppelte Single „Woman Is The Nigger Of The World/Sisters, O Sisters" schafft gar nur den 57. Platz. Für einen Beatle sind das ausgesprochen schlechte Plazierungen.

1980 sagt Yoko: „Wir waren sehr stolz auf ‚Sometime In New York City'. Wir schämten uns deswegen nicht. Als uns der „Rolling Stone" dann zum langweiligsten Paar des Jahres wählte, traf uns das ganz schön."

Die am meisten beachtetsten und gefeierten Songschreiber der 60er Jahre, John Lennon und Paul McCartney, werden am Anfang der 70er Jahre mehr ausgelacht als gelobt. Dem dritten im Bunde, der noch fehlt, nämlich Bob Dylan, geht es ähnlich.

Ende 1972

Gegen Ende des Jahres veröffentlicht McCartney seine dritte Single in diesem Jahr. „HiHiHi" ist das Lied der A-Seite. Wegen des mehrdeutigen Textes wird es von der BBC verbannt, aber in den internationalen Hitparaden erreicht es immerhin überwiegend die Top Ten.

Kurze Zeit später wird Paul McCartney verhaftet, weil er Drogen auf seiner Farm in Schottland angepflanzt hat. Er erklärt, ein Fan habe ihm die Samen geschickt und er habe sie eingepflanzt, um zu sehen, was daraus würde. Er kommt mit einer Geldstrafe davon.

Lennon und gleichgesinnte Leute wie Jerry Rubin mäßigen sich politisch etwas in der Zwischenzeit. Sie rufen dazu auf, an der Präsidentschaftswahl teilzunehmen und den demokratischen Senator McGovern zu wählen. Doch Nixon gewinnt und wird Präsident der Vereinigten Staaten.

Richard Nixon

Lennon bekommt jetzt Schwierigkeiten mit seiner Aufenthaltsgenehmigung, die ihm verweigert wird. Als Grund wird der Besitz von Rauschgift angegeben. Es handelt sich hier um die bereits anfangs erwähnte Verhaftung Lennons. Er hatte die Schuld voll zugegeben, um die schwangere Yoko zu schützen. Doch der Grund ist nur ein Vorwand.

Nixons persönlicher Anwalt, John Mitchell, hat dem Präsidenten vorgeschlagen, daß Lennon irgendwie aus den USA entfernt werden sollte. Senator Thurmond schreibt in einem Brief an Nixon unter anderem: „Viele Kopfschmerzen werden verhindert, wenn rechtzeitig geeignete Maßnahmen ergriffen werden."

Nixon startet eine Kampagne gegen Lennon, dessen Einfluß, insbesondere auf die Jugend, man fürchtet. Lennon wird beschattet und sein Telefon abgehört.

Zahlreiche Persönlichkeiten wie der New Yorker Bürgermeister John Lindsay und Leute wie Henry Miller, Leonard Bernstein, Bob Dylan, Fred Astaire, Jack Lemmon und viele andere setzen sich für ihn ein. Allen Ginsberg spricht sich im Auftrag von PEN, der internationalen Schriftstellervereinigung, für Lennon aus.

Während das Ganze auf dem Höhepunkt ist, sind die Lennons in die Suche nach Yokos Tochter Kyoko verwickelt. Yoko hat das Sorgerecht für ihre Tochter Kyoko aus erster Ehe zugesprochen bekommen, doch der Vater ist mit der Tochter verschwunden. Die Suche von Kyoko ist der offizielle Grund, daß sie in Amerika sind. Sie stehen vor großen Problemen. Vielleicht erklärt das die enttäuschende letzte LP.

Erfolgreicher ist da ein Auftritt in New York. Am 30. August kommen die Lennons für das sogenannte One-To-One-Benefizkonzert zugunsten der Willowbrook-Schule auf die Bühne. Das Konzert findet im Madison Square Garden statt und neben den Lennons treten noch Stevie Wonder, Roberta Flack und die Gruppe Sha Na Na auf. (Ein Live-Mitschnitt des Konzertes erscheint 1986.)

Man fürchtete vor dem Konzert, daß man so etwas zu hören bekommt, wie es die zweite LP von „Sometime In New York City" enthält.

Doch das Befürchtete tritt nicht ein. John singt Lieder wie „Instant Karma", „Imagine", „Cold Turkey", „Give Peace A Chance", „Mother", „Hound Dog" (wohl immer eines seiner Lieblingslieder) und – „Come Together". Letzteres ist natürlich für die Zuschauer besonders beeindruckend. Da John sich in einer ausgezeichneten Verfassung zeigt, kann man jetzt wieder auf eine bessere neue Platte von ihm hoffen.

1973

1973 wird das TV-Special „James Paul McCartney" gedreht. Es wird von Sir Lew Grade produziert. Grade beendet als Gegenleistung einen gerichtlichen Streit gegen Paul McCartney. Paul hat seit der LP „Ram" seine Frau Linda immer als gleichberechtigte Songschreiberin angegeben. Sie war nicht wie Paul mit Sir Lew Grade vertraglich verbunden, so daß durch dessen Hände nur noch die Hälfte aller Songschreibertantiemen fließen. Grade reagiert mit einer Klage, mit der er Lindas Fähigkeiten bestreitet. Dieser gerichtliche Streit wird nach Pauls Geste eingestellt. Soweit die Vorgeschichte zu der Fernsehsendung.

Die Vorstellung McCartneys und seiner Gruppe bei diesem Special ist nicht überzeugend. Paul soll das Image eines Allround-Entertainers erhalten. Doch das beweist er erst Jahre später.

Überraschend ist, daß Paul erstmals wieder Titel der Beatles wie „Michelle", „Yesterday" oder „Blackbird" spielt. (Auf der folgenden Tournee durch Großbritannien vermeidet er Beatles-Stücke jedoch noch.) Er will in diesem Jahr beweisen, daß er weiterhin zu den führenden musikalischen Kräften gehört.

Neben dem TV-Special und der Tournee ist er auch bezüglich Platten sehr aktiv. Mit seiner Gruppe Wings veröffentlicht er zwei LPs und drei Singles. Überhaupt ist das Jahr 1973 für die vier Beatles erfolgreicher als die zwei Jahre zuvor. Es kommt zu einer ersten Beatles-Renaissance; die zwei veröffentlichten Samples 1962–66 und 1967–70 (die auf Allen Kleins Bestreben hin erscheinen) sind lange erfolgreich in den LP-Hitparaden.

Von „My Love" bis „Red Rose Speedway"

Die Nummer 1 in Amerika erreicht Paul McCartneys Single „My Love". Drei Monate später folgt die Titelmelodie des James-Bond-Films „Live And Let Die" (Leben und sterben lassen) und ist kommerziell ähnlich erfolgreich. Bei „Live And Let Die" ist erstmals wieder George Martin der Produzent. Das Lied erreicht eine Oscar-Nominierung als beste Filmmusik des Jahres.

Nach diesen zwei erfolgreichen Singles enttäuscht die folgende LP „Red Rose Speedway". Sie erscheint im Mai. „My Love" ist der überragende Titel der Platte, die übrigens erst als Doppel-LP erscheinen soll. Paul entscheidet sich jedoch kurzfristig dafür, nur eine einzelne LP mit den seiner Meinung nach kommerziellen Liedern herauszubringen. Der Aufdruck „Wings" wird noch schnell in „Paul McCartney and Wings" abgeändert, da man fürchtet, die Wings seien noch zu unbekannt.

Living In The Material World

Gleichzeitig mit Pauls LP legt George Harrison eine neue Single vor. „Give Me Love", so der Titel, ist auch auf seiner neuen LP, die im Juni folgen wird. „Give Me Love" wird ein Nummer-1-Hit. Durch seine Alben „All Things Must Pass", „The Concert For Bangla Desh" und den Riesenhit „My Sweet Lord" hat er sich einen großen Kredit bei den Fans verschafft. So verwundert es nicht, daß auch die LP „Living In The Material World" Platz 1 in Amerika schafft. Dennoch kann die LP die breite Masse nicht begeistern, wie einige andere LPs von ihm auch. Das herausragende Stück ist „Give Me Love", das wieder ein an Gott gerichtetes Lied ist. „Dieses Lied ist ein Gebet und eine persönliche Aussage zwischen mir, Gott und wem immer das Lied gefällt", erklärt er.

Die Texte sind jetzt noch mehr an Gott gerichtet und das Album trägt die Widmung „All Glories To Sri Krishna". Erwähnenswert ist der Titel „Sue Me Sue You Blues", mit dem George einen Kommentar über die gerichtlichen Streitereien der Beatles abgibt. Er gibt übrigens die Tantiemen von neun der insgesamt elf Lieder des Albums („Living In The Material World") seiner „Material World Charitable Foundation".

Für Phil Spectors Frau Ronnie hat er „Try Some Buy Some" geschrieben. Doch ihre Fassung (als Apple-Single erschienen) ist ein Mißerfolg. Deshalb nimmt es George selbst auf. Einen weiteren Titel, „You", lehnt Ronnie Spector ab. Bis auf den Gesang ist er bereits fertig aufgenommen. George wird auch ihn in einer eigenen Fassung später herausbringen.

Bis zum Oktober und November ist nun erst einmal Pause. Zu dem Zeitpunkt erscheinen dann neue LPs von Ringo, Paul und John.

Während dieses Zeitraumes (Juni–Oktober) spielt sich das Geschehen, wie schon öfters, im Gerichtssaal ab. Allen Klein verliert seine drei berühmten Klienten, die er später verklagt. Die Summe wird von 19 Millionen Dollar im Jahre 1977 auf fünf Millionen gemindert. Eine gleichzeitig laufende Klage Kleins gegen Paul (über 34 Millionen Dollar) wird später fallengelassen.

Damit ist ein wichtiger Streitpunkt zwischen den Vieren aus der Welt geschafft und, wie man hört, sprechen alle Vier wieder miteinander. John kann sogar Pauls „Red Rose Speedway"-LP etwas Gutes abgewinnen, und Paul wehrt sich nicht mehr gegen einen gemeinsamen Auftritt, „sollten die Sterne gut stehen".

LP „Ringo"

Schnell spricht sich herum, daß alle vier Beatles an Ringos neuem Album mitwirken. Er selbst bezeichnet dieses Album als sein erstes wirkliches und nennt es einfach „Ringo".

Bei der John-Lennon-Komposition „I'm The Greatest" wirken erstmals wieder John, George und Ringo mit. George Harrison schreibt für die LP die Lieder „You And Me“, „Sunshine Life For Me“ und „Photograph“, letzteres zusammen mit Ringo.

Paul will da nicht zurückstehen und schreibt den Titel „Six o'clock“. Außer den vier Beatles wirken noch Marc Bolan, The Band (Bob Dylans Begleitband), Harry Nilsson, Klaus Voormann und Billy Preston mit. Das Cover erinnert übrigens an „Sgt. Pepper“. Die LP hat enormen kommerziellen Erfolg. Sehr schnell stürmt sie in die Top 10, und die zwei Singles „Photograph“ und „You're 16“ erreichen in vielen Ländern die Spitzenposition der Hitparade. In verschiedenen Ländern (z. B. Deutschland und Amerika) wird sogar noch eine dritte Single ausgekoppelt („Oh My My/Step Lightly“). Mit seinen drei Singles erreicht Ringo in Amerika zweimal Platz 1 und einmal Platz 5. John Lennon, der weiter auf seinen ersten Nummer-1-Hit warten muß und dessen letzter größerer Erfolg („Imagine“, Platz 3) bereits zwei Jahre zurückliegt, schickt ihm ein Telegramm: „Glückwunsch. Schreib mir bitte einen Hitsong.“

Ringo, der in England mit dem Designer Robin Cruikshank 1970 die Firma Ringo or Robin Ltd. gegründet hat – sie konstruieren Einrichtungsgegenstände wie z. B. einen Tisch, der aus einer Rolls-Royce-Motorhaube hergestellt wurde, für 2500 £ – und der sich als Schauspieler profiliert hat, ist jetzt auch als Schallplattenkünstler wieder erfolgreich. Für November bzw. Dezember sind die neuen LPs von John („Mind Games“) und Paul („Band On The Run“) angekündigt, und man ist sehr gespannt.

Mind Games

Im November erscheinen die LP und die Single „Mind Games“. Die Single ist in England erfolglos, und auch in Amerika erreicht sie nur Platz 18. Bei der LP sieht es kaum besser aus. Noch fünf weitere Beatles- und Solo-Beatles-LPs („Beatles 62–66“, „67–70“, „Red Rose Speedway“, „Living In The Material World“ und „Ringo“) sind in den Hitparaden und verdrängen sich gegenseitig. Alle fünf erreichen einen der ersten drei Plätze. Johns „Mind Games Album“ bleibt jedoch bereits bei Platz neun stekken.

Lennon, der einst sang „Imagine there's no countries“, verkündet jetzt die Gründung eines imaginären Staates mit Namen Nutopia. Diese Idee der Lennons ist meist unbeachtet und gerät schnell wieder in Vergessenheit.

Eines ist John und Yoko zweifelsohne geblieben: Die Erkenntnis, daß Liebe die Antwort ist. John redet jetzt vom Vertrauen in die Zukunft, und daß die Liebe ihm die Augen geöffnet hat. Einige der Lieder von „Mind Games“ sind wieder an Yoko gerichtete Liebeslieder, so z. B. „Aisumasen (I'm Sorry)“, „Out The Blue“, „I Know (I Know)“ oder „One Day At A Time“.

Überzeugen kann die LP nur die größten Fans Lennons. Auffällig ist die schlechte Aufnahmequalität. Lennon muß weiter auf seinen Nr.-1-Hit warten. Zwischenzeitlich schreibt er für die „New York Times“ und hat zusammen mit Yoko in einer kleinen Zeitung (Sundance) eine wöchentliche Kolumne.

Band On The Run

Ein paar Tage nach „Mind Games“ kommt Paul McCartneys neue LP „Band On The Run“ auf den Markt und damit der Erfolg, auf den er seit dem Ende der Beatles gewartet hat.

Im Sommer des Jahres 1973 wollte er mit seiner Gruppe Wings die neue LP in Lagos/Nigeria aufnehmen. Ganz kurz vorher verließen Henry McCullough und Denny Seiwell die Gruppe. Nur mit seiner Frau und dem treuen Denny Laine mußte Paul die LP aufnehmen. Er spielt Gitarre, Keyboards, Synthesizer, Mellotron, Baß und Schlagzeug.

Die LP erscheint kurz vor Jahresende und wird ein Riesenerfolg. Fast wäre sie gar nicht zustande gekommen, da Paul vorzeitig aufgeben wollte. Es scheint, als habe Paul wieder den Punkt erreicht, bei dem er nach der LP „Abbey Road“ aufgehört hat.

Die amerikanische Musikzeitschrift „Rolling Stone“ wählt die LP als das „Album des Jahres“. So kommt er auch in der Presse zu Anerkennungen, nachdem die vier Vorgänger meist nur belacht wurden. Ein Vergleich zwingt sich da schon eher zu „Abbey Road“ auf. Ähnlich wie dort stehen die Stücke in einer gewissen Verbindung zueinander. Die Melodien von „Jet“ und „Band On The Run“ tauchen in anderen Liedern nochmals auf. Auffallend oft werden Themen wie Flucht, Rettung und Freiheit aufgegriffen.

Der Titelsong ist das bekannteste und wohl auch beste Stück der Platte. Es besteht aus mehreren ganz unterschiedlichen und unabhängigen Teilen, die gekonnt miteinander verbunden sind. Den Ursprung der Textzeile „If We ever get out of here“ erklärt Paul später. Dieser Ausspruch stammt von George Harrison, der dies während den Gesprächen über Apple äußert.

Eines der Lieder, über die am meisten gesprochen wird, ist „Let Me Roll It“. Viele Zuhörer wollen ein herzliches Tribut an John Lennon und seine Plastic Ono Band erkannt haben.

Ringo Starr: „Die Leute sprechen mich nur selten an, ohne sich auf die Vergangenheit zu beziehen."

In Europa läßt man das Lied „Helen Wheels" weg, vermutlich, um die Verkaufszahlen der Single „Helen Wheels/Country Dreamer" zu steigern.

Ein herausragendes Stück ist das Lied „Picasso's Last Words". Der Schauspieler Dustin Hoffmann machte Paul auf die letzten Worte Picassos („Drink to me, drink to my health, you know I can't drink any more") aufmerksam und meinte, dies sei doch ein guter Text. Prompt vertonte Paul diese Worte und bastelte aus den vielen verschiedenen Teilen des Liedes die Endfassung, „so wie Picasso es immer mit seinen Bildern machte" (Paul).

Nach weit über zwei Jahren (und über fünf Millionen verkauften LPs) wird dieses Album noch immer in den Top-200-LP-Charts in Amerika stehen. Es stellt somit eines der größten und beständigsten Alben der 70er Jahre und eines der erfolgreichsten der Solo-Beatles dar.

Beatles-Renaissance

1973 finden die Beatles sehr viele neue Fans, nachdem die LPs „1962-66" und „1967–70" erschienen waren und jeder der Vier eine neue Solo-LP vorgelegt hatte. Es kommen verschiedene Beatles-„Fanzines" (Fan-Zeitschriften) und die ersten Beatles' Conventions (Treffen von Beatles-Fans) auf. Das Sammeln von Platten, Fotos, Buttons, Postern und Tausenden von anderen (Fan-)Artikeln kommt in Mode. Die ersten großen Conventions finden in Boston und New York statt. Es werden Filme der Beatles gezeigt, ein Quiz veranstaltet, und es gibt einen Flohmarkt mit Beatles-Artikeln und eine Band, die Beatles-Musik spielt. Ab 1976 werden solche Veranstaltungen regelmäßig in Amerika (später auch in Europa) stattfinden. Eine ganze Reihe von Büchern über die Beatles erscheint. Seitdem kommen jedes Jahr eine Vielzahl neuer Bücher hinzu.

In London wird das Stück „John, Paul, George, Ringo and Bert" aufgeführt. George Harrison sieht das Stück als einziger der Vier, verläßt aber enttäuscht die Vorstellung während der Pause. In New York läuft das Musical „Sgt. Pepper's Lonely Hearts Club Band (on the road)" an, bei dessen Premiere (am 14. 11. 1974) John Lennon anwesend ist. 1977 wird ein weiteres Musical folgen, mit dem Titel „Beatlemania". An einer Filmversion von „Sgt. Pepper" wird gearbeitet.

Mitte der 70er Jahre kommen die Gerüchte einer möglichen Reunion auf. Der Amerikaner Bill Sargent bietet den Beatles für ein einziges Konzert 15 Millionen Dollar. Bis 1976 steigt das Angebot noch auf den vierfachen Betrag. Das Konzert soll im Madison Square Garden in New York stattfinden, und bei einem Eintrittspreis von 25 Dollar verspricht sich Sargent einen großen Gewinn. Hinzu würden außerdem noch die Einnahmen aus den Filmrechten kommen. Doch Sargent bleibt erfolglos, wie bei einer ähnlichen Kampagne, bei der er einen Kampf auf Leben und Tod zwischen einem Killerhai und einem Menschen organisieren wollte.

Das Geld kann die vier Beatles nicht locken. Paul McCartney sagt: „Jede Wiedervereinigung wäre nur des Spaßes wegen. Niemals würden wir wegen dem Geld wieder zusammenkommen. Das war niemals das, was die Beatles darstellten, und ich hoffe, es wird niemals das sein."

Bei einer anderen Gelegenheit sagt er: „Ich bin stolz auf die Beatles-Sache. Ich weiß, daß wir den Leuten eine Menge Spaß gebracht haben. Vielleicht arbeiten wir mal wieder zusammen. Aber das werden nie wieder die Beatles sein."

Sid Bernstein, Promoter der Beatles-Konzerte in der Carnegie Hall und dem Shea Stadium in den 60er Jahren, veröffentlicht eine ganzseitige Anzeige in verschiedenen Zeitungen. Er rechnet Einnahmen von mindestens 230 Millionen Dollar aus und schlägt vor, daß jeder Besucher Kleidung oder Essen mitbringt. Dann, so meint er, würde aus einem Land der Dritten Welt „über Nacht eine Nation voller Hoffnung" (Bernstein). 20 Prozent der 230 Millionen könnten außerdem noch zur Ernährung und Ausbildung von Kindern in armen Ländern verwendet werden. Doch auch er bleibt erfolglos. George Harrison beschwert sich, daß Bernstein den Beatles die Verantwortung gegenüber der Dritten Welt auferlegt.

Ihr früherer Produzent George Martin erklärt: „Ich denke, es wäre ein Fehler, wenn sie wieder zusammen ins Studio gingen. Wann immer du etwas Vergangenes wieder zurückholen willst, ist es gefährlich. Wenn du zum Beispiel an die Orte zurückgehst, die du als Kind geliebt hast, zerstört es deine Illusionen. Wenn die vier Männer wieder zusammenkämen, wäre es nicht mehr das gleiche."

„Die Beatles wieder zu vereinigen wäre wie noch einmal in die Schule gehen. Ich war nie für irgendwelche Treffen, vorbei ist vorbei", sagt Lennon. Fast einstimmig wird die Meinung vertreten, eine Wiedervereinigung würde den Mythos zerstören.

Daß ein Konzert der Beatles ein Reinfall wäre, glaubt Paul nicht: „Ich denke wirklich nicht, daß es ein Mißerfolg werden würde. Es würde nur zustande kommen, wenn wir alle es wirklich wollten, und in dem Fall würde es sicherlich sehr gut."

Die McCartneys mit zwei ihrer Kinder. Paul: „Ich fing an zu bemerken, daß ich die Wärme einer Familie mag."

1974

John Lennon lebt inzwischen getrennt von seiner Frau in Los Angeles. Er erzählt 1980: „Yoko hat mich rausgeworfen. Sie sagte mir, ich solle rausgehen. Und ich sagte, ‚Okay ich gehe, ich bin frei wie ein Junggeselle.' Es war schrecklich, verdammt schrecklich. Ich trank zuviel, 'ne Menge davon ist inzwischen bekannt. Ich war außer Kontrolle geraten, niemand sah nach mir, ich brauchte jemanden, der mich liebte und es war niemand da, um mich zu unterstützen... Das Schlimme war, von Yoko getrennt zu sein und erkannt zu haben, daß ich sie wirklich brauchte, ohne sie nicht als Mensch überleben konnte."

Yoko Ono

Die Bedeutung Yoko Onos für John Lennon kann kaum überschätzt werden. John erklärt das 1980: „Ich war ein Macho-Kerl aus der Arbeiterklasse, der es nicht besser wußte. Yoko lehrte mich über Frauen. Ich war daran gewöhnt, bedient zu werden, wie Elvis und die anderen Stars. Yoko nahm mir dies nicht ab. Sie kümmerte sich einen Dreck um die Beatles.

Von dem Tag an, an dem ich sie traf, verlangte sie gleiche Zeit, gleichen Raum und gleiche Rechte. Ich wußte überhaupt nicht, wovon sie sprach. Ich sagte, ‚Was willst du, einen Vertrag? Du kannst haben, was du willst, aber erwarte nichts von mir oder daß ich mich ändere.' Sie sagte, ‚Hier kann ich nicht bleiben. Wo du bist, bleibt kein Raum. Es dreht sich alles um dich. In dieser Atmosphäre kann ich nicht atmen. Ich bin Künstler, nicht irgendeine Frau, die du hinter der Bühne aufgegabelt hast.' Nun, ich hab' dazu gelernt und bin ihr dankbar für die Erziehung.

Ich denke, das ist es, was Leute wie Presley und andere dieser Sorte umbringt. Die sogenannten Stars sterben in der Öffentlichkeit. Der König wird immer von seinen Untertanen getötet, nicht von seinen Feinden. Der König ist überfressen und voller Drogen, alles das, was ihm an dem Thron festhält. Die meisten Leute in dieser Situation wachen nie auf. Sie sterben entweder geistig oder körperlich oder beides. Was Yoko für mich tat, war, außer daß sie mich zu einem Feministen befreite, daß sie mich auch aus dieser Situation rettete. So endeten die Beatles. Nicht, weil Yoko sie getrennt hat, sondern indem sie mir zeigte, wie es war, Elvis-Beatle zu sein und von Kriechern und Sklaven umgeben zu sein, die nur daran interessiert sind, die Situation so zu belassen wie sie war. Das ist auch eine Art von Tod."

An die zahlreichen Kritiker Yokos gerichtet, ergänzt er (in einem anderen Interview): „Jeder, der behauptet, an mir als individuellen Künstler oder auch nur als Teil der Beatles Interesse zu haben, hat absolut alles mißverstanden, was ich jemals gesagt habe, wenn er nicht erkennt, warum ich mit Yoko zusammen bin. Wenn sie das nicht erkennen können, dann erkennen sie nichts. Sie sind nur darauf aus, ein Anhänger von jemandem zu sein – das könnte jeder sein: Mick Jagger oder jemand anderes. Lauft ihm hinterher, ich brauche das nicht, absolut nicht. Laß sie die Wings jagen und vergeßt mich einfach. Wenn es das ist, was sie wollen, sollen sie hinter Paul oder Mick her sein. Laßt mich in Frieden. Spielt mit den Rolling Wings."

Im Troubadour-Club von Los Angeles sorgt er als Störenfried für Schlagzeilen. Zusammen mit Harry Nilsson verbringt er bei starkem Alkoholkonsum mehrere Monate in Los Angeles. „Ich ging der Realität sozusagen aus dem Weg" (John Lennon). Er und Harry nehmen zusammen mit Klaus Voormann, Keith Moon, Ringo Starr und einigen anderen die Nilsson LP „Pussy Cat" auf. Lennon produziert die LP aufgrund eines Versprechens, das er Nilsson früher gegeben hat. Die LP enthält Titel wie „Save The Last Dance For Me", „Loop De Loop", „Rock Around The Clock", „Many Rivers To Cross", Dylans „Subterranean Homesick Blues" und verschiedene Nilsson-Kompositionen. Lennon hat das Lied „Mucho Mungo" geschrieben.

Die LP ist ausgesprochen schwach. Lennon äußert sich dazu: „Plötzlich war ich darin verwickelt, Harry Nilsson Platten zu machen. Etwas, was ich nie hätte tun sollen. Alle Musiker lebten in einem Haus und es war wie ein großes Irrenhaus. Alle soffen wie wahnsinnig."

Er nimmt auch eine eigene Langspielplatte auf. Die Schwierigkeiten mit seiner Ehe spiegeln sich recht deutlich in „Walls And Bridges", so der Name der LP. Zum Namen sagt er: „Wände schützen dich und Brücken bringen dich irgendwo hin."

Walls And Bridges

„Technisch ist die LP okay und wenn du die Lieder einzeln nimmst, ist sie nicht verkehrt. Du kannst es dir genau ansehen, kannst aber keinen Fehler finden. Aber hinter ‚Walls And Bridges' steht das Leid. Es ist schreckliche Verwirrung und Einsamkeit drin." (Weiter Lennon:) „Das war die schlimmste Zeit meines Lebens." Wie er selbst feststellt, kann auch diese LP nicht überzeugen. Trotzdem enthält sie einige interessante Lieder. In „Steel And Glass" schreibt er über Allen Klein. Einige Lieder zeigen besonders starke autobiographische Züge. Ähnlich wie ein knappes Jahrzehnt zuvor singt er „Somebody please, please help me". Er sagt, er habe Angst und sei einsam. Besonders depressiv ist das Lied „Nobody Loves You (When You're Down And Out)". Er will wieder zurück zu Yoko, der er das Lied „Bless You" widmet, in dem es unter anderem heißt: „Denk' dran, obwohl Liebe seltsam ist, für jetzt und immer wird unsere Liebe verbleiben." In einem Interview aus 1980 sagt er: „Ich merkte, daß ich Yoko mehr brauchte, als sie mich, und ich bin da so ehrlich wie ich nur sein kann." Johns Sohn Julian hört man bei einer etwas merkwürdigen Version von „Ya Ya" am Schlagzeug.

Doch das schönste Stück der LP dürfte wohl „Number 9 Dream" sein. Mit der ausgekoppelten Single „Whatever Gets You Thru The Night" hat er entgegen seiner eigenen Erwartung einen Nummer 1-Hit. Seinen ersten überhaupt. Elton John wirkt bei diesem Lied mit. John Lennon hat ihm versprochen, bei einem seiner Konzerte aufzutreten, falls die Single Nr. 1 würde. Er wird vom Erfolg überrascht und hält sein Versprechen: Am 28. November tritt er mit Elton John im Madison Square Garden auf. Sie spielen die Lieder „Whatever Gets You Thru The Night", „Lucy In The Sky With Diamonds" und „I Saw Her Standing There", was das Publikum sehr überrascht. Nach Lennons Tod werden diese Aufnahmen auf Maxisingle und LP veröffentlicht.

Für David Bowies LP „Young Americans" hilft Lennon Bowie bei einer Aufnahme von „Across The Universe". Während der Aufnahmen schreiben die beiden das Lied „Fame", Bowies erste Nummer 1 in Amerika.

Mit Yoko versöhnt er sich wieder. Er scheint wieder auf den erfolgreichen Weg gekommen zu sein. Was ihm jetzt noch zum Glück fehlt, ist die Grüne Karte, die ihn dazu berechtigt, ständig in Amerika zu leben.

Auch die anderen drei Beatles sind 1974 aktiv. Nach Lennons „Walls And Bridges" im September folgen McCartneys Single „Junior's Farm/Sally G" im Oktober, Starrs LP „Goodnight Vienna" und ausgekoppelte Single „Only You/Call Me" im November sowie Harrisons LP „Dark Horse" mit Singleauskoppelung „Ding Dong; Ding Dong/Hari's On Tour (Express)" im Dezember.

John Lennon während seiner Trennung von Yoko: „Ich war außer Kontrolle geraten (...) und es war niemand da, um mich zu unterstützen."

John Lennon mit seiner Sekretärin und Geliebten May Pang im November 1974, mit der er während seiner Trennung von Yoko zusammenlebte

McCartneys Single erscheint übrigens Anfang 1975 nochmals, nur mit vertauschten A- und B-Seiten (also mit Sally G auf der A-Seite). McCartney nimmt während eines Aufenthaltes in Nashville mit den Wings und einer Blaskapelle unter dem Pseudonym The Country Hams den Titel „Walking In The Park With Eloise" auf. Der Titel ist von seinem Vater komponiert. Eine Single wird im Oktober veröffentlicht.

Goodnight Vienna

Mit „Goodnight Vienna" veröffentlicht Ringo Starr seine vierte Solo-LP. Mitwirkende Musiker sind alte Bekannte, die zum Teil auch bei „Walls And Bridges" mitwirkten, wie z. B. John Lennon, Elton John, Nicky Hopkins, Harry Nilsson, Billy Preston, Lon & Derrek Van Eaton und Klaus Voormann. Den Titelsong schrieb John Lennon. „Goodnight Vienna" ist ein Liverpooler Ausdruck, der soviel wie „Laß uns hier abhauen" bedeutet. Nilsson gibt Ringo das Lied „Easy For Me", Elton John (und Bernie Taupin) „Snookeroo" und Hoyt Axton den „NoNo Song". Von den Platters übernimmt Ringo „Only You", zugleich seine erste Single des Albums.

Dark Horse

Etwa zur gleichen Zeit veröffentlicht George Harrison seine sechste Solo-LP. Bereits im Sommer wurde seine Tournee angekündigt, die Ende des Jahres stattfindet. Anders als Paul wagt er sich gleich nach Nordamerika. Vor der Tournee sprach man davon, daß ihn Eric Clapton und Ringo Starr begleiten würden, was sich aber als falsch herausstellt. Ein anderes Gerücht bestätigt sich aber: Seine Frau Patti lebt jetzt mit Eric Clapton zusammen. George und Patti werden bald geschieden und Patti heiratet Eric Clapton, der ihr sein sehr populäres Stück „Layla" widmet, wie man später erfährt.

Die Tournee Harrisons, u. a. mit Billy Preston, Tom Scott und Ravi Shankar, geht durch über 20 amerikanische Städte. Die Einnahmen vieler der insgesamt etwa 50 Konzerte gehen an wohltätige Zwecke. Während der Pressekonferenzen zur Tournee verkündet er die Gründung seiner eigenen Plattenfirma, das Label „Dark Horse". Dark Horse heißt übersetzt „unbeschriebenes Blatt". George hatte die Idee von einem schwarzen Pferd im Kopf, „das gewinnt und auf das niemand Geld gesetzt hat".

Während der Pressekonferenzen spricht er öfters über die Beatles. Bald spielt er auch Lieder der Beatles, so „For You Blue", „Something", „While My Guitar Gently Weeps" und „In My Life". Leider wird die Tournee ein Mißerfolg, entgegen seiner Erwartung und seinen späteren Aussagen. Die New York Times nennt die Show langweilig, und eine andere Zeitung schreibt: „Der Mann hat seine Stimme und sein Gefühl für Rock 'n' Roll verloren." George verteidigt sich: „Ich möchte nicht der Beatle George sein. Wenn sie das wollen, können sie sich die Wings ansehen. Warum soll ich in der Vergangenheit leben?"

Für George Harrison ist 1974 ein sehr hektisches Jahr. Er nimmt ein Album mit der Gruppe Splinter auf und eines mit Ravi Shankar. Schließlich folgt noch „Dark Horse" und gleich darauf die Tournee.

Zufällig verweilen an einem Punkt alle vier Beatles in New York und es wird wieder von einer Wiedervereinigung gemunkelt. Doch keiner der drei tritt beim New Yorker Konzert auf die Bühne. Es wird nur berichtet, daß Lennon und McCartney sich die Show angesehen haben.

Wie die Tournee wird auch die LP „Dark Horse" stark kritisiert. Sie enthält neben dem Everly Brothers Titel „Bye Bye Love" ausschließlich Eigenkompositionen. Die Single-Aufnahme „Ding Dong; Ding Dong" erreicht weder in Amerika noch England die ersten 20 Plätze der Hitparaden.

Ein großes Handicap ist die Heiserkeit Harrisons. Er kann gar nicht richtig singen, doch damit die LP noch rechtzeitig zum Weihnachtsgeschäft und zur Tournee vorliegen kann, muß man dies in Kauf nehmen.

Die im September erschienene LP „The Place I Love" von der Gruppe Splinter, die George Harrison produzierte, wird von den Kritikern als wesentlich besser eingestuft als Dark Horse. Bei der Splinter-LP übernimmt George einen großen Teil der Arbeit und benutzt Pseudonyme wie z. B. Hari Georgeson, P. Roducer und Jai Raj Harrsein.

McGear

Zur gleichen Zeit wie die Splinter-LP erscheint eine neue LP von Paul McCartneys Bruder Michael, der den Künstlernamen Mike McGear benutzt. Die LP wurde im Frühjahr zusammen mit Paul und den Wings (erstmals mit Gitarrist Jimmy McCulloch) aufgenommen. Paul schrieb fast alle Titel der LP und produzierte sie auch. Sie klingt wie eine sehr gute Wings-Produktion. Sowohl die Single „Leave It/Sweet Baby" als auch die LP verkauft sich trotz alledem sehr schlecht und sie gerät in kurzer Zeit wieder in Vergessenheit.

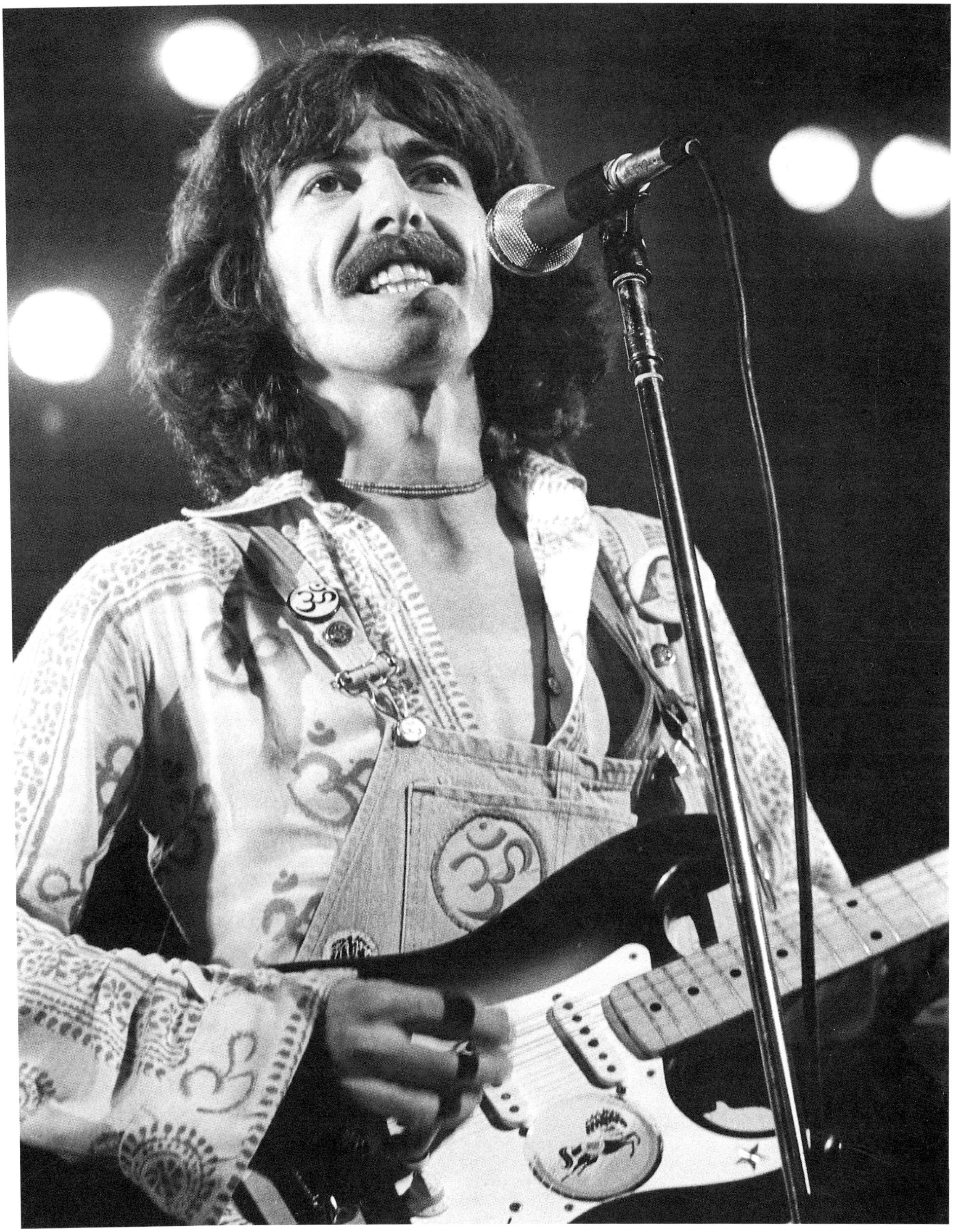

George Harrison während seiner „Dark-Horse"-Tournee

Noch vor McCartney wagt Harrison im November und Dezember 1974 als erster Beatle wieder eine Tournee durch Amerika

1975

Im Februar 1975 wird John Lennons LP „Rock 'n' Roll" veröffentlicht. Er hatte bereits wenige Wochen nach „Mind Games" mit der Arbeit an dieser LP begonnen, die ursprünglich den Titel „Oldies But Moldies" tragen soll. Zu diesem Zweck war er nach Kalifornien gekommen, um dort mit Spector einige seiner Lieblings-Rock 'n' Roll-Titel aufzunehmen. Die Aufnahmen dauerten von Oktober bis Dezember 1973. Lennon übergab Phil Spector die Master Tapes, der mit diesen Bändern verschwand. Spector berichtete Lennon telefonisch von angeblichen Autounfällen und Krankheiten. Als Lennon das verrücktgewordene Genie Monate später traf und zu den Bändern kam, waren vier Aufnahmen verwendbar, nämlich „Sweet Little 16", „Bony Moronie", „Just Because" und „You Can't Catch Me". Lennon hat sich 1972 mit Morris Levy, dem Musikverleger Chuck Berrys, außergerichtlich geeinigt, die Titel „Sweet Little 16" und „You Can't Catch Me" aufzunehmen. Innerhalb von fünf Tagen nimmt er dann noch weitere Titel auf, die zu den vier fertigen Stücken hinzukommen.

Levy, der angibt, Lennon und er haben außerdem vereinbart, daß diese Rock 'n' Roll-LP auf Levys eigenem Label, ADAM VIII, erscheinen soll, läßt aus einem Band, welches er von John erhält, eine LP mit dem Titel „Roots. John Lennon sings the great Rock 'n' Roll Hits" pressen. Er verkauft die LP ausschließlich im Postversand.

Capitol/EMI kontert und veröffentlicht die LP weit früher als geplant im Februar. Die LP wird einfach „Rock 'n' Roll" genannt, das Cover ziert ein Foto von Jürgen Vollmer, welches John Lennon in Hamburg zeigt.

Levy und Capitol verklagen sich gegenseitig. Levy verliert und die „Roots"-LP wird als illegal erklärt. Heute ist sie ein begehrtes Sammlerstück, vor allem deshalb, weil die LP zwei zusätzliche Lieder enthält, und zwar die Spector-Produktionen „Angel Baby" und „Be My Baby".

Venus And Mars

Im Februar beenden Paul McCartney und seine Gruppe Wings die Arbeit an einer neuen LP, die „Venus And Mars" heißen soll. Die Wings spielen in folgender Besetzung: Paul, seine Frau Linda, Denny Laine, Jimmy McCulloch und der gerade neu hinzugekommene Schlagzeuger Joe English aus New York. Der frühere Schlagzeuger Geoff Britton ist noch bei drei Liedern zu hören. Die erwähnte Besetzung hält ungewöhnlich lange, bis zum November 1977.

Aus der Doppelbedeutung des Wortes „Stars" (Sterne) wird geschlossen, daß mit Venus Linda und mit Mars Paul gemeint sind.

Im zweiten Titel des Albums, „Rock Show", erwähnt Paul das Hollywood Bowl und den Madison Square Garden. Wie er später zugibt, ein Hinweis auf seine Pläne für die Zukunft. Mit „Medicine Jar" enthält die LP ein Lied eines anderen Wings-Mitgliedes, nämlich des Gitarristen Jimmy McCulloch.

Den großen Erwartungen, die man nach „Band On The Run" in diese LP steckt, wird sie nicht ganz gerecht. Weniger die musikalische Vielfalt des Albums, als die mehr oder minder aussagelosen Texte enttäuschen. Der kommerzielle Erfolg ist aber zweifellos nicht beeinträchtigt. Die Single „Listen To What The Man Said/Love In Song", aus der LP eine Woche vor Erscheinen ausgekoppelt, bringt in Amerika den 8. Top Ten-Hit in Folge und die dritte Nr. 1 Paul McCartneys.

Aufsehen erregt er auch mit einem neuen Vertrag: Für die Rekordsumme von 8 Millionen Dollar hat er bei Capitol in den USA unterschrieben.

Wings Over The World

Im September geht Paul mit seinen Wings auch wieder auf Tournee, zuerst durch Großbritannien und danach durch Australien, Europa und Amerika. Das ungewöhnlich lange Programm umfaßt 28 Lieder. Die Hälfte davon sind von den LPs „Venus And Mars" und „Band On The Run" und sieben Stücke sind noch von dem Programm der 72er und 73er Tourneen übriggeblieben (z. B. „Go Now"). Dazu kommen noch der Single-Titel „Junior's Farm", Paul Simons „Richard Corey" und, was am meisten überrascht, erstmals fünf Lieder der Beatles („Yesterday", „Lady Madonna", „Long And Winding Road", „I've Just Seen A Face" und „Blackbird"). Drei weitere („Let It Be", „Fool On The Hill" und „Hey Jude") werden kurzfristig weggelassen. Das Programm kann sich sehen lassen, und die Tourneen werden zum Erfolg.

Im einzelnen sehen die Tourneedaten folgendermaßen aus: September 1975: 14tägige Tournee durch England, Wales und Schottland, November: 14tägige Tournee durch Australien, März 1976: Kurze Tournee in Europa (Auftritte in Kopenhagen, Berlin, Rotterdam und Paris), Mai bis Juni 1976: Große Amerika-Tournee (Dauer etwa acht Wochen), September 1976: Kurze Tournee in Europa (Auftritte in Wien, Zagreb, Venedig und München) und zum Abschluß drei Konzerte im Londoner Wembley Empire Pool (Oktober).

Paul McCartney Over the World: zwischen dem 9. 9. 75 und dem 21. 10. 76 gibt er Auftritte in Europa, Australien und Amerika

John Lennon über Paul McCartney: „Ich bewundere Paul, wie er von vorne anfing, eine neue Band gründete und wieder auftrat."

McCartney unterzeichnet das Foto von Seite 101

Erwähnenswert ist u. a. der Auftritt im Los Angeles Forum. Es ist das letzte Wings-Konzert in Amerika, und Ringo Starr kommt auf die Bühne, um Blumen zu überbringen. John Lennon über Paul McCartney: „Ich bewundere Paul, wie er von vorne anfing, eine neue Band gründete und wieder auftrat, denn das war es, was Paul mit den Beatles machen wollte – er wollte mit uns zurück in die Tanz- und Konzerthallen gehen und das noch einmal erleben. Ich wollte nicht, das war eines der Probleme. Jetzt tritt er wieder auf. Er hat das gemacht, was er wollte und das ist fein (es ist nur nicht das, was ich wollte)."

Extra Texture

George Harrison ist unterdessen damit beschäftigt, eine neue LP fertigzustellen. Es scheint, als wolle er nach dem Mißerfolg der letzten Platte seinen Ruf so schnell wie möglich wieder aufbessern. „Extra Texture" benötigt weniger Produktionszeit als seine vorherigen Platten. Die LP erscheint im Oktober 1975. Als erste Singleauskoppelung wird das bereits oben erwähnte Stück „You" veröffentlicht. Da George das Lied ursprünglich für Ronnie Spector aufgenommen hat, ist die Tonlage für ihn fast etwas zu hoch. Die ersten vier Zeilen von „The Answer's At The End" stammen von Sir Frank, dem Vorbesitzer seines Hauses. George hat aus den vier Zeilen ein Lied mit beachtenswertem Text gemacht.

Alles in allem unterscheidet sich „Extra Texture" nur unwesentlich von „Dark Horse", was kaum verwunderlich ist, da die meisten Lieder aus dieser Zeit stammen. Auf die Kritik der letzten Zeit antwortet George im Lied „This Guitar (Can't Keep From Crying)". Das Lied erinnert ein wenig an seinen Erfolgstitel „While My Guitar Gently Weeps".

Kurz nach „Extra Texture" erscheinen die Samplers „Shaved Fish" von John (im Oktober) und „Blast From Your Past" von Ringo (im November). „Shaved Fish" enthält alle A-Seiten der amerikanischen Singles von John Lennon, es fehlt lediglich „Stand By Me", das allerdings keine Lennon-Komposition ist. Ohne Zweifel kann man die LP als Lennons „Best Of"-LP bezeichnen. Das gleiche gilt für Ringos „Blast From Your Past". Auch George (im November 1976) und Paul (im November 1978) werden noch zu ihren „Best Of"-LPs kommen.

Die grüne Karte und Sean

Für John Lennon ist 1975 eines der wichtigsten und erfolgreichsten Jahre seines Lebens. Nach einem drei Jahre dauernden Kampf erhält er am 7. Oktober endlich seine Grüne Karte, die ihn zum ständigen Aufenthalt in Amerika berechtigt. Zwei Tage später, zugleich sein 35. Geburtstag, kommt sein Sohn Sean zur Welt. „Sean ist mein größter Stolz – und du hast jemanden vor dir, der überhaupt nicht an Kindern interessiert war, vor Sean", sagt er 1980.

John entschließt sich, sich die nächsten Jahre aus dem Showgeschäft zurückzuziehen. Er will sich ausschließlich um den Haushalt und vor allem um Sean kümmern. „Ich merkte, daß ich Platten nicht mehr für mich machte, sondern für Leute und Plattenfirmen, die das von mir erwarteten. Schließlich sah ich ein, daß ich ohne neues Album auskommen konnte. Ich entschloß mich, mich um das Baby zu kümmern, so viel ich konnte", erzählt er. „Mein Leben dreht sich um Sean. Deshalb kann ich mir nicht länger künstlerische Depressionen, die einen unglücklichen Song hervorbringen, leisten. Ich kann nicht länger in Depressionen schwelgen und, sagen wir mal, so sein, wie man denkt, daß Künstler sind." Für die nächsten fünf Jahre wird er zum Hausmann. Rückblickend sagt er 1980: „Alle Leute meinten,

John Lennon mit der grünen Karte, die ihn zum Daueraufenthalt in Amerika berechtigt

sie müßten ihren Kommentar zu meiner Zurückgezogenheit abgeben. Mick Jagger trieb dieses Spiel im ‚Observer' in London. Er sagte: ‚Komm raus, John ... Ich mag John sehr, aber er versteckt sich hinter seinem Kind. Warum kommt er nicht raus, Yoko hält ihn wohl unter Verschluß. Er soll mir nicht erzählen, er mache dies für die Familie, denn man kann beides (Karriere und Familie) haben.' Nun, diese Lektion mußte Mick noch lernen, denn er konnte nicht beides haben. Er sagte das vor seiner Trennung von Bianca und seinem Kind."

1976
Beatles-Vermarktung

1976 läuft der Vertrag der Beatles ab und die Kontrolle des Apple-Kataloges geht an EMI/Capitol. 1976 und 1977 werden jetzt verschiedene Beatles-Platten veröffentlicht. Durch Wiederveröffentlichungen alter Hits soll der Boom in aller Welt neu belebt werden. In England erscheinen die Singles „Yesterday/I Should Have Known Better" (Februar 76) und „Back In The USSR/ Twist And Shout" (Juli 76), in Amerika „Got To Get You Into My Life/Helter Skelter" (Mai 76) und „Ob-la-di, Ob-la-da/Julia" (November 76) und in Deutschland eine Mischung aus beiden: Die „Back In The USSR"-Single aus England (Juli 76) und die „Got To Get ..."-Single aus Amerika (August 76).

25 Singles werden außerdem wiederveröffentlicht (in Deutschland als „Beatles Come Back"-Serie). In England werden so eine Million Singles innerhalb eines Monats verkauft, alle Singles kommen wieder in die Top 100. Die Cover der Singles sind einheitlich in einfallslosem Schwarz-grün gehalten, ohne jegliches Foto. (In England befinden sich immerhin auf der Rückseite Fotos.) 1977 werden die englischen EPs auf gleiche Weise in der „Die Größten Vier"-Serie wiederveröffentlicht.

Zusätzlich erscheint im Juni 1976 die Doppel-LP „Rock 'n' Roll Music". Sie erreicht an dem Tag, an dem sie veröffentlicht wird, Gold. Einzeln werden diese beiden LPs unter dem Titel „Rock 'n' Roll Music Vol. 1 und 2" im Oktober 1980 veröffentlicht. Selbstverständlich gibt es auch noch eine 3-LP-Box mit „Rock 'n' Roll Music" von den Beatles und mit „Rock 'n' Roll" von John Lennon.

Der Einfluß der Beatles auf solche Wiederveröffentlichungen ist sehr gering. Ringo Starr erzählt: „Wir vier schauten uns das Cover von ‚Rock 'n' Roll Music' an und konnten es nicht ertragen. Es war ekelhaft. John hat sogar angeboten, ein Cover zu machen. Aber sie lehnten ab. Ich denke, John hat wesentlich mehr Fantasie als alle Leute bei Capitol zusammen. Aber nein. Man sollte meinen, wir könnten wenigstens die Art, auf die wir wiederverwertet werden, beeinflussen."

Die Vermarktung der Beatles wiederholt sich jedes Jahr. Die Liste von einfallslosen Wiederveröffentlichungen ist lang. Auf wirklich neue LPs wartet man bisher umsonst. Dabei gibt es in den Plattenarchiven genügend Material. Vorerst müssen sich die Fans mit irgendwelchen Samplern begnügen.

Im Oktober 1977 erscheint die Doppel-LP „Love Songs", analog der LP „Rock 'n' Roll Music". Drei Jahre später wird eine der „Love Songs" sehr ähnliche Platte veröffentlicht: „Beatles Ballads". Dazwischen liegen eine Single („Sgt. Pepper's Lonely Hearts Club Band", „With A Little Help From My Friends/Within You, Without You"), der Sampler „20 Golden Hits" (im Mai 79) und die LP „Reel Music" plus Single „Beatles Movie Medley/ I'm Happy Just To Dance With You". Zum Weihnachtsgeschäft 1982 erscheint die LP „20 Greatest Hits". Nicht unerwähnt bleiben soll die „Beatles Collection". Dies ist eine 13-LP-Box, die die gewöhnlichen Beatles-LPs plus einer neuen „Rarities"-LP enthält. (Im Gegensatz zur amerikanischen „Beatles Rarities" enthält die europäische keine Raritäten, lediglich gewöhnliche Single-B-Seiten.) Um diese Rarities-LP zu bekommen, muß man die gesamte Box kaufen. Die Plattenfirma versichert, daß die LP nie im Handel einzeln erhältlich sein wird. Doch bereits ein Jahr später (im Oktober 1979) werden die Fans (vor allem die, die teures Geld für die Beatles Collection ausgegeben haben) von einer solchen Veröffentlichung überrascht. Auf die zahlreichen Veröffentlichungen der Tony Sheridan-Aufnahmen soll an dieser Stelle nicht eingegangen werden. Doch es gibt auch andere Beispiele. So die „Beatles Tapes", die im Juli 1976 in England erscheinen. Es ist eine Doppel-LP mit Interviews. Oder der Live-Mitschnitt „The Beatles Live At The Hollywood Bowl" und die Live-LP „The Beatles Live At The Star Club in Hamburg, Germany 1962". Letztere Aufnahmen wurden 1962 mit einem einfachen Tonband von dem englischen Sänger King Size Taylor gemacht. Sie blieben bis 1972 verschollen, als sie Allan Williams durch Zufall wieder fand. 100.000 Dollar wurden investiert und aus den Monoaufnahmen durch Filtern ein 16-Spur-Master-Tape hergestellt.

Die Aufnahmen werden 1982 unter dem Titel „Historic Session" nochmals veröffentlicht. Ähnlich ergeht es der Interview-LP „Hear The Beatles Tell All", die Anfang 1964 in USA erschien, und die jetzt im Juli 1981 wiederveröffentlicht wird. Doch so weit so gut. Zurück ins Jahr 1976.

„Ich sitze nur so da, und sehe, wie die Räder laufen, und andere, die sich abstrampeln, und mich halten [sie] für verrückt."

Beim letzten Konzert der Wings-Tournee 1975/76 in Amerika kommt Ringo Starr auf die Bühne, um Blumen zu überbringen

Wings At The Speed Of Sound

Im März erscheint die neue LP der Gruppe Wings: „Wings At The Speed Of Sound". Sie wird noch vor der oben erwähnten Amerika-Tournee veröffentlicht. Zusätzlich zu den Wings hört man auf der LP eine vierköpfige Bläsergruppe, die auch bei den Konzerten mitwirkt.

Die Musik der Platte ist einfacher, weniger vielfältig als bei den beiden vorhergegangenen LPs. Endlich einmal avancieren die anderen Mitglieder der Wings zu (nahezu) gleichwertigen Partnern und bilden nicht mehr nur die Begleitband für Paul McCartney. Von den elf Titeln der LP sind zwei nicht von Paul komponiert und bei fünfen überläßt er den anderen Mitgliedern das Mikrofon. Die LP ist sehr erfolgreich, wenn man Erfolg nach den Hitparadenplazierungen mißt. In Amerika z. B. erreicht die LP binnen kurzer Zeit Platz 1 (und Platin) und verweilt fast ein Jahr in den Top 20. Die ausgekoppelten Singles erreichen in Amerika und Europa einen der ersten drei Plätze.

Offen bekennt sich Paul, dem immer vorgeworfen wird, er schreibe nur simple Liebeslieder ohne große Aussagen. Im Lied „Silly Love Songs" sagt er: „Man sollte denken, daß die Leute genug haben von dummen Liebesliedern. Aber ich schau' mich um und sehe, das stimmt nicht. Einige Leute wollen die Welt mit dummen Liebesliedern bereichern, was ist daran falsch? Das möchte ich gerne wissen, denn jetzt fange ich wieder an ..."

Jahre später sagt er: „Ich bin wie die meisten Leute. Wenn ich ins Auto einsteige und das Radio anstelle, möchte ich gute Musik hören. Und für das schreibe ich. Was sind die Alternativen? ‚Ernsthafte' Musik? Oder moderne Klassik? Nein danke, ich würd' mich nach ein paar Takten zu Tode langweilen.

Die Leute haben mich schon oft gefragt, ob ich es nicht müde sei, so leichtfertig zu schreiben. Oh ja, natürlich bin ich das. Weißt du, ich könnte mich jetzt da hinsetzen und ein paar dutzend Lieder schreiben. Das Erschreckende ist, daß zehn von ihnen große Hits werden können."

Anlaß zu Vermutungen ist das Lied „Let 'em In". Er singt dort von folgenden Personen: Sister Suzie, Brother John, Martin Luther, Phil And Don, Brother Michael und Auntie Jin. Einen Bruder namens Michael und eine Tante namens Jin hat er, auch weiß man, wer Martin Luther war und daß mit Phil und Don die Everly Brothers gemeint sind. Aber bei Schwester Suzie und Bruder John kann man nur Vermutungen anstellen.

Ein Jahr nach dieser LP nimmt Linda eine Platte unter dem Pseudonym „Suzy (and The Red Stripes)" auf. Und für Bruder John scheint es nur die eine naheliegende Erklärung zu geben. Es scheint, als meine er John Lennon, den er gleich nach seiner Frau („Suzie") Linda nennt. Danach folgt die Aufforderung „Öffne die Tür und laß sie herein".

Einige Monate vorher hat John Lennon in einem Interview u. a. folgendes gesagt: „Zu einer Zeit sagte ich, als ich über eine Wiedervereinigung der Beatles befragt wurde: ‚Nein. Nie. Warum verdammt? Zurück gehen? Nicht mit mir!' Dann kam eine Zeit, in der ich dachte: ‚Warum nicht? Wenn uns danach ist, eine Platte zu machen?' Alle erwarteten immer eine Bühnenshow, aber das ist etwas ganz anderes. Wenn wir wieder ins Studio gingen, um eine Platte aufzunehmen, wäre das was anderes. Jetzt, wo ich so rede, lese ich in der Zeitung, daß George sich dagegen wehrt. Jeder von uns hatte irgendwann 'mal gedacht, das sei nicht schlecht, aber nie dachten wir das alle zusammen. Zur gleichen Zeit aber habe ich mit George und Ringo Platten aufgenommen. Mit Paul habe ich gejammt. Ich hab' tatsächlich mit ihm gespielt. Wir haben in Los Angeles 'ne Menge Sachen gemacht. Nur waren da noch 50 andere Leute, die mitspielten. Die schauten die ganze Zeit nur mich und Paul an." (John Lennon, 1975 in einem Interview).

Paul McCartney

Paul McCartney hat seine musikalischen Fähigkeiten nicht verloren. Er produziert jetzt leichtgewichtige Pop Songs, mit denen er ein ganz neues Publikum erreicht. Sehr viele „alte" Beatles-Fans können sich mit seiner aktuellen Musik überhaupt nicht anfreunden. Aber er verkauft jetzt mehr Schallplatten als die anderen drei Beatles oder gar die Beatles als Gruppe selbst.

Sein Konzert-Comeback in Amerika nach zehn Jahren Bühnenabstinenz in diesem Erdteil wird ein voller Erfolg. Für Film und Platte wird die Tournee ausführlich mitgeschnitten und gefilmt. Die dreier-Live-LP „Wings Over America" wird ein Verkaufshit. Die über zwei Stunden langen Konzerte der Welttournee zeigen das Allround-Talent und den Entertainer McCartney, komplett mit Laser Show, künstlichem Nebel und ähnlichen Effekten serviert. Trotz seiner Erfolge in jüngster Zeit ist der Applaus am lautesten, wenn er Stücke der Beatles spielt.

In einem Interview aus dieser Zeit äußert er sich wie folgt: „In bezug auf die Legende, denke ich mir einfach, ich bin noch immer ich und mache einfach mit dem, was

Paul McCartney mit seiner Frau Linda

ich mache, weiter. Ich versuche es etwas abzuschwächen, denn ich möchte eigentlich kein großer unglaublicher Superstar sein. Das gibt mir nichts, so eingekapselt zu werden wie z. B. Howard Hughes, das möchte ich vermeiden. Wenn mir jemand sagt, daß ich der Baßspieler des Jahres bin, freut mich das natürlich, aber ich werde nicht ganz wild und denke die ganze Woche daran. Denn dann beginnt man, an die eigene Legende zu glauben. Das ist eine Gefahr. Eigentlich sind es meine Kinder, die mich am meisten glücklich machen, mehr als meine Musik. Es mag vielleicht komisch klingen von jemanden, der soviel Geld hat, aber ich glaube, die schönsten Dinge im Leben kosten nichts."

Über seine Beatles-Zeit sagt er: „Den ganzen Ruhm wollten wir. Es muß etwa ein Jahr vor Johns Tod gewesen sein, nachdem wir unsere Freundschaft wieder in Ordnung gebracht hatten, er erzählte mir, jemand hätte ihm gesagt: ‚Sei vorsichtig mit dem, was du dir wünschst, denn es könnte wahr werden.' Das trifft genau die Beatles-Sache. Wir wünschten uns ja den ganzen Ruhm.

Ich weiß zwar, daß wir wirklich total berühmt sind, daß jeder weiß, wer Paul McCartney ist, aber – ich weiß auch nicht warum – ich arbeite noch immer, als ob ich mich noch berühmter machen wollte. Es ist verrückt, ich versteh's selbst nicht. Man kommt an einen Punkt, an dem man sich denkt: „Wozu versuche ich, noch berühmter zu werden?' Eigentlich war es, um eine Gitarre, ein Auto und ein Haus zu kriegen. Darüber hinaus konnte ich mir nichts vorstellen. Jetzt hab' ich all' diese Dinge. Dann fragt man sich, ‚Wozu das Ganze?' Ich denke mir nur, ‚Es ist mein Job.' Es ist das, was ich in meinem Leben mache und ich mag es, also gibt es keinen Grund aufzuhören.

Ich habe das Image dieses kalkulierenden, netten, immer erfolgreichen Kerls und John das des intelligenten Helden aus der Arbeiterklasse. In Wirklichkeit war er aber genauso ehrgeizig und kalkulierend wie ich.

Ich bin nicht mit allem zufrieden, was ich nach den Beatles gemacht habe. Aber wie kann man weitermachen, wenn man in einer so großen Gruppe war. Ich gründete einfach eine kleine Gruppe und spielte in kleinen Hallen. Vieles entstand unter einem großen Druck und manches ist deshalb nicht besonders. Aber insgesamt gesehen bin ich über mich selbst überrascht, was ich nach den Beatles geschafft habe. Hin und wieder bring' ich eine ganz gute Platte heraus. Natürlich sind die Beatles-Sachen besser als die der Wings, aber bei den Beatles schrieb ich auch mit John Lennon. Wenn du aber sagst, daß bei meiner Musik nach den Beatles nichts mehr herauskam, muß ich widersprechen. Es gibt einige gute Sachen. Ich habe ein paar Lieder gemacht, die, glaube ich, sehr gut sind und ein paar, die nicht so geglückt sind, die ich hasse, aber insgesamt gesehen habe ich genug geschrieben, um mich selber zufrieden zu stellen und zu überzeugen, daß ich ganz okay bin. Das ist eigentlich genau das, was ich wollte – ebenso wie alle anderen Leute auch.

Alles ändert sich mit der Art, mit der du die Dinge betrachtest. Ich fing an zu bemerken, daß ich die Wärme einer Familie mag. Mit 18 bespöttelst du so was, aber ab 30 fängst du an, es neu zu bedenken. Das Wort ‚Heim' hat für mich nach meiner Heirat eine ganz andere Bedeutung bekommen. Lange Zeit hatte ich kein richtiges Zuhause. Ich fing an zu begreifen, daß es wichtig ist, seine Gefühle zu erforschen, anstatt sie zu verstecken.

Man kommt in ein Alter, wo man sich etwas dumm vorkommt, Pop Songs zu singen. Es ist weniger, daß man etwas anderes sucht, sondern man sollte jetzt etwas Neues machen, und ich bin bereit für fast alles, solange es interessant und von guter Qualität ist. Die Schauspielerei gefällt mir, ich würde gerne Charakterschauspieler sein. Ich kann mir vorstellen, in eine ganz andere Rolle zu schlüpfen, in der mich niemand erkennen würde. Ich muß nicht immer nur Gitarre oder Klavier spielen.

Ich mag es, den Leuten etwas Freude zu bringen, wenn mir jemand sagt: ‚Ich hab' mich wirklich schlecht gefühlt, aber nachdem ich mir deinen Song angehört habe, ging es mir besser.' Ich liebe diese Kraft – die Kraft, ein Aspirin für die Leute zu sein."

Auch der Geschäftsmann McCartney zeigt sich erfolgreich. Jahr für Jahr kauft seine Gesellschaft MPL (McCartney Productions Ltd.) diverse Songkataloge auf. Bis 1980 kann MPL bereits über 1000 Lieder – neben seinen eigenen, Stücke von u. a. Buddy Holly, Linda Ronstadt, Judy Garland, George Gershwin, Scott Joplin und einige Musicals und Broadway Hits – in seinem 168 Seiten starken Katalog auflisten. Der Nettowert dieser etwa 1000 Lieder liegt bei über 200 Millionen Dollar. MPL gehört damit zu den größten unabhängigen Musikverlagen in der Welt. McCartney erläutert dies kurz: „Du mußt etwas mit dem Geld machen, es in irgendetwas investieren. Ich mag Lieder, und die Gelegenheit hat sich gerade ergeben. So bin ich jetzt ein Musikverleger und Geschäftsmann, worüber ich nicht zu viel sprechen mag."

Aber auch die anderen Beatles, mit Ausnahme des vorübergehend aus der Öffentlichkeit verschwundenen Lennon, sind weiterhin aktiv (wenngleich nicht annähernd so erfolgreich wie Paul).

Ringo's Rotogravure

Im September veröffentlicht Ringo die LP „Ringo's Rotogravure" plus zwei ausgekoppelte Singles. Wieder einmal hat er einige Stars gerufen und sie sind gekommen. So wirken auf diesem Album unter anderen Peter Frampton, Klaus Voormann, Jim Keltner, Melissa Manchester, Harry Nilsson, Eric Clapton, Paul und Linda McCartney sowie John Lennon (kurz bevor er ganz aus der Öffentlichkeit verschwindet) mit. Neben eigenen Kompositionen befinden sich u. a. Lieder von Paul, John, George und Eric Clapton auf diesem Album.

Trotz dieses großen Aufgebotes ist das Resultat wenig beachtenswert. Ringo entschuldigt sich: „Ich gehe ins Studio und mache die Platten so kommerziell wie ich kann. Ich bin nicht dazu da, um Geschichten in den Liedern zu erzählen. Ich möchte so viele Hitsingles haben wie möglich. Ich mag es, populär zu sein."

33 1/3

Anders ist da George Harrisons neue LP.

Im November 1976 erscheint seine achte LP, die oft als seine beste Platte seit „All Things Must Pass" bezeichnet wird. Sie sollte ursprünglich an seinem „33 1/3". Geburtstag (dem 25. Juni 76) erscheinen, doch er war im Frühjahr für einige Zeit krank. Danach erhob seine Plattenfirma eine Klage über eine Million Dollar, weil er das Album nicht termingerecht lieferte. Die Plattenfirma (A & M Records) benutzte das jedoch nur als Vorwand, um den sehr großzügigen Vertrag, den sie George für den Vertrieb seines eigenen Labels „Dark Horse" (das Aufnahmen von den Attitudes, Ex-Wings-Gitarrist Henry McCullough, Ravi Shankar und der Gruppe Splinter veröffentlicht) geboten hatten, zu lösen. George wechselt zu Warner Bros. Records (in Deutschland WEA).

Die Lieder von „33 1/3" sind zum Teil schon einige Jahre alt, so z. B. „Woman Don't You Cry For Me", das fast auf „All Things Must Pass" erschienen wäre, „Beautiful Girl", das aus dem Jahre 1969 stammt, und „See Yourself", aus 1967, in dem es u. a. heißt:

„Es ist leichter, eine Lüge zu erzählen als die Wahrheit zu sagen... Es ist leichter, jemand anders zu kritisieren als sich selbst anzuschauen... Es ist leichter, zu stöhnen und wie der Rest zu sein, der herumsteht und dich kreuzigt während du dein bestes gibst. Es ist leichter, jemanden zu verletzen und zum Weinen zu bringen als ihm seine Augen zu trocknen... Es ist leichter, zu sagen ‚ich will nicht' als zu denken ‚ich kann'."

Beim Midem Music Festival in Cannes hat George 1975 einen gewissen George Grief getroffen. Der erzählte ihm von einem Lord Buckley, der sein Haus „Crackerbox Palace" nennt. George überträgt den Ausdruck auf die Welt. Das Lied „Crackerbox Palace", für das Monty Python-Mitglied Eric Idle einen Promofilm dreht, ist eines der bekanntesten Stücke von „33 1/3".

Für Herb Alpert ist „Learning How To Love You" geschrieben, das George schließlich selbst aufnimmt. „Pure Smokey" widmet er seinem Idol Smokey Robinson. Von dem Prozeß um „My Sweet Lord" beeinflußt, schreibt er das Lied „This Song", das auch auf Single veröffentlicht wird.

Die Aufnahmen hat George in seinem Heimstudio im Friar Park aufgenommen. Zur gleichen Zeit wie „33 1/3" erscheint die „Best Of George Harrison"-LP, auf der erstmals Aufnahmen der Beatles mit Aufnahmen aus der Zeit nach 1970 vereint sind.

1977

Auch 1977 erscheinen wieder einige Aufnahmen mit den Beatles. Neben den bereits erwähnten Live-Aufnahmen aus dem „Star Club" und dem „Hollywood Bowl" und einigen Singles legt Ringo Starr als einziger eine neue Solo-LP vor.

Ringo The 4th

„Ringo The 4th" – eigentlich seine sechste LP, „Blast From Your Past" nicht mitgerechnet – ist ohne die gewohnte Rock-Prominenz aufgenommen worden. Es gibt auch nicht sehr viel über diese LP zu erzählen. Von den Kritikern wird sie abgelehnt: Auf einen Beatle, der Discomusik macht, hat keiner gewartet.

Ringos Erfolgskurve zeigt seit „Ringo" immer deutlicher nach unten. Zwar haben auch die anderen drei Beatles enttäuschende LPs vorgelegt, jedoch nicht gleich drei hintereinander.

Und Ringos anscheinende Vorliebe für Discomusik (und sein wachsender Mißerfolg) hält an, wie die nächste LP beweisen wird. Die LP „Ringo The 4th" erreicht schlechte Verkaufszahlen wie keine LP mit einem Beatle zuvor. Die Plattenfirma Atlantic, bei der Ringo in Amerika unter Vertrag steht, kündigt ihm und er muß sich eine neue suchen.

Paul, neben Ringo der einzige der Vier, der neue Aufnahmen veröffentlicht, hat da wesentlich mehr Erfolg. Zwar ist die unter dem Pseudonym „Suzy And The Red Stripes" aufgenommene Single „Seaside Woman/B-Side

Ringo Starr: „Ich wünsche mir manchmal, ich wäre weniger bekannt."

To Seaside", die er für seine Frau Linda produzierte, nicht ganz so erfolgreich wie erwartet, aber im November gelingt ihm der ganz große Coup.

Zusammen mit Denny Laine hat er das Lied „Mull Of Kintyre" komponiert, welches er mit einer akustischen Gitarre und mit Unterstützung von schottischen Dudelsackspielern aufnimmt. Selbst Paul dürfte wohl kaum den riesigen Erfolg in England vorausgesehen haben. Als erste (und bis „Ebony And Ivory" einzige) Soloaufnahme erreicht die Single Platz 1 in England, wo er ansonsten weniger erfolgreich war und ist. In der ewigen Verkaufshitparade übertrumpft der Titel sogar die Beatles-Erfolge „She Loves You" und „I Want To Hold Your Hand". Pauls amerikanische Plattenfirma hielt „Mull Of Kintyre" nicht für kommerziell genug und vertauschte A-und B-Seite der Single – mit dem Resultat, daß „Girls' School" nur Platz 39 der Charts erreichte.

Für Denny Laine produziert er eine LP mit Titeln ihres gemeinsamen Idols Buddy Holly. Sie trägt den Titel „Holly Days" und bleibt unbeachtet von der Rockpresse. Auch George Harrison betätigt sich als Produzent, wenn er schon keine eigenen Werke veröffentlicht. Er produziert die LP „Two Man Band" der Gruppe Splinter und hilft als Gitarrist aus.

1978

1978 sind es wieder nur Ringo und Paul, die neue Platten auf den Markt bringen. John Lennon lebt weiterhin zurückgezogen, um sich um seinen Sohn Sean zu kümmern. George Harrison kann sich über die Geburt seines Sohnes Dhani (der Name wurde aus den zwei Noten Dha und Ni der indischen Tonleiter zusammengesetzt) am 1. 8. 1978 und die Heirat mit Olivia Arias (im September) erfreuen. Sein Interesse an Formel-1-Autorennen ist wieder erwacht. Bei einem Fernseh-Special der Rutles, einer Parodie auf die Geschichte der Beatles, wirkt er mit. Ansonsten konzentriert er sich auf seine (neue) Familie und zieht es vor, Gärtner zu sein.

London Town

McCartneys LP „London Town" erscheint im März 1978. Doch trotz umfangreicher Werbekampagnen ist der Erfolg der LP, gemessen an „Mull Of Kintyre"-Maßstäben, gering. Nach dem Muster von „Mull" werden fünf Lieder gemeinsam von Paul und Denny Laine komponiert, die anderen schreibt Paul alleine. In Deutschland werden nicht weniger als sieben der insgesamt 14 Titel auf drei Singles veröffentlicht. Zur Hälfte sind die Lieder im bewährten Abbey Road-Studio aufgenommen worden. Die andere Hälfte nahmen die Wings auf einem mit dem benötigten Equipment ausgestatteten Schiff auf. Die Idee stammt von Paul, der bereits bei „Get Back" an so etwas gedacht hatte.

Im November kommt dann auch eine Platte mit den größten Hits heraus („Wings Greatest"), die die bekanntesten Lieder der Gruppe enthält.

Bad Boy

Kurz nach „London Town" erscheint Ringos siebte Solo-LP. Sie trägt den Titel „Bad Boy", zugleich der Name eines der Lieder der Platte. Sie setzt den (Abwärts-) Trend fort, musikalisch greift sie auf das zurück, was bereits mit „Ringo The 4th" erfolglos vorgeführt wurde. Die LP verkauft sich so schlecht, daß die Plattenfirma (in Deutschland: Polydor) den Vertrag mit ihm kündigt und er sich erneut eine andere suchen muß. Ein Lied des Albums, „A Man Like Me", hat Ringo auch für ein Hörspiel aufgenommen, das in England unter dem Titel „Scouse The Mouse" als LP erschien. Ringo wirkt bei erwähntem Hörspiel mit und singt acht Lieder der LP „Scouse The Mouse".

Ringo Starr

„Meine Berühmtheit, Popularität und alles andere wird niemals mehr so groß sein wie bei den Beatles. Trotzdem ist dieser ungeheure Ruhm noch da. Ich wünsche mir manchmal, ich wäre weniger bekannt. Die Leute sprechen mich nur selten an, ohne sich auf die Vergangenheit zu beziehen", sagt Ringo Starr. Daß er derjenige der Vier ist, der am besten mit seinen drei Ex-Kollegen auskommt, wird deutlich, wenn er sagt: „Die Beatles sind vielleicht 1970 als Gruppe auseinandergebrochen, niemals aber als Freunde. Wie könnten wir? Ich war das einzige Kind und plötzlich hatte ich drei Brüder."

In den 80er Jahren wird er zum Schauspieler. Als Musiker und Sänger ist er nur noch selten aktiv. Dennoch kann er die Musik nicht vollständig beiseite stellen. Auf die Frage, ob er sich das vorstellen könnte, antwortet er: „Niemals. Wenn ich auf eine einsame Insel müßte, und dort nur eine Sache tun dürfte, dann würde das Schlagzeugspielen sein. Davon bin ich noch immer begeistert. Den magischen Moment, wenn eine Band eins wird – die Gitarre, das Schlagzeug, das Klavier – und alles stimmt, läßt sich mit nichts vergleichen. Wenn du nicht ein Musiker bist, wirst du das Gefühl, glaube ich, nicht verstehen."

1978 werden einige Picture Discs (Bildplatten) und Platten mit farbigem Vinyl, u. a. von den Beatles, veröffentlicht. So die LPs „Sgt. Pepper" und „Abbey Road". Ferner gibt es die bereits erwähnte Beatles Collection. Der Star Club in Hamburg wird neu eröffnet. Die Eröffnungsveranstaltung besuchen auch Tony Sheridan und Ringo Starr.

Auf dem Gebiet der Bücher ragt besonders die Autobiographie von John Lennons Ex-Frau Cynthia Twist heraus. Der Titel des Buches heißt „A Twist Of Lennon".

1979
LP George Harrison

Im Februar 1979 erscheint George Harrisons neue LP mit dem schlichten Titel „George Harrison". Seine letzte LP, „33 1/3", ist bereits drei Jahre zuvor erschienen. Um so gespannter ist man jetzt auf seine neue, die er, unterstützt von Eric Clapton, Gary Wright und Stevie Winwood, in seinem Heimstudio aufgenommen hat. Alle Einnahmen der in England als Picture Disc ausgekoppelten Single „Faster" läßt er der Gunnar Nilsson-Krebs-Stiftung zukommen. Das Album enthält u. a. auch einen alten Titel aus Beatles-Zeiten: „Not Guilty". Er sollte ursprünglich auf dem „Weißen Album" erscheinen.

Die meisten Lieder schrieb George während eines Urlaubs in Hawai. Herausgekommen sind wundervolle, melodiöse Songs. Auf Single werden in Deutschland die Titel „Blow Away/Soft Touch" und „Faster/Soft-Hearted Hana" veröffentlicht.

1979 heiratet seine ehemalige Frau Patti Eric Clapton. Bei der Hochzeitsfeier sind bis auf John Lennon alle Beatles anwesend, und die Boulevardzeitungen in aller Welt wollen von einem gemeinsamen Auftritt der drei plus Eric Clapton während der Feier wissen.

John Lennon tritt unterdessen mit einer Anzeige in Erscheinung, die am 27. Mai 1979 in der New York Times und in der Los Angeles Times erscheint. Unter dem Titel „Ein Liebesbrief von John und Yoko an die Leute, die uns nach dem Was, Wann und Warum fragen", hinterlassen die zurückgezogen lebenden John und Yoko eine Nachricht an interessierte Menschen. „Wir wissen, daß ihr euch über uns Gedanken macht... Wenn ihr euch das nächste Mal an uns erinnert, denkt daran, unser Schweigen ist ein Schweigen aus Liebe und nicht aus Gleichgültigkeit..."

„Sean ist wunderbar. Wir leben in einem wunderbaren Universum. Jeden Tag sind wir für unser ausgefülltes Leben dankbar. Das ist kein Euphorismus. Wir wissen, daß wir, die Stadt, das Land, die Erde schweren Zeiten entgegensehen und daß Panik in der Luft liegt. Aber noch scheint die Sonne, wir sind hier und es gibt Liebe zwischen uns, unserer Stadt, dem Land und der Erde. Solange zwei Menschen wie wir mit ihrem Leben das machen können, was wir tun, ist jedes Wunder möglich, ‚It's going to be alright'. Die Zukunft der Erde ist in unseren Händen."

Für McCartney wird 1979 wieder zu einem sehr erfolgreichen Jahr. Nach Verhandlungen mit seiner Plattenfirma bietet diese ihm den bestbezahlten Vertrag in der Geschichte der Musik. Man spricht von einem Betrag von weit mehr als 15 Millionen Dollar für drei LPs. Als Rekordhalter geht er auch in das Guiness Buch der Rekorde ein: Er wird 1.) als erfolgreichster Komponist aller Zeiten, 2.) als Musiker mit den höchsten Plattenverkäufen und 3.) als Musiker mit den meisten goldenen Schallplatten weltweit eingetragen.

Er freut sich: „Es ist großartig. Ich glaube zwar nicht, daß ich dadurch erfolgreicher bin als Beethoven oder Mozart, denn so was kann man nicht allein an Plattenumsätzen messen. Aber die Dinge, die effektiv in den Charts gezählt wurden, haben ergeben, daß ich am meisten von allen verkauft habe. Und im Grunde habe ich das ja von Anfang an versucht; das versucht jeder, der Songs schreibt." In diesem Jahr veröffentlicht er die Single „Goodnight Tonight/Daytime Nightime Suffering" (im April) und die LP „Back To The Egg" (im Juli). Die Wings treten wieder in geänderter Besetzung auf. Schlagzeuger Steve Holly und Gitarrist Laurence Juber sind neu hinzugekommen.

Back To The Egg

Zwei Stücke von „Back To The Egg" sind mit dem sogenannten Rockestra eingespielt worden. Das Rockestra besteht aus Musikern folgender Gruppen: Wings (alle fünf Mitglieder), Led Zeppelin (John Bonham, John Paul Jones), den Small Faces (Ronnie Lane und Kenney Jones) sowie Hank Marvin von den Shadows, Pete Townshend von den Who, Gary Brooker von Procul Harum und elf weiteren Musikern. Insgesamt besteht diese Supergruppe aus fünf Gitarristen, drei Schlagzeugern, zwei Baßisten, zwei weitere spielen im Wechsel Baß und Klavier, drei sind an den Keyboards und am Klavier tätig, vier Personen sind für die Percussion zuständig und zusätzlich wird noch eine 4köpfige Bläsergruppe eingesetzt.

Eines der zwei Lieder, die das Rockestra aufnimmt, wird für den Grammy als „Best Rock Instrumental Performance" nominiert. Die LP wurde in vier verschiede-

Harrison: „Ich möchte kein Star sein. Ich möchte in Frieden leben, ... vielleicht mehr meiner Ideen in Filmen verwirklichen."

nen Studios aufgenommen: In einem alten Schloß in Kent, einem Tonstudio in Schottland, dem Abbey Road Studio in London und dem Replica Studio (Nachbau des Abbey Road Studios) ebenfalls in London.

Im November erscheint noch eine neue (Weihnachts-) Single („Wonderful Christmastime/Rudolph The Red-Nosed Reggae") und darauf folgt eine Tournee der Wings durch England. Sie beginnt am 23. November und endet Mitte Dezember. In den letzten Tagen des Jahres finden Wohltätigkeitsveranstaltungen für die Bevölkerung aus Kambodscha statt. Queen, Who, Ian Dury treten bei dieser Gelegenheit auf. Am 29. Dezember treten u. a. die Wings und das Rockestra auf. Das Rockestra tritt mit ähnlicher Besetzung auf wie bereits von „Back To The Egg" bekannt. Hinzugekommen sind Musiker von den Pretenders, Rockpile und der Elvis Costello Band. Ein Mitschnitt der Aufnahmen wird 1981 veröffentlicht.

1980

Spektakulär beginnt das Jahr 1980 und noch viel spektakulärer wird es enden.

Paul McCartney und seine Gruppe Wings kommen im Januar für eine Konzert-Tournee nach Japan.

McCartney wird bei der Zollkontrolle in Tokio verhaftet, da man in seinem Koffer mehrere Gramm Marihuana findet. In einem Interview mehr als ein Jahr später sagt er: „Ich wundere mich noch immer über mich selbst. Wir haben es einfach mitgenommen, ohne groß nachzudenken... Ich dachte zuerst, es sei nicht so schlimm, doch das war es. Im Höchstfall gibt es dort sieben Jahre Zwangsarbeit." Die Schlagzeile von Pauls Verhaftung geht schnell um die Welt. Was folgt, sind neun Tage Ungewißheit für ihn und seine Familie. Er kommt mit einem blauen Auge davon: Er muß nur eine Geldstrafe zahlen und wird aus dem Lande ausgewiesen. Gleichzeitig werden alle Tourneepläne abgesagt.

McCartney II

Im Mai bringt er nach dem Vorbild seiner 70er LP „McCartney" die Solo-LP „McCartney II" heraus.

Die Wings als Gruppe gibt es nicht mehr. Zuerst gehen Steve Holly und Laurence Juber eigene Wege, später verläßt auch der treue Denny Laine die Gruppe.

„McCartney II" enthält elf Lieder, die Paul ganz alleine aufgenommen hat. Er spielt wieder sämtliche Instrumente und singt dazu. Eigentlich will er die Aufnahmen nicht kommerziell verwerten, sondern nur für sich privat verwenden, um sie im Auto zu spielen oder ähnliches. Auf das Drängen einiger Freunde, so sagt er, veröffentlicht er sie dann doch.

Für die LP führt er eine große Werbekampagne durch. Für den Single-Titel „Coming Up" dreht er einen inzwischen berühmt gewordenen Promofilm. In diesem Film spielt er alle Rollen selbst und stellt u. a. auch sich selbst als Beatle der 60er Jahre dar.

Doch der hervorragend gemachte Film kann nicht über die enttäuschende Single und LP hinwegtäuschen.

I Me Mine

George Harrison veröffentlicht 1980 zwar keine neue LP, aber dafür kommt seine Autobiographie „I Me Mine" heraus. Auf 400 Seiten beschreibt er sein Leben (Teil 1 des Buches) und gibt Informationen über 83 seiner Songs, zusammen mit Faksimileausgaben der handgeschriebenen Texte jedes Liedes (Teil 2).

Er fügt aus seinem privaten Fotoalbum knapp 50 Aufnahmen hinzu. Das Buch erscheint in einer limitierten Auflage von nur 2000 Stück handsigniert, sehr exklusiv aufgemacht und in Leder gebunden. Der Preis liegt bei 148 englischen Pfund (später 184 £). In Amerika erscheint Ende 1981 eine knapp 13 $ teure Ausgabe.

„I Me Mine" ist die (bisher) einzige Autobiographie eines Beatles. Das Buch gibt hervorragende Auskünfte über die Lieder und das Leben George Harrisons. Harrison gründet mit seinem Manager Denis O'Brien die Handmade Films Distributors Ltd., seinen eigenen Filmvertrieb. Bei einigen Monty Python-Filmen wirkt er mit, produziert und schreibt Songs (z. B. „Leben des Brian" oder „Time Bandits").

Ringo Starr ist in diesem Jahr weniger aktiv. Man erfährt, daß es bald einen neuen Film mit ihm geben wird, der den Titel „Caveman" tragen wird.

Barbara Bach, die die weibliche Hauptrolle dieses Films spielt, lernt er während der Dreharbeiten kennen. Die beiden verunglücken in London mit dem Auto. Sie haben sehr viel Glück und bleiben ohne größere Verletzungen. Etwa ab diesem Zeitpunkt sind sie sehr eng befreundet. Später werden sie heiraten.

Wieder werden „neue" Beatles-LPs veröffentlicht. Die bereits erwähnten Platten „Beatles Ballads", „Rock 'n' Roll Music Vol 1. und Vol 2" kommen auf den Markt. Aus Kalifornien kommt die erste „Half-speed Mastered"-LP der Beatles: „Abbey Road". Mit einer neuen aufwendigen Aufnahmetechnik werden von den original Master-Tapes diese LPs hergestellt. Vorteile gegenüber herkömmlichen Pressungen: Besserer Klang vor allem

John Lennon, fotografiert an seinem Todestag

John Lennon während der Aufnahmen von „Double Fantasy“

in den Höhen und Bässen und verbesserte Kanaltrennung. Später werden auf die gleiche Weise noch die „Magical Mystery Tour“-LP, das „Weiße Album“ und die 13-LP-Box „The Beatles Collection“ (Preis etwa 300 $) herausgebracht. Jede LP kostet etwa 45,– DM.

Aufsehen erregt John Lennon. Man hört, daß eine seiner insgesamt 250 Holsteinkühe für den Rekordpreis von 265.000 $ verkauft wird. Er wird in Südafrika gesehen, segelt mit seiner Yacht nach Bermuda – und ist wieder im Studio.

Nach einer Pause, die fünf Jahre dauerte, kehrt er wieder ins Studio zurück, um an einer neuen Langspielplatte zu arbeiten.

Double Fantasy

Mit Hilfe einer ganzen Reihe von Musikern und dem Produzenten Jack Douglas nehmen er und seine Frau 22 Lieder auf, wovon 14 auf der im November 1980 erscheinenden LP „Double Fantasy“ wiederzufinden sind. Auf dem Cover dankt er allen Leuten, die ihm und Yoko in den 70er Jahren geholfen haben, in Amerika zu bleiben.

Die LP enthält je sieben Lieder von John und von Yoko. Während des Aufenthaltes in Bermuda telefoniert er jeden Tag mit seiner in New York verbliebenen Frau und spielt ihr neue Lieder vor. Sie antwortet in gleicher Weise. So kommen die neuen Lennon-Kompositionen zustande. Das erste Lied der LP „(Just Like) Starting Over“, ist zugleich die erste Single. Yoko erzählt: „John und ich dachten, daß es wieder Zeit sei für das Gespräch zwischen Mann und Frau ... In gewisser Hinsicht sind die Männer an der Reihe, die Situation zu verstehen und zu sagen: ‚Komm, laß uns nochmal neu anfangen.‘ Und das ist es, was Johnny sagt; er hat das Lied für mich geschrieben, aber in Wirklichkeit spricht er alle Frauen an.“ Für seine Frau schreibt John das Lied „Dear Yoko“ und für Sean „Beautiful Boy (Darling Boy)“. In „Watching The Wheels“ beschreibt er „zusammenfassend, was er die letzten fünf Jahre gemacht hat“ (Yoko). Es heißt dort u. a.: „Man hält mich für verrückt, das zu tun, was ich tue. Man gibt mir alle möglichen Ermahnungen, um mich vor dem Ruin zu bewahren. Wenn ich den Leuten dann sage, es ist okay, schauen sie mich komisch an ... Ich sitze nur so da, und sehe, wie die Räder laufen, und andere, die sich abstrampeln, und mich halten sie für verrückt."

Eines der schönsten Lieder ist „Woman", der „Beatles Track", wie John es nennt.

Anfangs ist die LP nicht so erfolgreich, wie man es nach einer fünfjährigen Pause erwartet hätte. John Lennon ist ein zufriedener Hausmann geworden ohne „künstlerische Depressionen". Seine Stücke sind einfache Liebeslieder an seine Frau oder an seinen Sohn Sean gerichtet. So etwas hat man nicht erwartet. „Leben ist das, was dir zustößt, während du beschäftigt bist, andere Pläne zu schmieden", singt er.

Am 8. Dezember 1980 wird er kurz vor Mitternacht vor seiner Wohnung im Dakota Building in New York von einem Geistesgestörten angeschossen. Der Geistesgestörte hatte sich am Nachmittag die LP „Double Fantasy" signieren lassen und wartete, bis John und Yoko gegen 23.45 Uhr aus den Aufnahmestudios zurückkehrten. John Lennon wird von mehreren Kugeln getroffen und stirbt auf dem Weg zum Krankenhaus.

Die Ermordung Lennons wird sehr schnell bekannt. Hunderte von trauernden Fans versammeln sich vor dem Dakota Gebäude, Radiosender unterbrechen ihr Programm und senden nur noch Musik der Beatles. Die gesamte Weltpresse berichtet über die Tat und bringt Rückblicke über Lennons Leben.

Gleichzeitig setzt der Verkauf von Platten, Büchern und vielem mehr ein. Seine letzte LP „Double Fantasy" und die Single „Starting Over" stürmen die Charts. Beatles- und Lennon-Platten sind in vielen Geschäften schnell ausverkauft.

1981

Sehr bald kommen Tribute-Lieder auf den Markt, innerhalb weniger Tage werden Bücher über Lennon geschrieben und veröffentlicht und verschiedene Lennon-Titel werden auf Platte veröffentlicht: Im Januar erscheint die 2. Singleauskoppelung aus „Double Fantasy": „Woman/Beautiful Boys", im April die 3.: „Watching The Wheels/I'm Your Angel". Dazwischen liegen noch die Wiederveröffentlichungen der Maxisingles „Give Peace A Chance/Remember Love", „Imagine/It's So Hard" und „Imagine/Working Class Hero". Im März 1981 erscheint das Lied, an dem John und Yoko an jenem 8. Dezember gearbeitet hatten: „Walking On Thin Ice".

Ein ganzer Berg neuer Platten erscheint. Erwähnenswert ist noch der Mitschnitt von einem Konzert mit Elton John, bei dem John Lennon als Überraschung auf die Bühne kommt. Diese Platte wird als Maxisingle im Mai 1981 veröffentlicht. Nach Lennons Tod sind sieben Beatles-, sechs John Lennon- und eine McCartney-LP zur gleichen Zeit in den amerikanischen Charts. Vergleichbares hat es selbst in den 60er Jahren nicht gegeben. Lennons Solo-Platten führen die Album- und Single-Hitparaden in England gleichzeitig an – zu Lebzeiten hatte er das nie geschafft! Zur gleichen Zeit etwa erscheint eine spektakuläre LP: Yoko Onos „Season Of Glass".

Sie versucht mit dieser Platte, den Tod ihres Mannes zu bewältigen. „Musik war meine Rettung", sagt sie.

Da die Platte so kurz nach Lennons Tod erscheint, muß Yoko Ono sich gefallen lassen, daß man ihr vorwirft, sie wolle durch den Tod Geld machen. Schockierend ist auch das Cover von „Season Of Glass". Es zeigt die blutverschmierte Brille Lennons.

Doch alle, die laut über Yoko schimpfen, haben sie und John wahrscheinlich nie verstanden. Sie versucht auf ihre eigene Art, den Verlust zu überwinden. Natürlich kann man sich über die Musik, die sich auf dieser LP befindet, streiten. Aber Yoko vorwerfen, daß sie Geld rausschlagen will, sollte man nicht. Das tun schon viele andere.

John Lennon

An dieser Stelle soll näher auf den Menschen John Lennon eingegangen werden. Seine Ansichten werden in seinem letzten Interview sehr deutlich, aus dem im folgenden einige kurze Teile zitiert werden. Er gab dieses Interview an seinem Todestag.

Er sagt u. a.: „Ich betrachte mich als glücklich. Aber das benötigte Zeit. Du mußt durch Versäumnisse lernen. Und ich habe 'ne Menge Fehler gemacht... Ich glaube noch immer an Liebe und Frieden. Es dämmerte mir, daß Liebe die Antwort sei, als ich noch jünger war, auf dem Beatles-Album „Rubber Soul". Ich drückte es zuerst in einem Lied mit dem Titel ‚The Word' aus. Das Wort ist Liebe in den guten wie in den schlechten Büchern, die ich gelesen habe. ‚Das Wort ist Liebe' schien immer das zugrundegelegte Thema.

Und es war ein Kampf, zu lieben, geliebt zu werden und das auszudrücken. Liebe ist etwas Phantastisches, auch wenn ich nicht immer eine liebende Person bin. Ich will es sein...

Wenn wir mit dem Album nicht den Erfolg gehabt hätten, wäre ich trotzdem glücklich, denn ich weiß, ich kann leben, ohne Platten zu produzieren. Die Beatles hatten die ersten fünf Plätze in den Hitparaden, richtig? In dieser Hinsicht kann ich also nie mehr erreichen. Ich sage nicht, ich kann keine vier oder fünf Lieder auf ein-

Die Lennons 1980. „Man muß nicht verkümmern, weil man älter wird. Als wir Kinder waren, war für uns 30 das Ende, richtig? Jetzt bin ich 40 und fühle mich besser als je zuvor." (John Lennon am 8. 12. 80)

SONY

John Lennon 1975 in New York City, seiner Wahlheimat

mal herausbringen. Das würde bedeuten, daß ich mir selbst Pech wünschte. Aber betrachten wir die Realität.

In meiner Jugend wollte ich immer Elvis sein und einen eigenen Teil in einer Show haben. Jetzt will ich mit meinem besten Freund zusammen sein. Das ist meine Frau. Wer kann noch mehr verlangen? ... Es ist nicht so, daß ich die Antwort hätte oder eine neue Gesellschaftsform, denn ich habe keine neue Form und ich glaube auch nicht, daß jemand anderer eine hat. Zeig' mir den Plan, so wie in ‚Revolution' von den Beatles. Zeig' mir den Plan, bevor wir alles zerstören. Verstehst Du?

Gib dem Frieden eine Chance. ‚Imagine' ist die gleiche Sache. Das trifft die Sache genau. Stell' dir einfach vor, es gäbe keine Länder. Stell' dir vor, es gab eine Zeit, wo man ohne Ausweis aus einem Land ins andere ziehen konnte. Es war so, daß du einfach überall hingehen konntest. Du verstehst, was ich meine, wenn du daran denkst, daß du alle möglichen Papiere, Fotos, Marken und Ausweise benötigst, um von Amerika nach Kanada zu kommen. Das ist verrückt, die Welt in kleine Flecken zu zerlegen...

Vielleicht wird es immer irgendwelche Verrückte geben. Trotzdem gibt es die Idee, sich vorzustellen, daß es keine Länder, keine Religionen gäbe. Das bedeutet nicht, sich vorzustellen, es gäbe keinen Gott, obwohl du auch dazu berechtigt bist. Stell' dir vor, keine Konfessionen. Sich vorzustellen, daß wir Jesus Christus, Mohammed, Krishna und Millareppa gleichermaßen verehren. Freiheit der Religionen. Stelle es dir einfach 'mal vor. Wäre es so schrecklich? ... Ich denke, wir müssen eine positive Zukunft entwerfen. Das ist, was Christus und Mohammed sagten, auf ihre Art, in ihrer Zeit und für ihre Gesellschaft... Ich glaube, ein Teil von uns will immer einer Gruppe angehören. Ich meine jetzt keine Rockgruppe, sondern eine Gruppe in der Gesellschaft. Es läßt dich sicherer fühlen, wenn die Zeiten schlecht sind oder wenn Krieg oder eine finanzielle Krise droht und die Medien mit Hilfe der Öffentlichkeit und der Politiker übertreiben, als sei es das Ende der Welt oder das Ende Amerikas. Jeder wird unsicher und will zu einem Guru gehören, mich eingeschlossen. Ich wollte immer zu etwas gehören, obwohl ich auf der anderen Seite auch immer der Außenseiter und Rebell sein wollte. Ein Teil von mir wollte immer ein Teil von etwas sein und das ist Unsicherheit. Im allgemeinen ist es ein Zeichen von Unsicherheit, das erkenne ich an mir selbst. Wenn die Unsicherheit, ob die Welt zusammenbrechen wird, da ist, wäre es dann nicht einfacher, bei den paar Hundert oder Tausend (also der Gruppe) zu sein, die auf die gleiche Art und Weise denken?

Ich glaube, wenn die Leute einsehen, daß es nicht das Ende der Welt ist, wird die Apokalypse nicht kommen, ganz egal womit uns einige Personen drohen. Diese Leute haben mit dem Ende der Welt schon früher gedroht. Ich erinnere mich an die Das-Ende-der-Welt-ist-nah-Cartoons, als ich zwölf war. Meine ganze Generation wuchs mit der Wasserstoffbombe auf. Ich erinnere mich an Betrand Russell und all' das mit der Wasserstoffbombe. Der Grund, daß wir in den 50ern Rock 'n' Roller waren, war offensichtlich, daß die Bombe ja jede Minute hochgehen konnte. Aber ich glaubte nicht, daß das passiert. Was passiert dann, wenn sie die Bomben überall auf der Welt werfen? Was passiert, wenn es passiert? Was wird dann geschehen? Kann mir das jemand sagen? Wir werden leben oder wir werden sterben. Wenn wir tot sind, müssen wir damit fertig werden. Wenn wir leben genauso. Es hat also keinen Sinn, sich darüber zu sorgen, ob Wall Street oder die Apokalypse in Form einer großen Bestie auf uns zukommen. Das bringt uns gar nichts...

Ich persönlich habe nie in meinem Leben gewählt. Wie gefällt dir das? Es gibt ein Beatles-Buch, das 1964 herauskam. (Gemeint ist LOVE ME DO von Michael Braun. Auf dem Umschlag befindet sich im genauen Wortlaut folgendes Zitat von John Lennon: „I read a bit about politics but I didn't think I'd vote for anyone: no message from any of those phoney politicians is coming through me.") Das zeigt diesen jungen John Lennon mit seinem großen Maul, der sagt, ‚No Phoney politician's ever going to get through me'. Nun, ich nehme jetzt das ‚falscher Politiker' zurück, denn ich denke, nicht alle Politiker sind falsch. Ich werde auch sie nicht mehr in eine Kategorie stecken.

Ich hab' 'ne Menge gelernt, seit ich 23 war. Ich glaube trotzdem nicht, daß Politik die einzige Antwort ist. Diese Idee, daß wir Anführer wählen und dann von ihnen erwarten, daß sie Wunder für uns vollbringen. Heute ist Kennedy ein großer Traum für jeden, da er nicht überlebte und unsere Hoffnungen erfüllte oder uns im Stich ließ. Nicht, daß ich verneine, was Kennedy war oder was er den Leuten bedeutete. Aber die Wirklichkeit ist doch, hätte er überlebt, wüßtest du, wie gut er es zu der Zeit gemacht hätte oder wie der Krieg und alles andere gelaufen wäre?

Anführer mit außergewöhnlicher Macht auszustatten, seien es Popstars, Politiker, Filmstars oder Fußballhelden, funktioniert nicht. Wir heben sie auf den Sockel, und unmittelbar danach wollen wir sie wieder runterstoßen. Das Ganze ist zu sehr auf einen Mann, eine Gruppe gerichtet und ich glaube nicht daran. Ich meine,

John Lennon in einem Interview am 8. Dezember 1980: „Ich denke, meine Arbeit wird erst vollendet sein, wenn ich tot bin, und ich hoffe, bis dahin vergeht noch viel Zeit."

John und Yoko spazieren durch den Central-Park. An gleicher Stelle wird später zu Johns Ehren „Strawberry Fields“ angelegt

als erstes sollten wir uns um unsere Familie und unsere Gesellschaft, unser Haus und unsere Stadt kümmern, und wenn jeder so denken würde, würde es klappen. Anstatt unsere Energie auf eine Person oder eine Regierung zu richten. Jeder macht sich seine eigenen Träume. Das ist die Geschichte der Beatles, nicht wahr? Auch Yokos. Das ist es, was ich jetzt sage. Mach' dir deine eigenen Träume. Wenn du Peru retten willst, geh und tu es. Es ist möglich, fast alles zu schaffen, aber nicht, wenn du es von Anführern erwartest. Zähle nicht auf Carter oder Reagan oder John Lennon oder Yoko Ono oder Bob Dylan oder Jesus Christus, die das für dich übernehmen. Das mußt du selber tun. Das haben die großen Meister schon immer gesagt. Sie können die Richtung aufzeigen und kleine Anleitungen hinterlassen in verschiedenen Büchern, die man als heilig bezeichnet und die man wegen der Aufmachung und nicht wegen des Inhaltes verehrt. Die Anleitungen sind aber alle enthalten und jeder kann sie sehen. Das war schon immer so und wird auch so bleiben. Es gibt nichts Neues auf Erden, alle Wege führen nach Rom.

Leute können dir nichts abnehmen. Ich kann dich nicht wachrütteln. *Du* kannst dich wachrütteln. Ich kann dir nicht helfen. *Du* kannst dir helfen…

Ich will dir was sagen. Man muß nicht verkümmern, weil man älter wird, wenn man das so sagen kann. Als wir Kinder waren, war für uns 30 das Ende, richtig? Die ganze Kultur war so. Ich bin jetzt 40 und fühle mich besser als je zuvor. Deine Vorstellungen können mit 20, 30 oder 40 verkümmern. Ich kenne einige, die mit mir die Schule verlassen haben. Innerhalb von sechs Monaten hatten sie einen Job und waren vollkommen eingesperrt.

Du kannst aber auch gereifter werden, ohne starr zu sein. Ich bin noch immer für alles offen. Ich glaube noch immer an alles, bis es widerlegt ist. Ich habe keine festgesetzten Muster, keine festgelegten Antworten. Ich bin so offen wie immer… Das war das Geheimnis der Beatles. Sie legten sich nie auf einen Stil fest. Sie machten niemals nur Blues oder nur Rock. Wir liebten alle Musik – und ich tue das immer noch."

Soweit die Auszüge u. a. aus seinem letzten Interview, das er am 8. Dezember gegeben hat. Man kann ein ganzes Buch mit seinen Interviews füllen, ohne daß es langweilig wird. Doch es soll an dieser Stelle genügen. Im Anhang befinden sich einige Angaben zu vollständigen Interviews.

Mit John Lennon stirbt wieder ein Rockstar. Doch er kommt nicht durch Drogen oder Alkohol um, sondern wird ermordet. Auch war er nicht zum exzentrischen Millionär geworden, sondern lebte als zufriedener Hausmann, der sich vorübergehend zurückgezogen hatte und wieder anfing, Platten zu machen. Mit „Double Fantasy" wollte er keine neuen „Messages" an seine Fans bringen. Es war vielmehr, wie er selbst sagte, eine Postkarte, mit der er schilderte, was mit Yoko und ihm gerade los war.

Doch gerade die Tatsache, daß er kein außergewöhnlicher Star, sondern ein „normaler" Bürger geworden war, macht seinen Tod so tragisch.

Im New Yorker Central Park wird zu seinen Ehren eine Parzelle namens „Strawberry Fields" angelegt. Yoko hatte um Spenden von Pflanzen oder Steinen aus aller Welt für diesen Parkteil aufgerufen.

Ein Ort soll Teile aus aller Welt vereinen. Yoko erhält Briefe aus aller Welt. Ihre (und Johns) Spirit Foundation kann für viele gute Zwecke Spenden verbuchen. Zum Dank für die Anteilnahme, die sie aus aller Welt erhält, veröffentlicht sie ein Schreiben, in dem es heißt: „Ich danke für eure Gefühle des Zorns über Johns Tod. Ich teile euren Zorn. Ich bin wütend auf mich selbst, nicht fähig gewesen zu sein, John zu schützen. Ich bin wütend auf mich und alle, die unserer Gesellschaft erlauben, in diesem Ausmaß auseinanderzufallen. Die einzige ‚Rache', die uns irgendetwas bedeuten würde, wäre die Gesellschaft zu formen zu einer Gesellschaft, die auf Liebe und Vertrauen basiert, so wie John glaubte, es könnte sein. Der einzige Trost ist zu zeigen, daß es getan werden kann, daß wir eine Welt von Frieden auf Erden für jeden und für unsere Kinder schaffen können.

Jeder von uns müßte den Nächsten lieben und sich um ihn kümmern. Das ist alles. Liebe erzeugt Liebe. Dann vielleicht werden wir fähig sein, uns vor dem Krankwerden zu schützen. Dann vielleicht werden wir fähig sein, uns vor Gewalttätigkeit zu schützen, denn die Gewalt ist in unserem Herzen, nicht in den Waffen. Die Schuld ist nicht in dem, der den Abzug auslöst, sondern in jedem von uns, der es zuläßt."

Seit dem Tod Lennons ist inzwischen einige Zeit vergangen. Das tragische Ereignis ist etwas in Vergessenheit geraten, aus der Erinnerung wird es aber für viele Leute nie verschwinden. Zu groß war der Einfluß der Beatles und Lennons.

In den 80er Jahren äußert sich Paul McCartney erstmals wieder ausführlich über John und die Beatles. Er spricht in verschiedenen Interviews über die Konkurrenz zwischen ihm und John. Er gibt zu: „Immer gab es eine Rivalität zwischen uns. Sogar am Anfang. Diese Konkurrenz zwischen John und mir war die Triebfeder der Beatles. Wenn John ein gutes Lied schrieb, mußte ich auch eines schreiben." Über John und Yoko spricht er in einem anderen Interview. „Jetzt sieht alles wie ein Mißverständnis aus. Niemand verstand John und Yoko. Ich verstand sie auch nicht, zu meinem größten Bedauern."

Alle drei Beatles haben inzwischen wieder Solo-LPs herausgebracht.

Somewhere In England

George Harrison veröffentlicht im Mai 1981 sein Album „Somewhere In England", nachdem die Platte mehrfach aufgeschoben wurde.

Die spektakulärste Aufnahme ist ganz sicher das auch auf Single erhältliche Lied „All Those Years Ago". Es ist ein Tribut an John Lennon. In dem Lied heißt es u. a.: „Ich spreche über Liebe, während sie dich wie einen Hund behandeln. Wo du der eine warst, der es so klar gemacht hat. Du zeigst den Weg zur Wahrheit, wenn du sagst ‚All You need is love'. Von dir sagten sie sogar, du seiest so seltsam.

Du hast alles gesagt, aber nur wenige hatten Ohren; du kontrolliertest unser Lachen und unsere Tränen, vor all den Jahren. Ich sah immer zu dir auf." George bedankt sich bei Paul und Linda McCartney, Denny Laine, George Martin und Geoff Emerick, die speziell bei „All Those Years Ago" mitgewirkt haben. Ringo Starr wirkt bei verschiedenen Liedern als Schlagzeuger mit.

Erstmals sind also wieder Paul, George und Ringo zusammen zu hören, wenngleich sie nicht die Aufnahme gemeinsam gemacht haben (sie spielen ihre Parts separat ein, die später zusammengemischt werden).

Zu Themen wie Gott und der inneren Erleuchtung äußert George sich mehrfach. Bemerkenswert ist das Lied „Life Itself", das aber leider nicht auf Single veröffentlicht wird.

„Hong Kong Blues", eine von zwei Fremdkompositionen, ist für viele Leute das beste Stück des Albums. Es stammt aus dem Jahre 1939 und ist eines der ersten Lieder, an die sich George aus seiner frühen Kindheit noch erinnern kann. Den Abschluß des Albums bildet der Aufruf, die Welt zu retten („Save The World"). Dieses Lied wird in Deutschland auf die B-Seite der 2. Single genommen.

Den Ruhm und Erfolg früherer (Beatles-) Tage kann und will George Harrison heute nicht mehr erreichen. So wie John zum Hausmann geworden war, zieht er es vor, sich als Gärtner in seinem riesigen Anwesen in England zu betätigen. Angesichts der Hektik im Musikgeschäft bevorzugt er den dortigen Frieden.

George Harrison

Seine Lebensphilosophie wird in einigen der recht seltenen Interviews mit ihm und in seiner Autobiographie recht deutlich.

Er sagt u. a.: „Ich betrachte das Leben als eine riesige Universität. Du kommst dahin, um die Kenntnisse zu erwerben, die deine Seele befreien.

Die Realität ist eine Vorstellung. Jeder hat seine eigene Realität, die jedoch meistens eine Illusion ist, eine große Illusion. Man erliegt automatisch der Illusion, daß man einfach dieser Körper sei. Der Körper verändert sich, war ein Kind, ein junger Mensch und wird ein alter Mensch, der stirbt. Der Körper vergeht, nur die Seele ist die Wirklichkeit. Wenn du unglücklich bist und eine schlechte Zeit erlebst, schau es dir an. Warum bist du im Dunkeln? Suche das Licht, es ist in dir drin. Das ist die große Botschaft. Früher dachte ich nie über Gott nach, ich konnte nicht einmal das Wort ‚Gott' sagen. Es brachte mich in Verlegenheit. Aber es ist seltsam, ‚Gott', es wusch meine Ängste und Zweifel weg. Deshalb sang ich ‚My Sweet Lord, I really want to see you, I really want to know you. Wash away my fears'.

Jeder fürchtet sich vorm Sterben. Aber der einzige Grund zum Sterben ist die Wiedergeburt. Das ist Karma (im Hinduismus der ‚Weg der Tat' zur glücklichen Wiedergeburt nach dem Tode), das Gesetz der Aktion-Reaktion. Wie mit dem Huhn und dem Ei. Man streitet sich, was zuerst da war von beidem. Jede Aktion hat eine entsprechende Reaktion zur Folge...

Ich bin recht einfach. Ich möchte nicht die ganze Zeit im Geschäft stecken, da ich ein Gärtner bin. Ich gehe nicht in Clubs und nehme an keinen Parties teil. Ich bleibe zu Hause und beobachte, wie der Fluß fließt. Ich liebe diesen Frieden und nehme von hier meine Inspirationen."

Stop And Smell The Roses

Ringo Starr sorgt für Schlagzeilen. Ende April heiratet er in London die Filmschauspielerin Barbara Bach. In einem Londoner Club wird nach der Hochzeit gefeiert, anwesend sind auch Paul McCartney mit seiner Frau, George Harrison mit seiner Frau und Harry Nilsson.

Etwas später kann man Ringo und Barbara in den Hauptrollen der „Steinzeitkomödie" ‚CAVEMAN – Der aus der Höhle kam' bewundern. Während der Dreharbeiten an diesem Film haben sich die beiden kennengelernt. Barbara bringt Ringo schließlich auch dazu, wieder eine neue LP aufzunehmen.

Harrison: „Ich muß gestehen, es war ein Privileg, einer der ‚Fab Four' gewesen zu sein. Ich bereue es nicht. Aber das war damals."

1981 sagt Ringo: „Bis heute bin ich mit keiner Platte ganz glücklich seit ‚Ringo' im Jahre 1973." Nach einigen Verhandlungen findet er mit Boardwalk (in Deutschland im Bellaphon-Vertrieb) wieder einmal eine neue Plattenfirma, die bereit ist, Ringos neue LP „Stop And Smell The Roses" herauszubringen. Die LP erscheint unter Mitwirkung von Paul McCartney, George Harrison, Harry Nilsson, Ron Wood und Stephen Stills (u. a. als Komponisten und Produzenten) im November 1981. Neben deren Kompositionen nimmt er auch drei ältere Stücke auf die LP: „You Belong To Me" aus dem Jahre 1952, „Sure To Fall", ein alter Carl Perkins-Titel aus 1955, den auch die Beatles schon gespielt haben, und sein eigenes Lied „Back Off Boogaloo", vor zehn Jahren eine Single, in dem verschiedene Beatles-Lieder anklingen.

Trotz der prominenten Unterstützung kann auch „Stop And Smell The Roses" nicht überzeugen und schließt sich den Vorgängern an.

Zur gleichen Zeit, als Ringos Hochzeit stattfand, wurde auch bekannt, daß Denny Laine die Wings verlassen habe. Paul hatte nach der Ermordung Lennons beschlossen, vorerst nicht mehr auf Tournee zu gehen. Doch dieser Entschluß stößt auf Widerspruch Laines, der sich schließlich von den Wings trennt, wie es Steve Holly und Laurence Juber bereits vorher getan haben.

1982

Für die Rechte an den Beatles-Songs (also der Northern Songs Ltd.) bietet McCartney im Frühjahr 1982 Lord Lew Grade 21 Millionen Pfund. Der lehnt ab und fordert 100 Millionen. Grade will nicht die Rechte an den Beatles-Songs getrennt verkaufen, sondern zusammen mit einem ganzen Katalog.

Gerichtlich streitet sich McCartney auch um eine plötzlich aufgetauchte Single der Quarrymen aus dem Jahre 1958. Es gibt nur ein Exemplar, welches Duff Lowe, ehemaliger Quarryman, im Besitz hat. Auf der A-Seite befindet sich die Harrison-McCartney-Komposition „In Spite Of All The Danger" und auf der Rückseite eine von Lennon gesungene Version von „That'll Be The Day".

Eine eigene LP veröffentlicht Paul nach einer längeren Pause.

Tug Of War

1981 war das erste Jahr, in dem keine neue McCartney-Platte auf den Markt gekommen ist. Im Frühjahr 1982 erscheint die lang erwartete LP „Tug Of War". Um so gespannter erwartet man natürlich die 82er LP.

Nachdem er „McCartney II" alleine aufgenommen hat, lädt er für „Tug Of War" („Tauziehen") einige bekannte Musiker ein – so Stevie Wonder, Stanley Clarke, Eric Stewart, Carl Perkins und Ringo Starr. Er bestreitet auch Aufnahmen mit Michael Jackson, bei dessen Tournee er kurz – verkleidet – auftrat. Diese Aufnahmen erscheinen jedoch erst später.

Mit der Singleauskoppelung „Ebony And Ivory" (Ebenholz und Elfenbein), die er im Duett mit Stevie Wonder singt, gelingt ihm der ganz große Erfolg. Die Platte ist ein weltweiter Nummer 1-Hit und auch die LP stürmt die Hitparaden.

Aufsehen erregt der Titel „Here Today", der sehr stark an „Yesterday" erinnert. Paul hat dieses Lied über seinen Freund John Lennon geschrieben.

Die Aufnahmen zu „Tug Of War" begannen im Februar 1981 auf der Insel Montserrat in George Martin's „Air"-Studios. Martin ist auch der Produzent der Platte. Ringo Starrs Mitwirkung bei „Take It Away" ist gleichzeitig das erste Mal, daß einer seiner Beatles-Kollegen wieder auf einer McCartney-LP zu hören ist.

Material, das nicht auf „Tug Of War" erscheint, findet später auf der Nachfolge-Platte „Pipes Of Peace" Verwendung. Wie bereits gewohnt, legt Paul bei seinen Stücken mehr Wert auf die Musik als auf die Texte. Mit „Tug Of War" gelingt ihm ein überzeugendes Album, das zahlreiche sehr gute Pressekritiken erhält – etwas, das Paul bisher selten gelungen ist. Die amerikanische Musikzeitschrift „Rolling Stone", die dem Album die seltene höchste Einstufung von fünf Sternen gibt, nennt es „das Meisterwerk, von dem man immer wußte, daß Paul McCartney es machen konnte".

Auch auf dem Gebiet Film ist er sehr aktiv. Zusammen mit seiner Frau, Ringo Starr und dessen Frau Barbara dreht er den Kurzfilm „The Cooler", der in Cannes Premiere hat. Die Regie des 11minütigen Films übernehmen Kevin Goldey und Lol Creme (ehemals Mitglieder von 10cc).

Mit Yoko Ono wird er erstmals nach sehr langer Zeit wieder in der Öffentlichkeit gesehen. Sie treffen sich in New York und gehen gemeinsam essen.

1982 machen auch die Nachrichten von unveröffentlichten Aufnahmen (wieder mal) die Runde. Die EMI will den Titel „Leave My Kitten Alone" als Single veröffentlichen, den sie in ihren Archiven gefunden hat. Weitere gute Aufnahmen existieren. Vorerst ist jedoch keine Veröffentlichung in Sicht, weil einer der drei Beatles, der nicht genannt werden möchte, seine Zustimmung entzogen hat. Auch die BBC in England findet in ihren Archiven einige Aufnahmen, die die Beatles

Paul McCartney: „Ich mag es, den Leuten etwas Freude zu bringen, ... Ich liebe diese Kraft – die Kraft, eine Aspirin für Leute zu sein.“

George Harrison: „Ich hatte meine Zeit im Rampenlicht, jetzt finde ich das langweilig.“

Anfang der 60er Jahre für das englische Radio gemacht haben. BBC Radio stellt daraus jetzt ein 47 (offiziell unveröffentlichte) Lieder umfassendes Special „Beatles At The Beeb" zusammen, das auch von verschiedenen ausländischen Radiosendern übernommen wird.

Mit der LP „The Complete Silver Beatles" erscheint im September ein Dokument: die Aufnahmen, die am 1. 1. 1962 bei einer Londoner Plattenfirma gemacht wurden, um einen Plattenvertrag zu bekommen. Resultat damals: sie wurden abgelehnt – die Aufnahmen waren nicht gut genug.

Ein Mammutprojekt wird aus Japan gemeldet. Die EMI/Toshiba feiert ihr 25jähriges Jubiläum und veröffentlicht aus diesem Anlaß die kompletten Werke der Beatles (auch Solo, soweit bei EMI erschienen) in einer 80-LP-Kiste. Sie kostet umgerechnet etwa 2500 DM.

Gone Troppo

Im Oktober veröffentlicht George Harrison eine neue Solo-LP – seine vorerst letzte – unter dem Titel „Gone Troppo" (australischer Ausdruck für „verrückt geworden"). Sie enthält zehn Titel im – wenig populären – Stil Harrisons, und mit „I Really Love You", einem Hit der Stereos aus dem Jahr 1961, wieder eine Fremdkomposition. Mit Ausnahme des für den Film „Time Bandits" aufgenommenen Stücks „Dream Away" wurden alle Aufnahmen im Frühjahr und Sommer '82 in den Heimstudios von Harrison gemacht.

Dieses Album erweist sich, wie auch seine Vorgänger, als kommerziell absolut erfolglos. Der Humor der Platte überträgt sich nicht auf das Publikum. Harrison selbst gibt keinerlei Publicity Interviews, und auch die Plattenfirma engagiert sich nur sehr beschränkt. Folge: Die LP erreicht nicht die Hitparaden (in USA z. B. nicht einmal die Top 100) und nach der 1. Singleauskoppelung „Wake Up My Love/Greece" folgen auch keine weiteren Singles mehr. Ohne die entsprechende Publicity-Arbeit bleibt die LP ein Ladenhüter; auch wenn sie von einem Ex-Beatle gemacht wurde, verkauft sie sich – so ist das in den 80er Jahren nun einmal – nicht automatisch. Produzent Phil McDonald sagt treffend über die Harrison-LP: „Man muß wirklich ein Harrison-Fan sein, um seine Arbeit richtig zu schätzen."

Erfolgreicher ist da die zum Weihnachtsmarkt 1982 erscheinende LP „The John Lennon Collection", die vor allem durch das Cover besticht – denn die Lieder sind „nur" die altbekannten Lennon-Hits.

Neues Material veröffentlicht dagegen Yoko Ono mit ihrer zweiten LP nach dem Tod ihres Mannes.

It's Alright

Genau drei Wochen nach der „The John Lennon Collection" erscheint ihre LP „It's Alright". Zwar sind die Lieder auf der LP wesentlich glatter und kommerziell aussichtsreicher als die der Vorgänger-LP „Season Of Glass", 1 1/2 Jahre früher erschienen, doch wiegen Erwartungen und vorgefertigte Meinungen stärker als eine objektive Betrachtung der Musik. Die LP findet nur geringes Interesse und Aufmerksamkeit. Dem im Titel anklingenden Optimismus erklärt Yoko: „Als ich ‚It's Alright' schrieb, durchlebte ich eine sehr schwierige Zeit, in der ich mit dem Witwen-Dasein zu kämpfen hatte. Ich war innerlich schwach, und um die Angst zu besiegen, begann ich eines Tages eine Liste von jenen Dingen zusammenzustellen, für die ich dankbar sein muß. Ich war keineswegs in der Stimmung, um ‚It's Alright' zu sagen, doch als ich es mir am Klavier ausdachte, begann ich mich besser zu fühlen."

1983

Aus der Sicht des Beatles-Fans gibt es 1983 vor allem eine beachtenswerte Meldung aus London vorzutragen: das legendäre ABBEY ROAD-Studio wird umgebaut und Fans haben aus diesem Anlaß vom 18. Juli bis 11. September dreimal täglich Gelegenheit, für 4.50 Pfund (etwa 20,– DM) das berühmte Studio Nummer 2 (*noch* im Originalzustand) zu besichtigen. Zusätzlich werden Beatles-Videofilme gezeigt und unveröffentlichte Beatles-Lieder und -Interviews abgespielt.

Als Discjockey einer 26teiligen Serie der amerikanischen ABC FM NETWORK Radio-Station kann man Ringo Starr hören. Von Juni bis November plaudert er, der schon immer am ehesten bereit war, über die Beatles zu sprechen, am Mikrofon über seine persönliche Erinnerungen.

Old Wave

Seine neue LP „Old Wave" erscheint im Juni. Sie ist von Joe Walsh produziert. Ein geringes kommerzielles Potential und der schlechte Gesang von Ringo machen deutlich, warum er ein Jahr lang eine neue Plattenfirma suchen mußte, die ihm einen Vertrag gab und die bereit war, die LP zu vertreiben. Wenig PR und eine Veröffentlichung in nur wenigen Ländern (u. a. in der Bundesrepublik, nicht aber z. B. in den USA) tun ein übriges und bringen entsprechend schlechte (Verkaufs-) Resultate. Es gibt wenig Erwähnenswertes über „Old Wave" zu berichten, und es ist die vorerst letzte eigene LP von Ringo. Sollte er eine neue LP aufnehmen wollen, wird er sicher einige Zeit damit verbringen müssen, eine Plattenfirma dafür zu interessieren. Mit seinen Filmen ist er inzwischen weitaus erfolgreicher und populärer als mit seinen (seltenen) Platten.

Pipes Of Peace

Paul McCartneys Folge-LP zu „Tug Of War" erscheint Ende Oktober. Ihr Titel ist ein Wortspiel auf den Titel des Vorgängers: nach „Tug Of War" nun „Pipes Of Peace". Die LP beinhaltet z. T. Stücke aus den T. O. W.-Sessions und z. T. ganz neues Material.

Der Single-Hit von „Pipes Of Peace", das zusammen mit Verkaufs-Superstar Michael Jackson geschriebene und gesungene Lied „Say, Say, Say" erreicht sehr schnell die oberen Plätze der Hitparaden. McCartney hat zuvor auf Jacksons (Verkaufs-) Rekord-LP „Thriller" im Duett mit Michael das Stück „The Girl Is Mine" gesungen. Ein zweites hitverdächtiges Duett von McCartney und Jackson von der LP „Pipes Of Peace", „The Man", wird unverständlicherweise nicht als zweite Single ausgekoppelt. Stattdessen nimmt die Plattenfirma „So Bad" (in England „Pipes Of Peace). Im Stück „Tug Of Peace" verschmelzen die zwei Songs „Tug Of War" und „Pipes Of Peace".

Die LP erreicht weder in England noch in Amerika – anders als „Tug Of War" – die Nr. 1 der Album Charts. In den USA ist es sogar die erste reguläre Studio-LP McCartneys in dessen 20jähriger Karriere, die nicht in die Top Ten kommt (sie erreicht nur Platz 15).

Weder herausragende Videos der Titel „Say, Say, Say" und „Pipes Of Peace" – beides Minispielfilme, die sehr gut und aufwendig produziert wurden – noch die Single mit Michael Jackson, der gerade auf dem Höhepunkt seiner Popularität steht, fördern den Verkauf in erwarteter Weise. Die LP kann somit nicht an den vorhergegangenen Erfolg anknüpfen und enttäuscht die Erwartungen, die an sie gestellt wurden.

Der Text von „Sweetest Little Show" läßt sich zusammenfassend auf McCartneys Rolle beziehen: „You've been around a long time, but you're still good for a while. And if they try to criticize you, make them smile, make them smile."

Als Vorbote der LP „Milk And Honey" erscheint im Dezember die Interview-LP „Heart Play". Sie enthält Auszüge aus dem sehr umfangreichen „Playboy Interview", das John und Yoko der Zeitschrift im September 1980 gegeben haben.

1984

Milk And Honey

Die LP „Milk And Honey" erscheint nach langem Warten im Januar. Die im Konzept, Stil und Cover der LP „Double Fantasy" sehr ähnliche Platte – die Aufnahmen stammen auch aus der gleichen Aufnahmesession – kann jedoch die an sie gestellten Erwartungen nicht erfüllen. Die Single „Nobody Told Me" erreicht vergleichsweise wenig Aufmerksamkeit. Fünf weitere Lennon-Titel sowie sechs Ono-Kompositionen enthält die LP, doch sind insbesondere die Lennon-Stücke durch einen provisorischen Charakter gekennzeichnet: diese Aufnahmen sind nicht fertig produziert und in diesem Zustand auch nicht zur Veröffentlichung gedacht gewesen. Das tragische Schicksal Lennons hat eine Vollendung der Aufnahmen verhindert, und somit muß man mit diesem unreifen Produkt zufrieden sein.

Anders als McCartney, der zahlreiches veröffentlichungsreifes unbekanntes Material in der Schublade hat, hat Lennon kaum solches hinterlassen. Eine der wenigen Aufnahmen, die existieren, erscheint auf der LP „Every Man Has A Woman": eine Lennon-Version der Yoko Ono-Komposition (und des Titelsongs) „Everyman Has A Woman Who Loves Him". Die gleichnamige LP sollte ursprünglich am 18. Februar 1983 (Yokos 50. Geburtstag) erscheinen und enthält Interpretationen von verschiedenen Ono-Songs. Die Idee stammt von John, der damit das Ansehen Yokos als Komponistin steigern wollte.

„Double Fantasy"-Produzent Jack Douglas bekommt im April vor dem New Yorker höchsten Gerichtshof 2,5 Millionen $ Tantiemen plus 610.000 $ Zinsen für seine Arbeit als Produzent der LP zugesprochen. Laut Vertrag sollte er 4% des Einzelhandelspreises der ersten 500.000 und 5% aller weiteren verkauften Exemplare erhalten. „Double Fantasy" wurde insgesamt zwischen 7 und 8 millionenmal verkauft.

Mit Sohn Sean besucht Yoko, die Verliererin des Rechtsstreites, in einer vielbeachteten Reise Liverpool.

Julian Lennon, Johns Sohn aus erster Ehe mit Cynthia, schafft 1984 den musikalischen Durchbruch – er ist nach Ansicht vieler Musikkritiker die Überraschung des Jahres.

Julian Lennon

Julian Lennon, geboren am 8. April 1963, gesteht, daß er keinerlei Pläne hatte, Musiker zu werden, solange sein Vater noch lebte.

Julian Lennon an seinem 19. Geburtstag

Frappant die Ähnlichkeiten im Aussehen, Gesang und in der Musik, verblüffend aber auch die Parallelen in den Biographien der beiden. Cynthia und John lassen sich scheiden, als Julian fünf Jahre alt ist – in diesem Alter trennten sich auch Johns Eltern. „Bevor er erschossen wurde, fing ich gerade an, ihn richtig kennenzulernen. Das war ein großer Schmerz für mich", sagt Julian, und wieder gibt es die Parallele zu John und seiner Mutter Julia, nach der John seinen Sohn benannt hat, und die er kurz vor ihrem Tod wieder öfter zu sehen bekam. John mußte den tragischen Verlust seiner Mutter im Alter von 17 Jahren und 9 Monaten ertragen, Julian war bei Johns Tod 17 Jahre und 8 Monate. Die Parallelen muten schon etwas erschreckend an.

Der 21jährige Julian veröffentlicht im Oktober seine erste LP: „Valotte". Sie ist überraschend gut und kommerziell extrem erfolgreich. Hörbar ist der Einfluß von (Billy Joel-)Produzent Phil Ramone, der 1985 auch mit McCartney arbeiten wird. Julian Lennon profiliert sich mit Liedern wie „Valotte" oder „Too Late For Goodbye" als talentierter Komponist, Musiker und Sänger. Die optische und musikalische Ähnlichkeit zu seinem Vater wird geschickt eingesetzt. Daß er einiges von seinem bekannten Vater abgeschaut hat, gesteht Julian: „Ich hörte mir einige von Vaters Sachen an und erkannte, wie ehrlich die Texte waren. Ich mag die Art, wie er singt."

Nach der LP geht er auf eine kurze Tournee (USA, Australien und Japan). Er spielt neben seinen Liedern von „Valotte" bei den Konzerten auch die Lieder „Stand By Me" und „Slippin' And Slidin'", die sein Vater auf der LP „Rock 'n' Roll" interpretiert hat, und als Zugabe – „Day Tripper".

Die aufkommenden Gerüchte über eine mögliche Beatles-Wiedervereinigung mit ihm als Ersatz für seinen Vater oder über eine Zusammenarbeit mit McCartney beseitigt er mit einer klaren Antwort: „Ich mag die Beatles, aber ich habe keinerlei Absicht, mit einem der Beatles zusammenzuarbeiten. Ich möchte nicht die Welt mit Gerüchten über etwas, das gar nicht möglich ist, verwirren."

Julian wird es aber wohl niemals gelingen, aus dem Schatten seines Vaters herauszutreten – er wird immer auch als Beatles-Sohn betrachtet und beurteilt. Julian wird zum gefragten Rock-Star mit großer Anhängerschaft.

Nach seiner erfolgreichen Debüt-LP „Valotte", für die er Platin erhält, plant er vielfältige Projekte: eine neue LP mit der Single „Because" als Vorabveröffentlichung und eine größere Tournee im Jahre 1986.

Mit „Valotte" überholt er im November (1984) sogar Paul McCartneys aktuelle LP „Give My Regards To Broad Street" – etwas, das John sicher mit einem Lächeln und gewisser Freude zur Kenntnis genommen hätte.

Give My Regards To Broad Street

Am 26. Oktober hat in New York der Film „Give My Regards To Broad Street" Premiere. Er zeigt die Geschichte eines Musikers, dessen Master-Tape für seine neueste LP verlorengegangen ist. Paul, der das Manuskript geschrieben hat, sagt: „Ich schrieb ziemlich viel und hielt plötzlich mitten in einem Satz inne und dachte mir: ‚Moment Mal. Du bist kein Schriftsteller. Kannst du das überhaupt? Ist es so gut wie dieses oder jenes Buch, das du gelesen hast? Es ist nicht, also warum tust du es dann?' Ich unterbrach mich selber und sagte mir: ‚Sei ruhig, schreib' es einfach.'"

Für den Film macht Paul die umfangreichste Publicity-Tour seines Lebens, und dennoch wird der Film zu einer Enttäuschung. Nach sehr schlechten Kritiken in Amerika gibt es Schwierigkeiten, Vertriebe in den europäischen Ländern zu finden. Auch finanziell ist der Film ein

Ringo Starr mit seiner Frau Barbara

Verlust. Die Produktionskosten werden, trotz Verwertung als Kinofilm und Videocassette, nur zum Teil wieder eingespielt. Neben Paul und Linda McCartney, Ringo Starr und seiner Frau Barbara und Tracey Ullmann (in dessen Video „They Don't Know" Paul kurz zu sehen ist, wie auch in Bob Marleys „One Love") spielt der 81jährige klassische Schauspieler Ralph Richardson in seiner letzten Rolle vor seinem Tod.

Auch die Besetzung der Musiker, die den Soundtrack aufgenommen haben, kann sich sehen lassen. U. a. wirken mit: Steve Lukather und Jeff Porcaro (beide von Toto), David Gilmour (früher Pink Floyd), John Paul Jones (früher Led Zeppelin), Ann Dudley (Art Of Noise), Stuart Elliott (früher Cockney Rebell), Eric Stewart (10cc), Dave Edmunds (früher Rockpile, jetzt hat er eine eigene Band), Dave Mattacks (Fairport Convention), Herbie Flowers (früher David Bowie Band und T. Rex, jetzt bei Sky) und Chris Spedding (früher in der Bryan Ferry Band).

Neben drei neuen Songs (u. a. Single „No More Lonely Nights") spielt Paul noch einmal drei alte Solo- und sechs (noch ältere) Beatles-Songs ein. Das sind im einzelnen: „Wanderlust" und „Ballroom Dancing" – beide erst 2 1/2 Jahre alt und von seinem Meisterwerk „Tug Of War" – und „Silly Love Songs" (das einzige Wings-Stück) sowie die Beatles-Songs: „Good Day Sunshine", „Here, There And Everywhere", „For No One", den Klassiker „Eleanor Rigby" (alle von „Revolver"), (natürlich) „Yesterday" und „Long And Winding Road" – die wohl beste Interpretation aller alten Songs auf dieser LP.

Nach dem Erfolgsalbum „Tug Of War" (1982) und dem darauffolgenden kommerziell eher enttäuschenden „Pipes Of Peace" (1983) liefert er mit „Give My Regards To Broad Street" seine in den USA erfolgloseste LP überhaupt – und zwar trotz der umfangreichen Publicity-Tour und dem Top 10-Hit „No More Lonely Nights". Dieser Mißerfolg läßt sich, zumindest teilweise, durch die kritische Haltung der Medien gegenüber Paul und den sehr schlechten Filmkritiken erklären, die auch die LP berühren. Daß Pauls Arbeit in den 70er und 80er Jahren selten objektiv beurteilt wird, ist bei fast jeder Neuveröffentlichung von ihm deutlich. „Alles, was ich heute mache, wird mit dem verglichen, was ich früher 'mal gemacht habe", erklärt er und weiß genau, daß ihn positive Pressekritiken auch in Zukunft nur selten erwarten werden.

Für die Tatsache, daß er Stücke der Beatles neu aufgenommen hat, verteidigt er sich: „Gleich nach der Trennung der Beatles gab es eine Zeit, wo wir alle sehr empfindlich waren, wie das bei Scheidungen mit Fragen über deine Ex-Frau ist. Man will einfach nichts davon wissen. Inzwischen ist aber genug Zeit vergangen, so daß ich das nicht mehr so sehe – für mich sind es einfach Lieder, die man singen kann, und ich mag sie. Warum also nicht? Warum soll ich sie nicht singen? Nur weil ich sie früher 'mal mit den Beatles aufgenommen habe? Sie sind deshalb nicht heilig, jedenfalls nicht für mich. Ich würde nicht behaupten, daß ich jetzt bessere Versionen aufgenommen habe, vielleicht ja, vielleicht auch nicht. Ich finde, speziell „Long And Winding Road" ist besser als das Original.

Ich mochte diese Lieder gerne singen und sah keinen Grund, warum ich das nicht tun sollte."

Alles in allem sind der Film und ebenso (im Sog der negativen Filmkritiken auch) die LP ein Mißerfolg, was Paul allerdings nicht vom Filmemachen abhalten wird. Er will eigenen Angaben zufolge mehr Filme drehen.

Eine seiner Ideen, einen Zeichentrickfilm über „Rupert" den Bären, den Paul schon seit dem Ende der Beatles plant, wird mit Pauls Musik „We All Stand Together" veröffentlicht. Die dazu gehörige Videocassette wird in England zum meistverkauften Video aller Zeiten. Zur erfolgreichen Comeback-LP der Everly Brothers „EB 84" steuert er als Komponist den Hit-Titel „Wings Of A Nightingale" bei.

Ringo Starr spielt mit seiner Frau Barbara in der amerikanischen Mini-Fernsehserie „Princess Daisy" mit und fungiert als Erzähler der Zeichentrickserie „Thomas The Tank Engine And Friends".

Aufsehen erregt er durch einen Live-Auftritt im Juli: nach fast 8jähriger Pause spielt Ringo am 4. 7. 1984 live bei einem Konzert der Beach Boys in Washington D. C. mit. Er tritt als Überraschungsgast auf die Bühne und spielt bei den Liedern „You Can't Do That", „Day Tripper" und „Back In The USSR" Schlagzeug.

Auch George Harrison tritt nach langer Pause wieder auf die Bühne. Bei einem Konzert der Gruppe „Deep Purple", mit dessen Mitglied Jon Lord er befreundet ist, in Sydney, Australien, am 13. 12. 1984, kommt er auf die Bühne und spielt beim Stück „Lucille" die Gitarre.

Die Öffentlichkeit meidet er so gut es geht und lebt sehr zurückgezogen. „Nach dem was John passiert ist, bin ich total verschreckt", erzählt er. „Ich möchte nicht gerne in der Öffentlichkeit gesehen werden. Ich weiß nie, wer vielleicht in der Nähe ist, und ich mag es auch nicht, fotografiert zu werden. Alle von uns Beatles sind etwas nervös, wenn Fremde auf uns zu kommen. Man weiß nie, ob sie uns erschießen wollen oder nicht.

Ich liebe heute Blumen und die Gärtnerei. Das stellt für mich das wirkliche Leben dar."

Vor mehreren hunderttausend Zuschauern kommt Ringo Starr bei einem Konzert der Beach Boys im Juli 1984 auf die Bühne

1985

Vor dem 5. Todestag John Lennons tut sich sehr viel: Yoko eröffnet „Strawberry Fields" im New Yorker Central Park. „Strawberry Fields" ist ein riesiger Garten mit 25 000 Pflanzen, Bäumen, Sträuchern und Blumen aus mehr als hundert Ländern, in dessen Mittelpunkt ein etwa drei Meter großes Mosaik in Form einer Träne steht. Sie arbeitet auch an einem John Lennon-Museum in New York. In New York, Hamburg und Liverpool werden Lennon-Statuen aufgestellt.

Der amerikanische Fernsehsender NBC erstellt den Film „Imagine: The Story Of John And Yoko". Er erzählt ihre Geschichte und ihren Werdegang, beginnend mit dem Jahre 1966 und endend mit Johns Tod. Er ist von Yoko authorisiert. Gefilmt wurde in London und New York, und Schauspieler stellen Szenen aus dem Leben des Paares nach. Eine weitere amerikanische Filmfirma plant eine ähnliche Produktion für eine Kinoveröffentlichung im Oktober 1988 und das BBC Fernsehen verfilmt die Lebensgeschichte Lennons auf der Grundlage des Londoner Musicals „Lennon".

Yoko arbeitet an einer neuen LP mit dem Titel „Starpeace". Sie hat zwölf Songs im New Yorker Hit Factory-Studio aufgenommen.

Als Musiker erscheinen u. a. die Reggae Rhythm Section von Sly Dunbar und Robbie Shakespeare, Sängerin Nona Hendryx, Keyboarder Bernie Worrell („Talking Heads"), Gitarrist Eddie Martinez („Blondie") und Schlagzeuger Tony Williams. Co-Produzent (neben Yoko) ist Bill Laswell, bekannt durch seine Arbeit mit Mick Jagger. Yokos Vertrauter Sam Havadtoy nennt es ein „sehr ungewöhnliches Album" und versichert, daß es ein „Yoko Album, nicht ein Mrs. Lennon Album" ist. Es erscheint im November 1985. Im Jahre 1986 geht sie auf Tournee, die sie auch durch Europa führt. In Deutschland gibt sie Anfang März gleich 5 Konzerte. Auch an ihrer Autobiographie schreibt sie. Das Buch wird erscheinen, versichert sie, und ergänzt, daß der Zeitpunkt passend sein muß.

Eine „neue" Lennon-LP kommt im Februar 1986 heraus: der Mitschnitt des „One-To-One"-Konzerts vom 30. 8. 1972 erscheint unter dem Titel „Lennon Live In New York City".

George Harrison, Gärtner, bei einer Blumenschau in Chelsea im Mai 1984

Yoko Ono mit einem Modell des „Strawberry Fields"-Park

Auf dem Markt der Beatles-Raritäten herrscht seit Jahren Inflation. Bereits innerhalb eines Zeitraumes von ein bis zwei Jahren erhöhen sich die Preise einiger Objekte um 50%, eine Preisexplosion fand nach dem Tod Lennons statt.

Das Auktionshaus SOTHEBY'S veranstaltet regelmäßig einmal jährlich in London und in New York eine Versteigerung von Beatles-Artikeln. Dort konnte ein glücklicher (?) Beatles-Fan z. B. ein Selbstporträt Lennons für etwas über 30.000 DM ersteigern. Billiger gab's sein Moped: das kostete nur gut 10.000 DM. Neben Autogrammen, Briefen und anderen „Originalhandschriften" werden auch goldene Schallplatten, Autos, Instrumente und Kleidung der Beatles versteigert. Lennons Rolls Royce ist mit $ 2.090.000 das wohl teuerste Beatles-Erinnerungsstück.

In den wenigsten Fällen werden die angebotenen Artikel von reichen Fans erworben. Vielmehr kaufen sie Geschäftsleute auf. So wurde, weitgehend auf Grundlage der ersteigerten Raritäten, im April 1984 in Liverpool das „Beatle City Museum" eröffnet, das 1986 nach London verlegt wird. Dort hat zuvor das „Hard Rock Cafe" bereits ein Rock 'n' Roll-Museum eröffnet. Die Geschichte der Beatles ist auch eine Geschichte der Klagen und Rechtsstreite. Selbst 20 Jahre nach der Trennung der Gruppe hat sich daran nichts geändert. Einem außergerichtlichen Vergleich zwischen McCartney/Ono und Northern Songs, der einen Rechtsstreit wegen Zahlung von mehr Tantiemen beendet, folgt prompt der Verkauf des Musikverlages an Rock-Superstar Michael Jackson.

Ab 6. 9. 1985 gehen die Rechte des Northern Songs-Katalogs auf ihn über. Für 47,5 $ Millionen erwirbt er nach 8monatigen Verhandlungen neben den 251 Lennon-McCartney-Kompositionen die Rechte an insgesamt etwa 4000 Liedern. Nach Schätzung liegt der Wert des Beatles-Kataloges bei 2/3 der Gesamtsumme und spielt die Hälfte der jährlich insgesamt 15 Millionen $ ein. Der Katalog umfaßt alle Beatles-Songs außer „Love Me Do" und „P. S. I Love You" (die Rechte liegen bei Pauls MPL) und „Please Please Me" und „Ask Me Why" (Dick James besitzt hier die Rechte). Nach Übernahme des Beatles-Katalogs durch Jackson werden zahlreiche Beatleslieder für Werbespots verwendet.

APPLE verklagt EMI/Capitol auf zu wenig bezahlte Tantiemen. Allein für Amerika fordern die Beatles 45 Millionen $. Einen ähnlichen Rechtsstreit in England haben die Beatles bzw. Apple bereits 1984 gewonnen. Resultat: EMI hat laut Gerichtsentschluß den Beatles bisher ca. 7 Millionen DM Tantiemen zu wenig bezahlt. Während diese Klagen noch laufen, eröffnen George Harrison, Ringo Starr und Yoko Ono eine weitere – und zwar gegen Paul McCartney auf Vertragsbruch, da er mehr Tantiemen von Beatles-Platten bekommt als die anderen. EMI bestätigt dies mit der Erklärung, daß sie dies tat, um Paul nach seinem Abschluß bei einer anderen Plattenfirma (CBS) für den Vertrieb seiner Platten in Amerika wenigstens für den Rest der Welt zu halten.

Dieser Streit um die Tantiemen ist auch das Hindernis für die Veröffentlichung der LP „Sessions". Sie enthält bisher unveröffentlichtes Material.

Im Februar 1985 sollte die LP erscheinen und wurde in letzter Minute zurückgezogen. Im einzelnen sollte diese neue Beatles-Platte folgende Songs enthalten: 1. „Come And Get It" (McCartney-Komposition), 2. „Leave My Kitten Alone" (Turner/Mc Dougall), 3. „Not Guilty" (Harrison), 4. „I'm Looking Through You" (Lennon/McCartney), 5. „What's The New Mary Jane?" (Lennon/McCartney), 6. „How Do You Do It?" (Mitch Murray), 7. „Besame Mucho" (Velasquez/Skylar), 8. „One After 909" (Lennon/McCartney), 9. „If You're Got Troubles" (Lennon/McCartney), 10. „That Means A Lot" (Lennon/McCartney), 11. „While My Guitar Gently Weeps" (Harrison), 12. „Mailman Blues" (A. Price) und 13. „Christmas Time (Is Here Again)" (Lennon/McCartney/Harrison/Starkey).

Neben diesem Material hat EMI die Rechte an BBC-Material erworben. Sie spricht auch mit den Beatles "mit dem Ziel, irgendwann ein Album zu veröffentlichen" (so ein Sprecher von EMI London). Rechtlich ist eine Veröffentlichung jederzeit möglich, doch ein freiwilliges Gentleman agreement mit McCartney, Harrison und Starr verlangt die Zustimmung der drei.

Im Video-Bereich kommen einige, wenige Veröffentlichungen auf den Markt, z. B. „The Beatles Live!" – ein Mitschnitt einer englischen Fernsehshow –, ein Film über die Mersey Beat Szene oder der „Imagine"-Film von John Lennon. Angesichts des umfangreichen Materials, das existiert, ist das offiziell erhältliche Material noch recht dürftig. Meldungen über den authorisierten Film „Long And Winding Road" geistern zwar hin und wieder durch die Presse, doch auf eine Veröffentlichung muß man weiterhin vergeblich warten. Ähnlich wie der Videomarkt ist auch der Markt der CD-Platten mit nur sehr wenigen Angeboten bisher unterentwikkelt.

Sean Lennon, Johns Sohn aus der Ehe mit Yoko

Die Rekorde, die die Beatles aufgestellt haben, behalten noch immer Gültigkeit. Im New Yorker „Museum Of Broadcasting" sind sie die populärste Attraktion mit ihrem ersten Auftritt in der „Ed Sullivan Show".

Der Dachverband der amerikanischen Plattenindustrie RIAA (Recording Industry Association Of America) gibt bekannt, daß sie die meisten Goldenen und Platin LPs erhalten haben, nämlich 20 Goldene Singles, 24 Goldene LPs und 2 Platin LPs, und BMI (British Music Industry)-Präsident Ed Cramer verkündet 1985 beim „Million-Air"-Treffen, daß der meistgespielte Song der Vereinigung „Yesterday" mit 4,5 Millionen mal ist. 1988 überspringt das Lied die neue Marke von fünf Millionen. Beim alljährlich stattfindenden „Million-Air"-Treffen erweitert sich jedesmal die Liste der 1 oder 2 Millionen mal gesendeten Beatles-Titel. Über zwei Millionen mal gesendet wurden And I Love Her, Eleanor Rigby, Hey Jude, Let It Be, Here, There And Everywhere, Imagine und Here Comes The Sun. Rekorde, die den Einfluß der Beatles auf 25 Jahre Musik verdeutlichen.

„Live Aid“ mit Paul McCartney und Elton John

Ringo Starr wird 1985 als erster Beatle Großvater. Am 9. 9. 1985 kommt Tatia Jayne als Tochter des 19jährigen Zak Starkey und seiner Frau Sarah auf die Welt. Der glückliche Vater arbeitet an seiner Karriere als Plattenkünstler. Für seine Debüt-LP „The Wind In The Willows“, die er zusammen mit Eddie Hardin herausgibt, hat er Künstler wie John Entwistle und Steve Hackett zum Mitwirken bewegen können. Im Lied „The Wild Wood“ zeichnet Zak als Mitverfasser verantwortlich.

Sein Vater Ringo, bzw. Richard, arbeitet an verschiedenen Projekten mit: als Schlagzeuger wird er auf der Anti-Apartheid-Platte „Sun City“ genannt, im Video von „Willie And The Poor Boys“ kann man ihn sehen, und nachdem er 1984 bereits bei einem Konzert der Gruppe mitspielte, hört man ihm auf der 85er LP der „Beach Boys“. Beim Stück „California Calling“ spielt er Schlagzeug und Timpani. In der amerikanischen Mini-TV-Serie „Alice In Wonderland“, die im Oktober 1985 zu sehen ist, nimmt er eine kleine Rolle an.

Zusammen mit George Harrison, und neben Bill Wyman, Robert Plant, Pete Townshend, Roger Daltrey, Jeff Beck, Dave Edmunds, Jerry Lee Lewis, Roy Orbison und Johnny Cash tritt er in einer englischen Fernsehshow zu Ehren von Carl Perkins auf, die am Neujahrstag 1986 ausgestrahlt wird.

Das Ereignis des Jahres 1985 ist zweifellos das „Live Aid“-Konzert am 13. Juli. Als Höhepunkt und Abschluß der Übertragung aus London tritt Paul McCartney auf die Bühne – es ist sein erster Auftritt seit Dezember 1979. Er singt „Let It Be“. Gerüchte einer möglichen Reunion der Beatles mit Julian Lennon sind das Thema des Tages. „Live Aid“ verdeutlicht: die Beatles sind nach wie vor im Bewußtsein der Menschen, noch immer sind sie eine Hauptattraktion des Showgeschäftes, ihre Musik inspiriert auch in den 80er Jahren viele Musiker, Komponisten und Produzenten, und einer ihrer Mitglieder und (mit Lennon) Kopf der Gruppe, Paul McCartney, macht weiterhin sehr erfolgreich Musik.

1986
Handmade Films

George Harrison ist weniger als Musiker, Komponist oder Sänger aktiv, sondern profiliert sich, ähnlich wie

13. Juli 1985 – das (musikalische) Ereignis des Jahres

Ringo Starr, beim Medium Film. Im Gegensatz zu ihm steht er als Produzent (und Finanzier) hinter der Kamera. Mit seiner Firma „Handmade Films“ hat er auch bereits einige Erfolge verzeichnet. „Handmade Films“ wurde 1979 von George Harrison und seinem Geschäftspartner Denis O'Brien gegründet, um den Monty Python-Film „Leben des Brian“ zu finanzieren. „Es gibt Dinge, die das Leben lebenswert machen. Monty Python ist so etwas – Lachen ist die große Befreiung. Die Beatles hätten sich zusammen mit der ‚Bonzo Dog Band‘ und mit allen ‚Monty Pythons‘ zu einer großen ‚Rutle‘-Band formieren sollen“, sagt George. Die „Rutles“ sind eine Filmparodie auf die Beatles, die 1978 unter Mitwirkung von verschiedenen „Monty Python“-Mitgliedern, Paul Simon, Mick Jagger, George Harrison und vielen anderen entstand.

Die Vorliebe zu Monty Python teilte auch John Lennon. „Ich wäre gerne bei Monty Python gewesen, lieber als bei den Beatles“, sagt er 1980. Die „Handmade Films“ sind eine recht erfolgreiche unabhängige Filmproduktion, zu der Londoner Muttergesellschaft mit 35 Mitarbeitern (1989) kommt ein Büro in New York. „Ich glaube, unser Geheimnis ist die Tatsache, daß wir es stets im bescheidenen Rahmen halten wollen“, sagt George Harrison. „Ständig im Rampenlicht – das hatte ich bereits in den 60ern.

Ich kann mir aussuchen, wie stark ich am Filmgeschäft teilnehmen will. Es wird keine Pflichtübung für mich, da ich jederzeit bestimmen kann, wieviel ich mich darum kümmern muß. Das macht mir mehr Spaß, denn als großer Geschäftsmann bin ich nicht geeignet. Da würde ich eher das Unternehmen verkaufen, als das zu sein.“ Nach „Leben des Brian“ (1979), finanzierte George den Film „The Long Good Friday“ (1981), produzierte und schrieb den Soundtrack von „Time Bandits“ (1981), produzierte „Monty Python Live At The Hollywood Bowl“ (1981) und vertrieb durch seine „Handmade Films“ den Film „The Burning“ (1982), die auch für „The Missionary“ (1982), „Privates On Parade“ (1982), „Scrubbers“ (1982), „Bullshot“ (1982), „Private Function“ (1984), „Water“ (1984), „Park Royal“ (1985), „Shanghai Surprise“ (mit Madonna, 1986), „Mona Lisa“ (1987), „The Raggedy Rawney“ (1988), „Checking Out“ (1988), „Limousine“ (1989), „TVP“ (mit den Eurythmics, 1989) und zahlreichen weiteren zuständig ist. Ein detailliertes Verzeichnis befindet sich im Anhang dieses Buches.

„Von den fünfzehn Filmen, die wir bisher produziert haben“, erzählt Harrison im Jahre 1988, „waren nur drei finanzielle Mißerfolge – und ‚Shanghai Surprise‘ mit Madonna war es – außer vom künstlerischen Aspekt her – nicht. Natürlich setze ich auch heute noch Geld ein, aber das ist nichts im Vergleich zu den Anfängen, als wir mit ‚Leben des Brian‘ und ‚Time Bandits‘ begannen. Für ‚Leben des Brian‘ riskierten wir unser ganzes Bürogebäude, mein eigenes Haus und alle unsere Bankkonten, die wir als Sicherheit zur Finanzierung des Films einbrachten.“

Als Musiker und Komponist tritt Harrison nur selten in Erscheinung. So auf dem Soundtrack „Porky's Revenge“ („Porkys Rache“) als Interpret des Dylan-Songs „I Don't Want To Do It“ oder als (Mit-)Komponist bei zwei Songs des „Water“-Soundtracks. Zusammen mit Ringo Starr ist er als Musiker bei einem dritten Stück tätig – man kann beide auch im Video zusammenspielen sehen – und zur „Greenpeace“-LP steuert er eine neue Version seines „Save The World“-Songs bei.

George möchte nicht mehr als Beatle betrachtet werden. Er sagt: „Ich muß zugestehen, daß es ein Privileg war, die Erfahrung gemacht zu haben, einer der ‚Fab Four‘ gewesen zu sein. Ich bereue es nicht. Aber das war damals.“

Insbesondere seit dem Tod Lennons lebt er sehr zurückgezogen. Er meidet öffentliche Auftritte und Interviews und will sein Leben von Medien und Fans ungestört sehen. Er verneint, daß er Einsiedler sei, und sagt, „ich hatte meine Zeit im Rampenlicht, jetzt finde ich das langweilig.“ Er ist Mitte der 80er Jahre Filmproduzent. „Ich möchte kein Filmstar sein, auch kein Popstar. Ich möchte in Frieden leben, ... vielleicht mehr meiner Ideen in Filmen verwirklichen.“

Press to Play

Ähnlich George und Ringo beschäftigt sich Paul McCartney mit dem Medium Film. Er schreibt die Titelsongs für „The Honorary Consul“, „Twice In A Lifetime“ und „Spies Like Us“.

Der Film „Spies Like Us“ erscheint Frühjahr 1986, und in den Hauptrollen spielen Dan Ackroyd und Chevy Chase. McCartney veröffentlicht das Stück als Single. Als B-Seite wählt er „My Carnival“, das er bereits 1975 für die LP „Venus And Mars“ komponiert hat. Paul hat noch Dutzende solcher unveröffentlichter Stücke „in der Schublade“. Die Single ist produziert von einem Team bestehend aus Paul, Phil Ramone (Billy Joel-Produzent, der auch „Valotte“ von Julian Lennon produziert hat) und Hugh Padgham (Police-Produzent). Dieser Hugh Padgham wird auch Produzent seiner neuen LP sein, die 1986 erscheint. Die Aufnahmen dazu begannen im Juni 1985. Fünf Titel der LP hat Paul während eines Urlaubs

Noch einmal und in Farbe: die Beatles

in Jamaika komponiert, einige weitere sind zusammen mit David Forster, bekannt durch seine Arbeit mit Chicago und Lionel Ritchie, geschrieben. Als erste Single erscheint der Titel „Press". „Press To Play" erweist sich wieder als ein erfolgreiches Album, das wie immer auch einige schlechte Pressekritiken erntet. Insgesamt ist es als Album erfolgreicher und höher zu bewerten als die meisten Vorgänger. Es leidet allerdings etwas darunter, daß es keinen herausragenden Single-Titel enthält, der die Aufmerksamkeit auf das Album lenkt. Durch „Live Aid" wieder stärker an Konzerten interessiert, wird McCartney nach Veröffentlichung von „Press" (im Juni) in der Öffentlichkeit aktiv: am 20. Juni tritt er als Überraschungsgast bei der von Prinz Charles veranstalteten „Prince's Trust"-Wohltätigkeitsveranstaltung auf.

Ziemlich genau 23 Jahre nach dem legendären Auftritt der Beatles nimmt er am 23. November zum zweitenmal an der „Royal Variety Show" teil. Auch für seine im September erscheinende LP „Press To Play" wird er mit Promotion-Auftritten aktiv. In München erscheint er am 20. November als Überraschungsgast bei der „Bambi"-Verleihung. Seinem ehemaligen Wings-Kollegen und Mitautor von „Mull Of Kintyre", Denny Laine, der 1986 in größere finanzielle Schwierigkeiten gerät, kauft Musikverleger McCartney die anteiligen Songrechte an dem (Verkaufs-)Hit für 100.000 Pfund ab.

Paul McCartney ist der aktivste, erfolgreichste und populärste der ehemaligen Beatles.

Menlove Avenue

Nach der Straße benannt, in der er in seiner Kindheit in Liverpool gewohnt hat, erscheint auch eine „neue" Lennon LP. Neben Demoversionen von Songs, die im September 1974 bereits auf der LP „Walls And Bridges" veröffentlicht wurden, enthält sie fertige, aber bisher nicht erschienene Aufnahmen von den Phil Spector-Sessions für die „Rock'n'Roll" LP. Keine dieser Aufnahmen hat Lennon selber für gut genug zur Veröffentlichung gehalten, von den Spector-Sessions war er sogar so enttäuscht, daß er erneut ins Studio ging. Böse Kritiken für „Menlove Avenue" sind die Folge. USA Today meint: „Die Auswahl von Lennons unveröffentlichten Sachen wird so schwach, daß man im Hintergrund fast Beatle John ‚Mist' rufen hören kann. Sieht Yoko Ono denn nicht, welchen Schaden sie dem Künstler Lennon antut?"

Nach Aussagen Yoko Onos soll „Menlove Avenue" die letzte Platte mit neuen Lennon Studioaufnahmen sein, die veröffentlicht wird. Bereits im Oktober 1988 erscheint allerdings eine Lennon LP, die ein neues, bisher unbekanntes Lied, „Real Love", enthält. Neue Lennonzeichnungen werden ebenfalls an die Öffentlichkeit gebracht. Im Oktober 1986 erscheint unter dem Titel „Skywriting By Word Of Mouth" ein Buch mit eben solchen Zeichnungen.

Ringo Starr sorgt indes weiter nur für wenige Nachrichten. Für „Showtime" plant er ein Fernsehspecial, „Ringo's Rock Riot." „Es ist eine Mischung aus Rock'n'Roll, Fantasiegeschichte und Komödie. Sobald ich dem Drehbuch zugestimmt habe, wird es gedreht" (Ringo Starr). Ansonsten sieht man ihn nur im Werbefernsehen für eine amerikanische Firma.

1987
Beatles auf Compact Disc

Im Jahre 1987 erscheinen die wichtigsten Beatles LP's auf CD. Die Veröffentlichung dieser CDs, vom Handel lange gefordert, erfolgt recht kurzfristig, nachdem die Plattenfirma eine Einigung mit den drei Beatles und Yoko Ono hinsichtlich höherer Tantiemen (gegenüber einer Veröffentlichung als LP) erzielen konnte. Sie werden recht schnell auf den Markt gebracht, aus zwei Gründen: erstens will man nicht das verkaufswirksame 20. Jubiläum von „Sgt. Pepper" im Juni versäumen und zweitens fürchtet man den Import von in Japan hergestellten CDs, die nicht von EMI autorisiert sind, aber durch einen kürzeren Urheberschutz in Japan hergestellt werden dürfen. Die CDs, staffelweise von Februar bis Oktober herausgebracht, lösen einen neuen Beatles-Boom aus. Die wohl am meisten erwartete „Sgt. Pepper"-CD wird die in England meistverkaufte CD. Mit über 3 Millionen Stück übertrumpft sie den bisherigen Spitzenreiter „Money For Nothing" der Dire Straits deutlich. Harrison sieht bei allen Lobpreisungen der „Sgt. Pepper"-CD die neue Veröffentlichungsform kritisch: „Für mich hört sich die CD wie eine Rohabmischung an. Es scheint, als würde die harte Arbeit, die wir in das Abmischen gesteckt haben, zunichte gemacht. Die Anstrengungen, einen bestimmten Sound zu erreichen, scheinen dahin, da man manche Dinge zu sehr heraushört."

Der „20. Geburtstag" von „Sgt. Pepper", der 1. Juni 1987, wird zum großen Medienereignis. Zahlreiche Berichte in Zeitschriften, Radio und Fernsehen, eine große Geburtstagsfeier in den Abbey Road-Studios und eine vom englischen Fernsehen hergestellte Dokumentation über das Album im speziellen und die 60er Jahre im allgemeinen sorgen für Aufsehen. Für die Fernsehsendung, die natürlich „It Was Twenty Years Ago Today" heißt, können sogar Paul McCartney und George Harrison gewonnen werden. Wieder ist es letzterer, der das allgemeine große Lob an das Album relativiert: „Sgt. Pepper war ein Meilenstein und ein Mühlstein der Musikgeschichte. Es sind ein paar gute Lieder auf dem Album, aber es ist nicht unser bestes. Ich bin da nicht so enthusiastisch."

Neben den CDs bietet 1987 viel Neues und Erfolgreiches für die Fans der Beatles. Anders als um McCartney und Harrison bleibt es recht still um Ringo Starr. Im Februar ist er in Memphis, um mit führenden Rockabilly-Musikern und -Topproduzent Chip Monan an den Aufnahmen einer neuen Platte zu arbeiten. Die Arbeiten finden z. T. in dem legendären „Sun Studios" statt mit folgender Begleitband: Brad Hundt, J. R. Cobb (beide Gitarre), Sam Shoup (Baß), Jimmy Whitehead (Keyboards), Gene Chrisman und Steve Morgen (beide Schlagzeug). Als erste Single sind die Titel „Beat Patrol" und „Some Kind Of Wonderful" im Gespräch. Eine Veröffentlichung erfolgt jedoch nicht. Als Teilhaber einer amerikanischen Brasserie in Atlanta, die für 2 Millionen Dollar in einem Nobelviertel Atlantas, in der Peachtree Street, erbaut wird, bleibt Ringo ebenfalls wenig erfolgreich. Teilhaber sind neben ihm Bill Wyman und Willie Nelson. Die Ankündigung, daß zur Eröffnungsparty am 26. September eine lange Liste von Prominenten erscheinen soll, sogt für großes Medieninteresse: nicht weniger als 38 Kameracrews, davon sechs aus Japan, sowie 200 Presseleute erscheinen. Ein großer Publicityerfolg und nur das, denn nur wenige der angekündigten Stars erscheinen und verschwinden sofort zu einer geschlossen stattfindenden VIP-Party.

All The Best

Nach seinem „Wings Greatest"-Album von 1978 entschließt sich McCartney nun für eine neue Best Of-LP. Unter dem Titel „All The Best" erscheint sie im Oktober rechtzeitig vor dem Weihnachtsgeschäft. Ein neuer Song, „Once Upon A Long Ago", nur auf den europäischen Pressungen enthalten, wird als Single ausgekoppelt, und um für beide zu werben, absolviert Paul McCartney und eine Begleitband mit wechselnder Besetzung zahlreiche Fernsehauftritte, allein in Großbritannien innerhalb von gut drei Wochen fünf. Auch in Deutschland kann man ihn, vier Tage vor Weihnachten, in der Samstagabend-Show „Wetten, daß..." sehen.

Cloud Nine

Die Überraschung des Jahres sind jedoch weder die Verkaufserfolge durch die Beatles-CDs noch die durch McCartneys Hitsammlung, sondern die „Come Back"-LP Harrisons, „Cloud Nine". Fast auf den Tag genau ein halbes Jahrzehnt nach seinem letzten Album, dem vielgeschmähten „Gone Troppo", kehrt er mit einer unerwartet erfolgreichen Platte in den Mittelpunkt der musikinteressierten und plattenkaufenden Öffentlichkeit zurück.

Mit Eric Clapton, Elton John, Ringo Starr, Gary Wright, Jim Keltner und Ray Cooper aufgenommen, produziert von Jeff Lynne, entsteht eines der besten Alben Harrisons. Sowohl die erste Single „Got My Mind Set On You", ein Remake eines recht unbekannten Songs aus den 60er Jahren, als auch das Album stürmen die Hitparaden. Das Cover zeigt Harrison mit seiner alten 1957er-Gretsch-Gitarre, die er sich nach Verlassen der Schule gekauft hat.

Fast durchgängig positiv sprechen sich die Plattenkritiker aus, die sehr prominente Besetzung sowie umfangreiche Aktivitäten Harrisons (Interview mit den führenden Zeitschriften und Auftritte in nationalen Fernsehsendungen, auch in Deutschland) tragen zum kommerziellen Erfolg bei.

Anklänge an die Beatles sind durchaus gewollt und ein Stück „When We Was Fab" spielt bewußt auf Harrisons Vergangenheit an. Harrison: „Ich war nicht ganz sicher, wie sich ‚When We Was Fab' während der Aufnahme entwickeln würde. Es entstand aus der Idee, einen Beatles-Song zu schreiben. ‚Blue Jay Way' ist enthalten, auch dieser verrückte Akkord bestehend aus E und F, der auch in dem altes Beatles-Stück ‚I Want To Tell You' und Johns ‚I Want You (She's So Heavy)' drin ist. Während der Plattenaufnahmen griffen wir immer wieder auf ‚When We Was Fab' zurück und überspielten neue zusätzliche Klänge, bis es Gestalt annahm."

1987 gewinnt er auch wieder Spaß an Auftritten. Er absolviert zahlreiche unangekündigte Auftritte: in England, Amerika und Australien tritt er bei Konzerten Bob Dylans und anderer Stars als Überraschungsgast auf die Bühne. Beim Finale des „Prince's Trust"-Konzert 1987, am 5. und 6. Juni, erscheint er neben Eric Clapton, Elton John, Jeff Lynne, Phil Collins, Ringo Starr und anderen für die Lieder „Here Comes The Sun", „While My Guitar Gently Weeps" und „With A Little Help From My Friends".

In den Interviews mit ihm hört man zufriedene Worte. Mit dem für ihn typischen Humor sagt er: „Insgesamt fühle ich mich glücklich. Bis jetzt hatte ich ein gutes Leben. Ich meine, wenn du geboren wirst und in eine Rock'n'Roll-Band kommst, dann können es ruhig die Beatles sein."

1988
Traveling Wilburys

Von den Verkaufszahlen und dem Popularitätsgewinn her beurteilt, ist George Harrison 1987 und 1988 eindeutig der führende der Beatles. Nach „Cloud Nine" ist er im Oktober 1988 wieder maßgebend an einer sehr erfolgreichen Platte beteiligt. Im April ist er mit Bob Dylan und Jeff Lynne in Dylans Heimstudio in Malibu damit beschäftigt, die B-Seite einer neuen „Cloud Nine"-Single aufzunehmen. Lynne, der zur gleichen Zeit Platten von Tom Petty und Roy Orbison produziert, bringt beide zu den Aufnahmen mit. „Das Resultat war zu gut, um auf einer B-Seite unterzugehen", erzählt Harrison, „also entschlossen wir uns, ein ganzes Album zu machen." Weitere Aufnahmen für das nun geplante Album folgen im Sommer innerhalb von neun Tagen in Dave Stewarts (Eurythmics) Studio in Los Angeles und in Harrisons Heimstudio in England. Versehen mit Pseudonymen firmieren die fünf als Fantasiegruppe „Traveling Wilburys" und landen einen vielbeachteten kommerziellen Erfolg.

Back In The USSR

Mit einer ganz anderen, aber nicht minder ungewöhnlichen Idee präsentiert sich McCartney. Im Oktober veröffentlicht er eine innerhalb von zwei Tagen im Juli 1987 aufgenommene LP mit alten Rock'n'Roll-Titeln ausschließlich in der Sowjetunion. Unter dem Titel „CHOBA B CCCP", übersetzt ins Englische „Back in The USSR", eigentlich „Again In The USSR", erscheinen 13 Oldies gedacht als Geste für seine treuen Fans im Osten. Einige wenige Exemplare tauchen zu lächerlich hohen Preisen in westlichen Sammlerkreisen auf, der von McCartneys MPL geführte Fan-Club reagiert, indem er allen Mitglieder ein Exemplar zuschickt. Auf dem Plattencover schreibt McCartney: „Die Tatsache, daß die Beatlesmusik so sehr in der UdSSR geliebt wird, war für mich immer ein Indiz dafür, daß die Menschen in aller Welt sehr viel gemeinsam haben. Durch die ausschließliche Veröffentlichung dieser Platte in der Sowjetunion möchte ich ein Zeichen für Frieden und Freundschaft an das russische Volk schikken."

Insgesamt ist die LP das, was man erwarten kann, wenn erfahrene Musiker in zwei Tagen die Musik ihrer Jugendzeit aufnehmen: Ein Album mit Oldies, die jeder kennt, ohne große Überraschungen oder Innovationen. Interessant ist der Vergleich von McCartneys Aufnahmen von „Ain't That A Shame" und „Bring It On Home To Me" mit Lennons Versionen von 1975.

McCartney, der sich ab Juli mit dem Ehrendoktortitel, verliehen von der Universität von Sussex, schmücken darf, will wieder auf Tournee gehen und diese mit Auftritten in Moskau beginnen.

Imagine: John Lennon

John Lennons Leben und seine Musik bekommen acht Jahre nach seinem Tod wieder verstärkte Aufmerksamkeit. Eine schlecht recherchierte, mit Lügen zur Sensationsgeschichte aufgeblähte sogenannte „Biographie" Lennons sorgt für verheerende Kritiken – und immenses Aufsehen. Aus verdrehten Halbwahrheiten und völlig frei erfundenen Geschichten versucht der amerikanische Autor Goldman seine Version von Lennons Leben so gut wie möglich zu verkaufen. Daneben erscheint eine wesentlich authentischere Version in Form der Kinodokumentation „Imagine: John Lennon" von Andrew Solt und David Wolper. Eine Auswahl von 200 Stunden Filmmaterial, z. T. bisher unveröffentlicht, lassen bei Herstellungskosten von 7 Millionen Dollar eine interessante und nicht einseitig darstellende filmische Biographie entstehen. Gleichzeitig zum Film erscheinen ein Buch und LP/CD (mit einem bisher unveröffentlichten Lied, „Real Love"). Yoko Ono, die den Produzenten des Films Zugang zu ihrem privaten Material gelassen hat, vergibt auch die Senderechte für umfangreiches Tonmaterial aus ihrem privaten Besitz. Unter dem Namen „The Lost Lennon Tapes" wird so wöchentlich eine einstündige Sendung, gefüllt mit bekanntem und unbekanntem Material, von über 250 amerikanischen Rundfunkanstalten gesendet.

Diese Sendungen werden von sehr vielen Fans aufgezeichnet und dienen gleichzeitig als Quelle zahlreicher Bootlegs. Raubpressungen mit weiterem z. T. recht hochwertigem Material auf LP oder sogar CD überfluten insbesondere den amerikanischen Markt. Interessant, aber noch sehr dilettantisch aufgenommen, sind Aufnahmen der „Quarrymen" aus dem Jahr 1960. Neben zahlreichen Lennon/McCartney-Kompositionen, die nie ans Tageslicht kamen, enthalten die Quarrymen Tapes auch sehr frühe Versionen von „I'll Follow The Sun" (veröffentlicht gut vier Jahre später, im Dezember

1964) und „One After 909" (veröffentlicht ein Jahrzehnt später, im Mai 1970).

Offiziell erscheinen 2 CDs, die das bereits auf Compact Disc erhältliche Material vervollständigen, und der Spielfilm „Magical Mystery Tour" auf Video.

Neue Ehrungen werden den Beatles durch die Aufnahme in die „Rock'n'Roll Hall Of Fame" zuteil. Bei der feierlichen Ehrung im New Yorker Waldorf Astoria-Hotel nehmen George Harrison, Ringo Starr und – für John Lennon – Yoko Ono mit Julian und Sean Lennon teil. McCartney sagt seine Teilnahme nur wenige Stunden vor der Veranstaltung ab. McCartney: „Ich wollte eigentlich hingehen. Aber nach 20 Jahren haben die Beatles immer noch geschäftliche Differenzen, von denen ich mir eigentlich gehofft hätte, daß sie längst beigelegt wären. Unglücklicherweise sind sie es nicht, deshalb hätte ich mich als Heuchler empfunden, wenn ich mit ihnen gelacht und gewunken hätte bei einer falschen Wiedervereinigung." Grund für McCartneys Absage ist eine Klage Harrisons, Starrs und Onos gegen ihn, weil er höhere Tantiemen von EMI erhält als die anderen.

Im Anschluß an die Ehrung folgt ein 45minütiges Konzert, dessen Höhepunkt der Song „I Saw Her Standing There", eine McCartney-Komposition übrigens, mit dem gemeinsamen Gesang von George Harrison, Mick Jagger und Bruce Springsteen ist. Ringo Starr arbeitet wie in Vorjahren nur an wenigen Dingen. Die Mitwirkung bei einer amerikanischen Fernsehserie, „Flip Side", lehnt er, nachdem die Teilnahme bereits groß angekündigt wurde, kurzfristig ab, bei einer wöchentlich 1/2stündigen Fernsehsendung für Kinder, „Shining Time Station" wirkt er mit. Die amerikanisch-englische Koproduktion wurde durch die Radio-Serie „Thomas The Tank" inspiriert, die in England bereits seits fünf Jahren erfolgreich läuft und bei der Starr der Erzähler ist. Die erste Pressekonferenz für „Shining Time Station" findet im Juni vor den ersten Dreharbeiten statt. Musikalisch ist er wenig aktiv. Auf einem Album mit Walt Disney-Musik ist er beim Song „When You Wish Upon A Star" als Sänger zu hören. Negativ in die Schlagzeilen gerät er, als bekannt wird, daß er alkoholsüchtig geworden ist und sich in Arizona einer Entziehungskur unterzieht. Ringo: „Ich bin ein Alkoholiker auf dem Weg zur Besserung. Seit 45 Tagen habe ich nichts mehr getrunken. Ich fühle mich besser als seit Jahren."

1989

Mit der gewünschten Abkehr vom Alkohol wird Ringo Starr auch wieder aktiver. Auf seine erste Tournee seit 1966 geht er zusammen mit seiner „All-Star Band", die aus Dr. John, Joe Walsh, Nils Lofgren, Jim Keltner, Clarence Clemons, Rick Danko, Levon Helm und Billy Preston besteht. Das erste Konzert findet am 23. Juli in Dallas statt, weiteren Auftritten in den USA folgen vom 30. Oktober bis 8. November Gastspiele in Japan. Zu hören sind u. a. verschiedene Hits aus den Solojahren Starrs, aber auch einige von ihm gesungene Beatles-Stücke, wie „With A Little Help From My Friends" oder „I Wanna Be Your Man". Die Tournee erhält recht gute Kritiken, resultierende Platten- und Filmveröffentlichungen der Liveauftritte erscheinen 1990 und 1991.

Die Veröffentlichung einer 1987 aufgenommenen LP muß er gerichtlich verhindern lassen, weil er wegen der schlechten Qualität der Platten um seinen Ruf fürchtet.

Flowers In The Dirt

Nach den erfolgreichen Jahren für Harrison ist McCartney 1989 auf dem Weg, wieder der Beatle im Rampenlicht zu werden. Im Mai erscheint seine neue Single „My Brave Face", vier Wochen später gefolgt von der LP/CD „Flowers In The Dirt". 20 Titel nimmt McCartney auf, von denen sich 12 auf „Flowers In The Dirt" wiederfinden. Einige Lieder hat er zusammen mit Elvis Costello komponiert. McCartney über die Zusammenarbeit mit ihm: „Eines der angenehmen Dinge bei der Zusammenarbeit mit Elvis Costello ist, daß er ganz ehrlich seine Meinung sagt. Er erinnert mich ein wenig an John. Mit Elvis zu arbeiten ist ganz ähnlich. Wir schrieben einen Song und dachten, ‚Oh Gott, das klingt ja wie die Beatles', und er übernahm tatsächlich Johns Rolle. Zuerst waren wir ein wenig besorgt darüber, aber dann dachten wir, ‚wenn es so vor sich geht, okay'. Unsere Stimmen passen sehr gut zusammen, sie gehen hervorragend ineinander über."

Neben dieser Platte arbeitet er im Studio auch an dem Soundtrack zu einem 90minütigen Film über „Rupert den Bären"; „Tropical Hum" ist einer der ersten Songs.

Kurz nach Erscheinen von „Flowers In The Dirt" geht er nach zehn Jahren Pause wieder auf eine Konzerttournee. Die Überlegungen dazu bestanden schon seit Jahren, ursprünglich geplant war ein Beginn in der Sowjetunion, wo im Vorjahr bereits sein „Geschenk" – die LP „Back In The USSR" – erschien. Als erster Rockmusiker steht er in diesem Land am 26. Januar 1989 russischen Fans über Radio Frage und Antwort. Die Konzerte lassen sich aber aus verschiedenen Gründen zu Beginn seiner Tournee nicht realisieren. Der Auftakt ist nach Probeauftritten am 26. und 27. Juli in London sowie am

24. August in New York statt dessen am 26. September in Oslo. Bis zum 15. Dezember führt ihn und seine Begleitband der Weg über Norwegen, Schweden, Deutschland, Frankreich, Italien, Schweiz, Spanien, Holland auf dem europäischen Kontinent und nach Nordamerika. Nach einer kurzen Weihnachtspause wird die Tournee ab Januar 1990 fortgesetzt, Audio- und Videoaufnahmen der Tournee erscheinen 1990 und 1991. Die Tournee nutzt McCartney, um auf die Organisation „Friends Of The Earth" aufmerksam zu machen, von der Mitglieder alle Auftritte begleiten. Etwa die Hälfte der drei Dutzend Songs, die er spielt, sind überraschenderweise Stücke von den Beatles. „Zum ersten Mal wollte ich Beatles-Sachen spielen", sagt er. „Als die Beatles auseinanderbrachen, war das noch eine schmerzvolle Erfahrung – ähnlich der Situation bei einer Scheidung. Deshalb wollte niemand von uns etwas mit den Liedern zu tun haben, aber inzwischen ist viel Zeit vergangen. Für diese Tournee fragte ich mich einfach, welche Lieder die Leute hören wollen, und das sind die Beatles-Lieder. Einige von ihnen sind im gewissen Sinn recht neu, wie ‚Sgt. Pepper', ‚Hey Jude' oder ‚Things We Said Today' – die habe ich alle nur einmal bisher gespielt, nämlich für die Plattenaufnahme."

Sein Auftritt in Hamburg bringt ihm ein Wiedersehen mit alten Freunden. „Es war toll, in Hamburg zu spielen, denn es brachte mir 'ne Menge Erinnerungen zurück, und im Kaiserkeller war ich schon zwanzig Jahre nicht mehr. Dies sind die Dinge, an die man sich erinnert. Zwanzig Jahre hinterher fragt man sich doch, ob das alles noch da ist. Nun, der Star Club und das Top Ten sind es nicht, aber den Kaiserkeller gibt es noch."

Um George Harrison bleibt es 1989 relativ ruhig. Nach dem überraschenden Erfolg seiner LP „Cloud Nine" sowie bei den neuformierten Traveling Wilburys kommt es bei den Plänen dieser Gruppe nach dem überraschenden Tod des Mitglieds Roy Orbison am 6. Dezember 1988 zu einer vorübergehenden Pause. Seiner Best Of-LP für die Jahre 1976 bis 1989, die auch drei neue Lieder enthält, wird in den Medien nur wenig Aufmerksamkeit geschenkt. Für seine Firma Handmade Films wird die Produktion „Nuns On The Run" zu einem größeren Erfolg nach zahlreichen mittelmäßigen Filmen.

Immer wieder tauchen Gerüchte auf, daß der „Long And Winding Road"-Film, eine von den Beatles autorisierte Dokumentation, veröffentlicht werden soll. Paul McCartney hat bereits mit Produzent Steven Spielberg gesprochen, der als großer Beatlesfan sehr stark daran interessiert ist, die letzten Arbeiten am Film vorzunehmen. Harrison zum Film: „Dieser Film ist eines der Dinge, die wir zuletzt gemeinsam besprochen haben. Es gibt ihn schon seit Jahren. Ich meine, diese Straße ist so lang und gewunden, daß man es kaum glauben kann. Aber irgendwann sollte er herauskommen." Bei einer anderen Gelegenheit ergänzt er: „Wenn wir vielleicht irgendwann 'mal den Film vollenden, werden wir gemeinsam ein neues Lied dafür komponieren."

Der langjährige Rechtsstreit zwischen den Beatles/Apple und der EMI wird im Oktober 1989 endgültig abgeschlossen. Kern der Einigung zwischen den zwei Parteien sind sehr umfangreiche Regelungen, die den Beatles für alle verteilten (d.h. verkaufen oder verschenkten) Platten, Cassetten und CDs höhere Tantiemen einbringen.

Über das Verhältnis der drei noch lebenden Beatles zueinander sagen sie: McCartney: „Wenn wir nicht über Apple sprechen, kommen George und ich ganz hervorragend aus. Als er mich kürzlich das erste Mal seit ewigen Zeiten besuchte, hatten wir einen wirklich tollen Tag. George war bereits mein Freund, bevor er zu den Beatles kam. Ich weiß nicht, ob wir drei wieder zusammen aufnehmen werden. George und ich haben darüber ein-, zweimal gesprochen. Ich sehe in dieser Hinsicht Hoffnung für die Zukunft, aber ich möchte nicht zu voreilig sein." Harrison dazu weiter: „Ich bin so eng mit Paul befreundet wie seit 10 oder 12 Jahren nicht mehr. Ich mag ihn immer noch und werde meine Freundschaft fortsetzen, unabhängig von seiner Einstellung, denn ich habe nicht Zeit, um weiter so unsinnig vorzugehen. Wir müssen für verschiedene Dinge zusammenarbeiten, und es ist schade, daß er manchmal ein bißchen verrückt ist. Aber wir sprechen zusammen. Und wir sind dabei, alles auszuräumen. Es besteht eine gute Chance, daß wir zusammen ein Lied schreiben und zusammen spielen. Aber das werden nicht die Beatles sein. Wenn die Leute das erwarten, werden sie enttäuscht sein. Die Beatles wird es nicht mehr geben, aber es könnte sein, daß du irgendwann diese drei alten Kerle namens Paul, Ringo und George zusammen ein Lied singen siehst."

1990
Tripping The Live Fantastic

Vom 3. Januar an setzt McCartney seine Welttournee mit Auftritten in Großbritannien, USA, Japan und Brasilien fort. Zu den 102 Konzerten der Tournee kommen insgesamt fast drei Millionen Besucher. Sie endet nach zehn Monaten am 29. Juli in Chicago. Einen neuen Besucherrekord, der in das Guiness Buch der Rekorde eingeht, stellt er mit 184 000 Zuschauern am 21. April in

Rio de Janeiro auf. Die Gesamterlöse aus dem Ticketverkauf der Tournee belaufen sich auf etwa US$ 45 Millionen. Mit durchschnittlich knapp 60 000 Zuschauern erreicht er auch die höchste Besucherzahl einer Tournee. Zur Abschlußparty lädt er die Beteiligten der Tournee am 12. Dezember nach London ein, eine folgende Welttournee für 1992 kündigt er an. Eine Auswahl mit Liveaufnahmen wird auf der LP/CD „Tripping The Live Fantastic" im November veröffentlicht.

Traveling Wilburys Vol. 3

Wenige Tage vor den Liveaufnahmen McCartneys erscheint die zweite LP der Traveling Wilburys unter dem Titel „Traveling Wilburys Vol. 3". Die Aufnahmen dazu wurden in sehr kurzer Zeit - von Ende März bis Mitte Mai - unter einfachen technischen Bedingungen gemacht. In Interviews der Gruppenmitglieder (neben Harrison: Tom Petty, Jeff Lynne und Bob Dylan) werden immer wieder Andeutungen gemacht, daß eine Tournee oder zumindest einige Liveauftritte der Gruppe möglich seien.

Mit der Neueinspielung von „Nobody's Child" beteiligen sich die Traveling Wilburys auch an der von Olivia Harrison zusammen mit Barbara Starr, Yoko Ono und Linda McCartney initiierten Benefizplatte „Nobody's Child - Romanian Angel Appeal" zugunsten von rumänischen Waisenkindern. Harrison steuert die Aufnahme eines gemeinsamen Auftritts mit Paul Simon in der Fernsehsendung „Saturday Night Live" bei, Ringo Starr eine Liveaufnahme seiner aktuellen Tournee, darüber hinaus beteiligen sich auch Elton John, Stevie Wonder, Eric Clapton und einige andere bekannte Musiker.

Über sein Leben im Rampenlicht der Medien sagt Harrison: „Am Anfang hatte ich ein gutes Gefühl, so populär und gefragt zu sein, aber es ist doch wirklich lächerlich. Ich genoß diesen Ruhm bis 1966, dann merkte ich, daß es eine ernste Sache war. Mein Leben wurde durch diese schreienden Leute und durch die ganze Medienbeachtung wirklich beeinträchtigt" und ergänzt, auf wieder einmal auftauchende Gerüchte einer Wiedervereinigung der drei Beatles angesprochen: „Auf eine bestimmte Art meinen es die Leute ja gut, aber es ist verrückt. Ich meine, es ist doch nur Popmusik, und ich halte es für lächerlich, an den Traum eines Wiederholens der Beatles festzuhalten. In der Vergangenheit herumzuwühlen entspricht nicht meiner Auffassung von angenehmen Dingen."

Den Auftakt für die Gedenkveranstaltung anläßlich der 50. Wiederkehr von John Lennons Geburtstag, am 9. Oktober 1990, oder seines 10. Todestags zwei Monate später, macht ein Konzert, das am 5. Mai in Liverpool stattfindet und das von Yoko Ono tatkräftig unterstützt wird. Verschiedene Künstler, u. a. Cyndi Lauper, die Moody Blues, Hall and Oates, Dave Edmunds, David Stewart, Joe Cocker, Wet Wet Wet und Terence Trent d'Arby treten auf und spielen Lieder Lennons. Als Teilnehmer ist auch Lennons Sohn Sean zu sehen, der nun ähnlich wie Julian Lennon eine Lennonbrille trägt und sich auch musikalisch betätigt. Das Konzert erhält jedoch nur mittelmäßige Kritiken und von den geplanten 45 000 Besuchern kommen nur ein Drittel.

Vielfältige Medienbeachtung erhalten erwartungsgemäß die zwei Gedenktage Lennons. In einer von 1000 Radiosendern aus 130 Ländern übertragenen Sendung kann man am 9. Oktober nach einer kurzen Ansprache Yoko Onos „Imagine" von Lennon hören. Am gleichen Tag veröffentlicht McCartney als Vorgriff auf seine Live LP/CD „Tripping The Live Fantastic" die Single „Birthday", und die Plattenfirma Lennons bringt vier CDs mit 73 (bereits veröffentlichten) Aufnahmen von John Lennon auf den Markt. Yoko Ono veranstaltet Konzerte unter dem Motto „Greening of the World" mit zahlreichen Prominenten und produziert eine neue Aufnahme von „Give Peace A Chance" unter Mitwirkung zahlreicher bekannter Musiker.

Der Herbst 1990 bringt seit langem wieder einmal neue Schallplatten aller drei Beatles mit „Tripping The Live Fantastic" von McCartney, „Travelling Wilburys Vol. 3" von Harrison und mit Ringo Starrs Tournee-Mitschnitt „Ringo Starr And His All-Star Band". Die Wiederveröffentlichungswelle von Aufnahmen im CD-Format beginnt 1990 und bringt auch zahlreiche Apple- und Solobeatles-Aufnahmen auf den Markt. Auch Bootlegs erscheinen nun immer häufiger als CD, in der Folge der Radiosendung „The Lost Lennon Tapes", aber auch aus anderen Quellen, kommt eine ganze Flut von Raub-CDs z. T. in hervorragender Tonqualität.

1991
Liverpool Oratorio

Für den 150. Jahrestag der Gründung der Liverpool Philharmonic Society arbeitet McCartney zusammen mit dem Dirigenten und Komponisten Carl Davis an einem Orchesterstück für 80 Musiker und 130 Sänger, das am 28. Juni in der Liverpooler Anglicanischen Kathedrale Premiere hat. Unter dem Titel „Liverpool Oratorio" wird die (halb-autobiographische) Geschichte eines Liverpooler Jugendlichen erzählt. Die Kritiker zeigen sich von McCartneys erster für ein philharmonisches Orchester komponierter ernster Musik positiv überrascht. Im Oktober erscheint eine Aufnahme des Werkes auf CD.

Unplugged

Für den Fernsehsender MTV tritt McCartney im Januar 1991 in der Sendung „Unplugged" auf, in der die Gäste nur mit akkustischen Instrumenten, ohne Verstärker spielen. Zu den Stücken, die McCartney und seine Begleitgruppe an diesem Abend spielen, gehört auch das erste Lied, das McCartney – im Alter von 14 Jahren – komponiert hat, „I Lost My Little Girl". Fast völlig ohne Marketingaktivitäten der Plattenfirma werden die Aufnahmen auf CD veröffentlicht. Zunächst wollte McCartney die Platte einfach „Bootleg" (Raubpressung) nennen, sie erscheint dann aber als „Unplugged: The official Bootleg". „Es hat viel Spaß gemacht", erzählt McCartney, „wir haben nicht viel an den Bändern gearbeitet, sondern sie einfach veröffentlicht, wie sie aufgenommen wurden. Das Album ist Nr. 2 in einer Reihe von ‚Bootlegs' nach der russischen Platte." Es stößt auf positive Resonanz, und die auf 500 000 Exemplare weltweit limitierte Auflage verkauft sich schneller als geplant.

Zwischen Mai und Juli veranstalten McCartney und Begleitmusiker sechs Überraschungsauftritte in kleineren Clubs der Städte Barcelona, London, Neapel, Kopenhagen sowie zwei kleinen englischen Orten. Für die Weltpremiere von „Get Back. The Movie", eine von Richard Lester produzierte Dokumentation zur Welttournee McCartneys kommt er am 18. September nach Hamburg.

Auch seine Frau Linda ist vom Erfolg verwöhnt. Ihr vegetarisches Kochbuch „Home Cooking" wird in England zum Bestseller, und eine englische Firma vertreibt mit gutem Erfolg tiefgekühlte vegetarische Gerichte, die nach ihren Rezepten zubereitet und mit ihrem Namen verkauft werden. Nach neun Wochen sind bereits mehr als 1 Million Gerichte abgesetzt.

Ringo Starr unterzeichnet in diesem Jahr wieder einmal einen neuen Plattenvertrag mit einer kleinen Plattenfirma. Die Aufnahmen zu einer neuen Schallplatte beginnt er mit Jeff Lynne als Produzenten. An 20 neue Episoden der Serie „Shining Time Station" wirkt er mit, außerdem kündigt er an, daß er in einer amerikanischen Fernsehserie zu sehen sein wird. Ansonsten bleibt es um ihn sehr ruhig, ebenso wie um Harrison, der von Anfang bis Mitte Dezember zusammen mit Eric Clapton eine kleine Tournee mit einem dutzend Konzerten in Japan veranstaltet. Mehr als ein Drittel der Lieder, die er in Japan spielt, stammen aus seiner Beatles-Zeit, und nach erfolgreichen Konzerten verkündet er, daß er ab Mai 1992 mehrere einzelne Konzerte in Europa vorbereitet. Nach Ringo Starrs Konzertaktivitäten und McCartneys Welttournee tritt auch er damit wieder auf die Konzertbühne zurück.

1992

Zahlreiche neue Schallplatten sowie älteres bisher unveröffentlichtes Material erscheinen 1992. Yoko Ono und die drei Beatles kündigen ein Paket von drei CDs an, die Material der Radioserie „The Lost Lennon Tapes" enthalten. Ebenso sollen 20 der BBC Radioaufnahmen aus den frühen 60ern, der Film „Let It Be" und das berühmte Shea-Konzert auf Video sowie die seit Jahren angekündigte Filmdokumentation „The Long And Winding Road" auf den Markt kommen.

Ringo Starr veröffentlicht im Februar eine neue Platte, die Debütsingle heißt „Weight Of The World", und geht wieder auf Tournee. McCartney liefert ihm die Komposition „Angel In The Disguise".

Der aktivste der Beatles – zumindest im Licht der Öffentlichkeit – ist und bleibt in den 90er Jahren aber Paul McCartney. Im Sommer erscheint seine neue Schallplatte und zwei Wochen nach seinem 50. Geburtstag (dem 18. Juni 1992) geht er auf eine neue Welttournee. Mit seinem „Oratoria"-Album erreicht er den 1. Platz der Klassik-(Verkauf-)Hitparade. Seine Popularität und sein Erfolg sind ungebrochen, mit seinen Aktivitäten trägt er auch dazu bei, daß das Interesse an den Beatles weit mehr als zwanzig Jahre nach ihrer Trennung nicht nachläßt.

Ein Phänomen wie die Beatles, das vor mehr als drei Jahrzehnten begann und neben der Musik auch das Bewußtsein der Gesellschaft beeinflußte, zieht auch in den 90er Jahren zahlreiche Fans aller Altersschichten an.

George Martin, Produzent und Kenner der Beatles, versucht zum Abschluß, das Phänomen zu analysieren. Er meint:

„Es gibt gar keinen Zweifel, George, Ringo und ich waren untergeordnete Talente. Die wichtigsten Impulse kamen von John und Paul. Wir waren künstlerisch keine fünf gleichberechtigten Personen: zwei waren sehr stark und die anderen nur Mitläufer. John und Paul hätten auf jeden Fall Erfolg gehabt, auch ohne Epstein und mich. Ob sie als Beatles Erfolg gehabt hätten, ist eine andere Frage. Eines ist noch wichtig: die Beatles als Gruppe waren immer besser und größer als die vier Teile einzeln. Keiner von ihnen kommt an das heran, was die Beatles als Gruppe darstellten."

Diskographie und Filmverzeichnis 1961–1992

ERLÄUTERUNGEN zur Diskographie

Alle Titel sind, nach Daten geordnet, in *alphabetischer Reihenfolge* angeführt, fortlaufend numeriert und nur einmal genannt.

Single-Auskoppelungen, die vor der jeweiligen LP veröffentlicht werden, sind als solche genannt und erscheinen somit *nicht* mehr auf der LP.

Zu Christmas Records: Jeweils zu Weihnachten wurden in den Jahren 1963–1969 diese Aufnahmen an die Mitglieder des offiziellen Beatles Fan-Club versandt.

Zu den Aufnahmen mit Tony Sheridan: die genannten Lieder nahmen die Beatles als Begleitband des englischen Sängers Sheridan im Mai 1961 auf. Den Gruppennamen änderte die Plattenfirma für diese Aufnahmen in „The Beat Brothers" um. Die aufgeführten acht Lieder wurden auf unzähligen Singles, EPs und LPs veröffentlicht. Von My Bonnie gibt es noch zwei weitere Versionen mit vorangestelltem deutsch, bzw. englisch gesungenem Intro.

Weitere Lieder, die unter dem Namen „Tony Sheridan and the Beat Brothers" erschienen sind, wie z. B. Let's Dance, What I'd Say, Ruby Baby und Yaya sind *nicht* mit den Beatles eingespielt.

Verwendete Abkürzungen
G = Gitarre, BG = Baß, DR = Schlagzeug, VOC = Gesang, BV = Hintergrundgesang, (S) = Singleveröffentlichung, SY = Synthesizer und T = Tamburin.
* bedeutet: Fremdkomposition.

Stand: 1992

1. VERÖFFENTLICHUNGEN DER BEATLES

1.1. Eigene Veröffentlichungen

Juni 1961
(S) My Bonnie (Lies Over The Ocean) (1)*, The Saints (When The Saints Go Marching In) (2)*

September 1961
(EP My Bonnie) Cry For A Shadow (3), Why (4)*

5. Oktober 1962
(S) Love Me Do (5), P.S. I Love You (6)

Oktober 1962
(EP Ya Ya) Sweet Georgia Brown (7)*

11. Januar 1963
(S) Ask Me Why (8), Please, Please Me (9)

22. März 1963
(LP Please Please Me) Do You Want To Know A Secret (10), I Saw Her Standing There (11), Misery (12), There's A Place (13), Anna (14)*, Baby, It's You (15)*, Boys (16)*, Chains (17)*, A Taste Of Honey (18)*, Twist And Shout (19)*

12. April 1963
(S) From Me To You (20), Thank You Girl (21)

23. August 1963
(S) I'll Get You (22), She Loves You (23)

22. November 1963
(LP With The Beatles) All I've Got To Do (24), All My Loving (25), Don't Bother Me (26), Hold Me Tight (27), I Wanna Be Your Man (28), It Won't Be Long (29), Little Child (30), Not A Second Time (31), Devil In Her Heart (32)*, Money (33)*, Please, Mr. Postman (34)*, Roll Over Beethoven (35)*, Till There Was You (36)*, You Really Got A Hold On Me (37)*

29. November 1963
(S) I Want To Hold Your Hand (38), This Boy (39)

6. Dezember 1963
(S) The Beatles Christmas Record (40)

31. Januar 1964
(S) Nobody's Child (41)*

5. März 1964
(S) Komm Gib Mir Deine Hand (42)**, Sie Liebt Dich (43)**

16. März 1964
(S) Can't Buy Me Love (44), You Can't Do That (45)

10. April 1964
(S) I Call Your Name (46), Long Tall Sally (47)*

29. Mai 1964
(S) Ain't She Sweet (48)*, If You Love Me, Baby (49)*, ***

19. Juni 1964
(EP Long Tall Sally) Matchbox (50), Slow Down (51)

26. Juni 1964
(LP A Hard Day's Night, USA) And I Love Her (52), A Hard Day's Night (53), I Should Have Known Better (54), If I Fell (55), I'll Cry Instead (56), I'm Happy Just To Dance With You (57), Tell Me Why (58)

10. Juli 1964
(LP A Hard Day's Night, GB) Anytime At All (59), I'll Be Back (60), Things We Said Today (61), When I Get Home (62)

September 1964
(LP Hear The Beatles Tell All) (Interviews)

** Deutscher Text
*** identisch mit: Take Out Some Insurance On Me, Baby

23. November 1964
(S) I Feel Fine (63), She's A Woman (64)

4. Dezember 1964
(LP Beatles For Sale) Baby's In Black (65), Eight Days A Week (66), Every Little Thing (67), I Don't Want To Spoil The Party (68), I'll Follow The Sun (69), I'm A Loser (70), No Reply (71), What You're Doing (72), Everybody's Trying To Be My Baby (73)*, Hey-Hey-Hey-Hey! (74)*, Honey Don't (75)*, Kansas City (76)*, Mr Moonlight (77)*, Rock And Roll Music (78)*, Words Of Love (79)*

18. Dezember 1964
(S) Another Beatles Christmas Record (80)

9. April 1965
(S) Ticket To Ride (81), Yes It is (82)

14. Juni 1965
(LP Beatles VI) Tell Me What You See (83), You Like Me Too Much (84), Bad Boy (85)*, Dizzy Miss Lizzie (86)*

19. Juli 1965
(S) Help! (87), I'm Down (88)

6. August 1965
(LP Help) Another Girl (89), I Need You (90), It's Only Love (91), I've Just Seen A Face (92), The Night Before (93), Yesterday (94), You're Gonna Lose That Girl (95), You've Got To Hide Your Love Away (96), Act Naturally (97)*

3. Dezember 1965
(S) Day Tripper (98), We Can Work It Out (99)

3. Dezember 1965
(LP Rubber Soul) Drive My Car (100), Girl (101), If I Needed Someone (102), I'm Looking Through You (103),In My Life (104), Michelle (105), Norwegian Wood (106), Nowhere Man (107), Run For Your Life (108), Think For Yourself (109), Wait (110), What Goes On (111), The Word (112), You Won't See Me (113)

17. Dezember 1965
(S) The Beatles Third Christmas Record (114)

30. Mai 1966
(S) Paperback Writer (115), Rain (116)

20. Juni 1966
(LP Yesterday And Today) And Your Bird Can Sing (117), Dr. Robert (118), I'm Only Sleeping (119)

5. August 1966
(LP Revolver) Eleanor Rigby (120), For No One (121), Good Day Sunshine (122), Got To Get You Into My Life (123), Here, There And Everywhere (124), I Want To Tell You (125), Love You Too (126), She Said She Said (127), Taxman (128), Tomorrow Never Knows (129), Yellow Submarine (130)

16. Dezember 1966
(S) The Beatles Fourth Christmas Record - Pantomime: Everywhere It's Christmas (131)

13. Februar 1967
(S) Penny Lane (132), Strawberry Fields Forever (133)

1. Juni 1967
(LP Sgt. Pepper's Lonely Hearts Club Band) Being For The Benefit Of Mr. Kite (134), A Day In The Life (135), Fixing A Hole (136), Getting Better (137), Good Morning, Good Morning (138), Lovely Rita (139), Lucy In The Sky With Diamonds (140), Sergant Pepper's Lonely Hearts Club Band (141), Sergant Pepper's Lonely Hearts Club Band (Reprise) (142), She's Leaving Home (143), When I'm 64 (144), With A Little Help From My Friends (145),Within You,Without You (146)

7. Juli 1967
(S) All You Need Is Love (147), Baby, You're A Rich Man (148)

24. November 1967
(S) Hello Goodbye (149), I Am The Walrus (150)

27. November 1967
(LP Magical Mystery Tour) Blue Jay Way (151), Flying (152), The Fool On The Hill (153), Magical Mystery Tour (154), Your Mother Should Know (155)

15. Dezember 1967
(S) Christmas Time Is Here Again! (156)

15. März 1968
(S) The Inner Light (157), Lady Madonna (158)

26. August 1968
(S) Hey Jude (159), Revolution (160)

22. November 1968
(LP The Beatles [„White Album"]), Back In The USSR (161), Birthday (162), Blackbird (163), The Continuing Story of Bungalow Bill (164), Cry Baby Cry (165), Dear Prudence (166), Don't Pass Me By (167), Everybody's Got Something To Hide Except For Me And My Monkey (168), Glass Onion (169), Good Night (170), Happiness Is A Warm Gun (171), Helter Skelter (172), Honey Pie (173), I Will (174), I'm So Tired (175), Julia (176), Long, Long, Long (177), Martha My Dear (178), Mother Nature's Son (179), Ob-La-Di, Ob-La-Da (180), Piggies (181), Revolution (No. One) (182), Revolution No. 9 (183), Rocky Raccoon (184), Savoy Truffle (185), Sexy Sadie (186), While My Guitar Gently Weeps (187), Why Don't We Do It In The Road (188), Wild Honey Pie (189), Yer Blues (190)

20. Dezember 1968
(S) The Beatles 1968 Christmas Record (191)

13. Januar 1969
(LP Yellow Submarine) All Together Now (192), Hey Bulldog (193), It's All Too Much (194), Only A Northern Song (195)

11. April 1969
(S) Don't Let Me Down (196), Get Back (197)

30. Mai 1969
(S) The Ballad Of John And Yoko (198), Old Brown Shoe (199)

26. September 1969
(LP Abbey Road) Because (200), Carry That Weight (201), Come Together (202), The End (203), Golden Slumbers (204), Her Majesty (205), Here Comes The Sun (206), I Want You (She's So Heavy) (207), Maxwell's Silver Hammer (208), Mean Mr. Mustard (209), Octopus's Garden (210), Oh! Darling (211), Polythene Pam (212), She Came In Through The Bathroom Window (213), Something (214), Sun King (215), You Never Give Me Your Money (216)

19. Dezember 1969
(S) The Beatles Seventh Christmas Record (217)

6. März 1970
(S) Let It Be (218), You Know My Name (Look Up The Number) (219)

8. Mai 1970
(LP Let It Be) Across The Universe (220), Dig It (221), For You Blues (222), Get Back (223), I Dig A Pony (224), I Me Mine (225), I've Got A Feeling (226), The Long And Winding Road (227), Maggie Mae (228)[1], One After 909 (229), Two Of Us (230)

[1] Überliefertes Lied; Arrangement von Lennon, McCartney, Harrison und Starr

1.2. Fremde Veröffentlichungen[1]

26. April 1963
I'll Be On My Way (231)
Billy J. Kramer With The Dakotas

26. Juli 1963
Bad To Me (232)
Billy J. Kramer With The Dakotas

30. Juli 1963
Tip Of My Tongue (233)
Tommy Quickly

30. August 1963
Hello Little Girl (234)
The Fourmost

27. September 1963
Love Of The Loved (235)
Cilla Black

1. November 1963
I'll Keep You Satisfied (236)
Billy J. Kramer With The Dakotas

15. November 1963
I'm In Love (237)
The Fourmost

28. Februar 1964
A World Without Love (238)
Peter And Gordon

8. Mai 1964
One And One Is Two (239)
The Strangers With Mike Shannon

29. Mai 1964
Nobody I Know (240)
Peter And Gordon

5. Juni 1964
Like Dreamers Do (241)
The Applejacks

17. Juli 1964
From A Window (242)
Billy J. Kramer With The Dakotas

31. Juli 1964
It's For You (243)
Cilla Black

11. September 1964
I Don't Want See You Again (244)
Peter And Gordon

5. Juli 1965
That Means A Lot (245)
P. J. Proby

8. März 1968
Step Inside Love (246)
Cilla Black

26. August 1968
Thingumybob (247)
John Foster And Sons Ltd./
Black Dyke Mills Band

28. März 1969
Goodbye (248)
Mary Hopkin

1.3. Veröffentlichungen nach 1970

30. Juli 1976
(LP BEATLES TAPES [FROM THE DAVID WIGG INTERVIEWS])
Interviews mit John Lennon (Juni 1969 und Oktober 1971), Paul McCartney (März 1970), George Harrison (September 1969) und Ringo Starr (Dezember 1968 und Dezember 1973)

8. April 1977
(LP THE BEATLES LIVE! AT THE STAR CLUB IN HAMBURG; GERMANY, 1962 [europäische Ausgabe])
Ask Me Why (249), Be-Bob-A-Lula (250), Besame Mucho (251)*, Everybody's Trying To Be My Baby (252)*, Falling In Love Again (Can't Help It) (253)*, Hallelujah, I Love Her So (254)*, Hey-Hey-Hey-Hey (255)*, Hippy Hippy Shake (256)*, I'm Talking About You (257)*, I Remember You (258)*, I Saw Her Standing There (259), Kansas City (260)*, Lend Me Your Comb (261)*, Little Queenie (262)*, Long Tall Sally (263)*, Matchbox (264)*, Mr. Moonlight (265)*, Nothin' Shakin' (But The Leaves On The Tree) (266)*, Red Sails In The Sunset (267)*, Reminiscing (268)*, Roll Over Beethoven (269)*, Shimmy Shake (270)*, Sweet Little 16 (271)*, A Taste Of Honey (272)*, To Know Her Is To Love Her (273)*, Twist And Shout (274)*, Your Feet's Too Big (275)*, (Alle Titel sind live aufgenommen)

4. Mai 1977
(LP THE BEATLES AT THE HOLLYWOOD BOWL)
All My Loving (276), Boys (277)*, Can't Buy Me Love (278), Dizzy Miss Lizzie (279)*, A Hard Day's Night (280), Help (281), Long Tall Sally (282)*, Roll Over Beethoven (283)*, She's A Woman (284), She Loves You (285), Things We Said Today (286), Ticket To Ride (287), Twist And Shout (288)*
(Alle Titel sind live aufgenommen)

13. Juni 1977
(LP THE BEATLES LIVE! AT THE STAR CLUB IN HAMBURG, GERMANY, 1962 [amerikanische Ausgabe])
I'm Gonna Sit Right Down And Cry (Over You) (289)*, Sheila (290)*, 'Till There Was You (291)*, Where Have You Been All My Life? (292)*
(Alle Titel sind live aufgenommen)

Mai 1982
(LP BEATLES TALK DOWNUNDER) (nur in Australien erschienene Interview LP)

10. September 1982
(LP THE COMPLETE SILVER BEATLES)
Besame Mucho (293)*, Crying, Waiting, Hoping (294)*, Memphis, Tennessee (295)*, Money (296)*, Searchin' (297)*, September In The Rain (298)*, The Sheik Of Araby (299)*, Sure To Fall (In Love With You) (300)*, Take Good Care Of My Baby (301)*, Three Cool Cats (302)*, To Know Her Is To Love Her (303)*, Till There Was You (304)*
Halb-legale Veröffentlichung der Aufnahmen der Beatles, die am 1. Januar 1962 bei Decca gemacht wurden. Die rechtliche Zulässigkeit dieser Veröffentlichung ist umstritten. Nicht auf der LP sind drei Lennon/McCartney-Kompositionen (Hello Little Girl, Like Dreamers Do und Love Of The Loved), von denen jedoch Aufnahmen mit den Beatles existieren, von der gleichen Quelle, der sogenannten „Decca Audition".

5. Juni 1984
(LP DE BIETELS TUSSEN DE BOLLEN [Holländische Beatles Fan Club Veröff., mit Interviews vom Holland-Besuch der Beatles vom 5. und 6. Juni 1964])

[1] Beatles-Kompositionen, die nur von anderen Künstlern veröffentlicht wurden.

2. VERÖFFENTLICHUNGEN VON JOHN LENNON UND YOKO ONO

2.1. Eigene Veröffentlichungen

11. November 1968
(LP UNFINISHED MUSIC NO. 1 - TWO VIRGINS)
Hushabye Hushabye (305), Together (306), Two Virgins No. 1 (307) bis Two Virgins No. 10 (316)

9. Mai 1969
(LP UNFINISHED MUSIC NO. 2 - LIFE WITH THE LIONS)
Baby's Heartbeat (317), Cambridge 1969 (318), Let's Go On Flying (319), Mummy's Only Looking For A Hand In The Snow (320), No Bed For Beatle John (321), Radio Play (322), Snow Is Falling All The Time (323), Song For John (324), Two Minutes Silence (325)

4. Juli 1969
(S) Give Peace A Chance (326), Remember Love (327)

20. Oktober 1969
(S) Cold Turkey (328), Don't Worry Kyoko (Mummy's Only Looking For A Hand In The Snow) (329)

20. Oktober 1969
(LP WEDDING ALBUM) Amsterdam (330), John And Yoko (331)

12. Dezember 1969
(LP THE PLASTIC ONO BAND - LIVE PEACE IN TORONTO)
Blue Suede Shoes (332)*, Cold Turkey (333), Dizzy Miss Lizzie (334)*, Don't Worry Kyoko (335), Give Peace A Chance (336), John, John (Let's Hope For Peace) (337), Money (338)*, Yer Blues (339)

6. Februar 1970
(S) Instant Karma (We All Shine On) (340), Who Has Seen The Wind (341)

11. Dezember 1970
(LP JOHN LENNON/PLASTIC ONO BAND) God (342), Hold On (John) (343), I Found Out (344), Isolation (345), Look At Me (346), Love (347), Mother (348), My Mummy's Dead (349), Remember (350), Well Well Well (351), Working Class Hero (352)

11. Dezember 1970
(LP YOKO ONO/ PLASTIC ONO BAND)
Aos (353), Greenfield Morning I Pushed An Empty Baby Carriage All Over The City (354), Paper Shoes (355), Touch Me (356), Why (357), Why Not (358)

12. März 1971
(S) Open Your Box (später: Hirake) (359), Power To The People (360)

7. Juli 1971
(S) (von der „Elastic Oz Band")
Do The Oz (361), God Save Us (362)

9. September 1971
(LP IMAGINE) Crippled Inside (363), Give Me Some Truth (364), How? (365), How Do You Sleep? (366), I Don't Want To Be A Soldier, I Don't Want To Die (367), Imagine (368), It's So Hard (369), Jealous Guy (370), Oh My Love (371), Oh Yoko! (372)

20. September 1971
(LP FLY) (Yoko Ono) Air Male (Tone Deaf Jam) (373), Don't Count The Waves (374), Fly (375), Mind Holes (376), Mind Train (377), Telephon Pieces (378), Toilet Piece/Unknown (379), O'Wind (Body Is The Scar Of Your Mind (380), You (381)

29. September 1971
(S) Midsummer New York (382), Mrs. Lennon (383)

1. Dezember 1971
(S) Happy Xmas (War Is Over) (384), Listen, The Snow Is Falling (385)

24. April 1972
(S) Sisters, O Sisters (386), Woman Is The Nigger Of The World (387)

12. Juni 1972
(LP SOMETIME IN NEW YORK CITY)
Angela (388), Au (389), Attica State (390), Born In A Prison (391), Cold Turkey (live) (392), Don't Worry Kyoko (live) (393), Jamrag (394), John Sinclair (395), The Luck Of The Irish (396), New York City (397), Scumbag (Komposition von Lennon/Ono/Frank Zappa) (398), Sunday Bloody Sunday (399), Well... (Baby Please Don't Go) (400)*, We're All Water (401)

13. November 1972
(S) Move On Fast (402), Now Or Never (403)

8. Januar 1973
(LP APPROXIMATELY INFINITE UNIVERSE) (Yoko Ono) Air Talk (404), Approximately Infinite Universe (405), Catman (The Rosies Are Coming) (406), Death Of Samantha (407), Have You Seen A Horizon Lately (408), I Felt Like Smashing My Face In A Clear Glass Window (409), I Have A Woman Inside My Soul (410), Is Winter Here To Stay? (411), I Want My Love To Rest Tonight (412), Kite Song (413), Looking Over From My Hotel Window (414), Peter The Dealer (415), Shirankatta (I Didn't Know) (416), Song For John (417), Waiting For The Sunrise (418), What A Bastard The World Is (419), What A Mess (420), What Did I Do! (421), Winter Song (422), Yang Yang (423)

24. September 1973
(S) (Yoko Ono) Men, Men, Men (424), Woman Power (425)

29. Oktober 1973
(S) Meat City (426), Mind Games (427)

2. November 1973
(LP FEELING THE SPACE) (Yoko Ono)
Angry Young Woman (428), Coffin Car (429), Growing Pain (430), If Only (431), Run, Run, Run (432), She Hits Back (433), Straight Talk (434), A Thousand Times Yes (435), Woman Of Salem (436), Yellow Girl (Stand By For Life) (437)

2. November 1973
(LP MIND GAMES) Aisumasen (I'm Sorry) (438), Bring On The Lucie (439), I Know (I Know) (440), Intuition (441), Nutopian International Anthem (442), One Day (At A Time (443), Only People (444), Out The Blue (445), Tight A$ (446), You Are Here (447)

23. September 1974
(S) Beef Jerky (448), Whatever Gets You Thru The Night (449)

26. September 1974
(LP WALLS AND BRIDGES) Bless You (450), Going Down On Love (451), Nobody Loves You (When You're Down And Out) (452), No. 9 Dream (453), Old Dirt Road (Lennon/Nilsson) (454), Scared (455), Steel And Glass (456), Surprise, Surprise (Sweet Bird Of Paradox) (457), What You Got (458), Ya Ya (459)*

17. Februar 1975
(LP ROCK 'N' ROLL) Ain't That A Shame (460)*, Be-Bob-A-Lula (461)*, Bony Moronie (462)*, Bring It On Home To Me (463)*, Do You Want To Dance (464)*, Just Because (465)*, Peggy Sue (466)*, Ready Teddy (467)*, Rip It Up (468)*, Send Me Some Lovin' (469)*, Slippin' And Slidin' (470)*, Stand By Me (471)*, Sweet Little Sixteen (472)*, Ya Ya (473)*, You Can't Catch Me (474)*

10. März 1975
(S) Move Over Ms. L (475)

24. Oktober 1975
(LP Shaved Fish) Give Peace A Chance (Version) (476)

17. Oktober 1980
(S) Kiss, Kiss, Kiss (477), (Just Like) Starting Over (478)

15. November 1980
(LP Double Fantasy) Beautiful Boy (Darling Boy) (479), Beautiful Boys (480), Cleanup Time (481), Dear Yoko (482), Every Man Has A Woman Who Loves Him (483), Give Me Something (484), Hard Times Are Over (485), I'm Losing You (486), I'm Moving On (487), I'm Your Angel (488), Watching The Wheels (489), Woman (490)

1. Februar 1981
(S) It Happened (491), Walking On Thin Ice (492)

8. Juni 1981
(LP Season Of Glass) (Yoko Ono) Dogtown (493), Even When You're Far Away (494), Extension 33 (495), Goodbye Sadness (496), I Don't Know (497), Mind-weaver (498), Mother Of The Universe (499), Nobody Sees Me Like You Do (500), No, No, No (501), She Gets Down On Her Knees (502), Silver Horse (503), Toyboat (504), Turn Of The Wheel (505), Will You Touch Me (506)

8. November 1982
(S) (Yoko Ono) Let The Tears Dry (507), My Man (508)

29. November 1982
(LP It's Alright) (Yoko Ono) Dream Love (509), I See Rainbows (510), It's Alright (511), Loneliness (512), Never Say Goodbye (513), Spec Of Dust (514), Tomorrow May Never Come (515), Wake Up (516)

5. Dezember 1983
(LP Heart Play - Unfinished Dialogue [Interview LP])

9. Januar 1984
(S) Nobody Told Me (517), O'Sanity (518)

19. Januar 1984
(LP Milk And Honey) Borrowed Time (519), Don't Be Scared (520), Forgive Me My Little Flower Princess (521), Grow Old With Me (522), Let Me Count The Waves (523), I Don't Wanna Face It (524), I'm Stepping Out (525), Sleepless Night (526), You're The One (527), Your Hands (528)

11. November 1985
LP Starpeace (Yoko Ono)
Cape Clear (529), Children Power (530), Hell In Paradise (531), I Love All Of Me (532), I Love You, Earth (533), It's Gonna Rain (Living On Tiptoe) (534), The King Of The Zoo (535), Rainbow Revelation (536), Remember Raven (537), Sky People (538), Starpeace (539), You And I (540)

14. Februar 1986
LP John Lennon Live In New York City
Cold Turkey (541), Come Together (542), Give Peace A Chance (543), Hound Dog (544)*, Imagine (545), Instant Karma (546), It's So Hard (547), New York City (548), Mother (549), Well, Well, Well (550)
Live-Mitschnitt des „One-To-One"-Konzertes im New Yorker Madison Square Garden am 30. August 1972.

2. November 1986
LP Menlove avenue — Angel Baby (551)*, Here We Go Again (552), My Baby Left Me (553)*, Rock And Roll People (554), To Know Her Is To Love Her (555)*

28. Oktober 1988
LP Imagine: John Lennon - Real Love (556)

2.2. Fremde Veröffentlichungen
(Der Komponist John Lennon)

10. Oktober 1969
Give Peace A Chance (557)
Single - Hot Chocolate

28. April 1972
The Ballad Of New York City (558)
LP The Pope Smokes Dope - David Peel

2. November 1973
I'm The Greatest (559)
LP Ringo - Ringo Starr

19. August 1974
Mucho Mungo (560)
LP Pussy Cat - Harry Nilsson

15. November 1974
(It's All Da-Da-Down To), Goodnight Vienna (561), Goodnight Vienna (Reprise) (562)
LP Goodnight Vienna - Ringo Starr

25. November 1974
Rock And Roll People (563)
LP John Dawson Winter III - Johnny Winter

24. Februar 1975
I Saw Her Standing There (564)
Single - Elton John Band, feat J. Lennon

10. März 1975
Fame (Lennon/David Bowie/Luther Andross) (565)
LP Young Americans - David Bowie

9. Februar 1976
Rock And Roll People (Live) (566)
LP Johnny Winter Captured Live - Johnny Winter

17. September 1976
Cookin' (In The Kitchen Of Love) (567)
LP Ringo's Rotogravure - Ringo Starr

5. September 1980
Old Dirt Road (568)
LP Flash Harry - Harry Nilsson

13. März 1981
I Saw Her Standing There (569)
Lucy In The Sky With Diamonds (570)
Whatever Gets You Thru The Night (571)
(Live) Maxisingle - Elton John Band feat. John Lennon

2.3. Der Musiker John Lennon

18. August 1967
We Love You (BV) (572)*
Single & LP Through The Past Darkly - The Rolling Stones

13. Oktober 1967
How I Won The War (VOC) (573)*
Single - Musketeer Gripweed And The Third Troup

2. November 1973
I'm The Greatest (BV + Piano) (574)
LP Ringo - Ringo Starr

15. November 1974
Lucy In The Sky With Diamonds (BV + G) (575)
One Day At A Time (G) (576)
Single - Elton John

15. November 1974
All By Myself (G) (577)*
Goodnight Vienna (Piano) (578)
Goodnight Vienna (Reprise) (Piano) (579)
Only You (G) (580)*
LP Goodnight Vienna - Ringo Starr

24. Februar 1975
I Saw Her Standing There
(G + Voc) (581)
Single - The Elton John Band

10. März 1975
Across The Universe (G) (582)
LP YOUNG AMERICANS - David Bowie

17. September 1976
Cookin' (In The Kitchen Of Love) (G) (583)
LP RINGO'S ROTOGRAVURE - Ringo Starr

September 1984
Every Man Has A Woman Who Loves Him (584)
LP EVERY MAN HAS A WOMAN
Yoko Ono Komposition - verschiedene Künstler

2.4. Der Produzent John Lennon

10. September 1965
You've Got To Hide Your Love Away (585)
(S & LP YOU'VE GOT TO HIDE YOUR LOVE AWAY - The Silkie)

28. April 1972
The Ballad Of Bob Dylan (586)*, The Ballad Of New York City (587), The Birth Control Blues (588)*, The Chicago Conspiracy (589)*, Everybody's Smoking Marijuana (590)*, F Is Not A Dirty Word (591)*, The Hip Generation (592)*, The Hippie From New York (593)*, I'm A Runaway (594)*, I'm Gonna Start Another Riot (595)*, McDonald's Farm (596)*, The Pope Smokes Dope (597)*
LP THE POPE SMOKES DOPE - David Peel & The Lower East Side

18. September 1972
Baddest Of The Mean (598)*, Chuck'n'Bo (599)*, Cryin' Blacksheep Blues (600)*, Gypsy Wolf (601)*, Liberation Special (602)*, Life (603)*, Local Plastic Ono Band (604)*, Madness (605)*, Power Boogie (606)*, Wind Ridge (607)*
LP ELEPHANT'S MEMORY - Elephant's Memory

8. Juli 1974
Don't Forget Me (608)*, Many Rivers To Cross (609)*
S & LP PUSSY CATS - Harry Nilsson

19. August 1974
All My Life (610)*, Black Sails (611)*, Loop De Loop (612)*, Mucho Mungo/ Mt. Elga (613), Old Forgotten Soldier (614)*, (We're Gonna) Rock Around The Clock (615)*, Save The Last Dance For Me (616)*, Subterranean Homesick Blues (617)
LP PUSSY CATS - Harry Nilsson

3. VERÖFFENTLICHUNGEN VON PAUL UND LINDA McCARTNEY

3.1. Eigene Veröffentlichungen

23. Dezember 1966
(S) Love In The Open Air (618), Theme From „The Family Way" (619)

6. Januar 1967
(LP THE FAMILY WAY)
Love In The Open Air (Teil 1-13) (620-632)

17. April 1970
(LP McCARTNEY) Every Night (633), Glasses (634), Hot As Sun (635), Junk (636), Kreen-Akrore (637), The Lovely Linda (638), Man We Was Lonely (639), Maybe I'm Amazed (640), Momma Miss America (641), Oo You (642), Singalong Junk (643), Suicide (644), Teddy Boy (645), That Would Be Something (646), Valentine Day (647)

19. Februar 1971
(S) Another Day (648), Oh Woman, Oh Why (649)

17. Mai 1971
(LP RAM) The Back Seat Of My Car (650), Dear Boy (651), Eat At Home (652), Heart Of The Country (653), Long Haired Lady (654), Monkberry Moon Delight (655), Ram On (656), Ram On (Version 2) (657), Smile Away (658), Three Legs (659), Too Many People (660), Uncle Albert/Admiral Halsey (661)

7. Dezember 1971
(LP WILD LIFE) Bib Bob (662), Bib Bob (Reprise) (663), Dear Friend (664), I Am Your Singer (665), Love Is Strange (666), Mumbo (667), Some People Never Know (668), Tomorrow (669), Wild Life (670)

25. Februar 1972
(S) Give Ireland Back To The Irish (671)
Give Ireland Back To The Irish (Instrumental Version) (672)

12. Mai 1972
(S) Little Woman Love (673), Mary Had A Little Lamb (674)

1. Dezember 1972
(S) C Moon (675), Hi, Hi, Hi (676)

23. März 1973
(S) The Mess (Live) (677), My Love (678)

30. April 1973
(LP RED ROSE SPEEDWAY) Big Barn Bed (679), Get On The Right Thing (680), Hands Of Love (681), Hold Me Tight (682), Lazy Dynamite (683), Little Lamp Dragonfly (684), Loup (1st Indian On The Moon) (685), One More Kiss (686), Power Cut (687), Single Pigeon (688), When The Night (689)

1. Juni 1973
(S) I Lie Around (690), Live And Let Die (691)

26. Oktober 1973
(S) Country Dreamer (692), Helen Wheels (693)

5. Dezember 1973
(LP BAND ON THE RUN) Band On The Run (694), Bluebird (695), Jet (696), Let Me Roll It (697), Mamunia (698), Mrs. Vanderbilt (699), Nineteen Hundred And Eighty-Five (700), No Words (McCartney/ D. Laine) (701), Picasso's Last Words (Drink To Me) (702)

28. Juni 1974
(S) Zoo Gang (703)

18. Oktober 1974
(S) (unter dem Pseudonym „The Country Hams")
Bridge Over The River Suite (704), Walking In The Park With Eloise (705)* [1)]

25. Oktober 1974
(S) Junior's Farm (706), Sally G (707)

16. Mai 1975
(S) Listen To What The Man Said (708), Love In Song (709)

[1)] Komposition von James McCartney, dem Vater von Paul.

27. Mai 1975
(LP VENUS AND MARS) Call Me Back Again (710), Crossroads Theme (711)*, Letting Go (712), Lonely Old People (713), Magneto And Titanium Man (714), Medicine Jar (715)*, Rock Show (716), Spirits Of Ancient Egypts (717), Treat Her Gently (718), Venus And Mars (719), Venus And Mars (Reprise) (720), You Gave Me The Answer (721)

25. März 1976
(LP WINGS AT THE SPEED OF SOUND) Beware My Love (722), Cook Of The House (723), Let 'em In (724), Must Do Something About It (725), The Note You Never Wrote (726), San Ferry Anne (727), She's My Baby (728), Silly Love Songs (729), Time To Hide (730)*, Warm And Beautiful (731), Wino Junko (732)*

10. Dezember 1976
(LP WINGS OVER AMERICA) Band On The Run (733), Beware My Love (734), Blackbird (735), Bluebird (736), Call Me Back Again (737), Go Now (738)*, Hi, Hi, Hi (739), I've Just Seen A Face (740), Jet (741), Lady Madonna (742), Let 'em In (743), Let Me Roll It (744), Letting Go (745), Listen To What The Man Said (746), Live And Let Die (747), The Long And Winding Road (748), Magneto And Titanium Man (749), Maybe I'm Amazed (750), Medicine Jar (751)*, My Love (752), Picasso's Last Words (753), Richard Corey (754)*, Rock Show (755), Silly Love Songs (756), Soily (757), Spirits Of Ancient Egypts (758), Time To Hide (759)*, Venus And Mars (760), Yesterday (761), You Gave Me The Answer (762)
(Alle Titel sind live aufgenommen)

31. Mai 1977
(S) (unter dem Pseudonym „Suzy And The Red Stripes")
B-Side To Seaside (763), Seaside Woman (764)

4. November 1977
(S) Girls' School (765), Mull Of Kintyre (McCartney/Laine) (766)

23. März 1978
(S) Backwards Traveller (767), Cuff Link (768), With A Little Luck (769)

31. März 1978
(LP LONDON TOWN) Cafe On The Left Bank (770), Children, Children (771), (McCartney/Laine), Deliver Your Children (McCartney/Laine) (772), Don't Let It Bring You Down (773), Famous Groupies (774), Girlfriend (775), I'm Carrying (776), I've Had Enough (777), London Town (McCartney/Laine) (778), Morse Moose And The Grey Goose (McCartney/Laine) (779), Name And Address (780)

15. März 1979
(S) Daytime Nightime Suffering (781), Goodnight Tonight (782)

1. Juni 1979
(S) Spin It On (783)

4. Juni 1979
(S) Getting Closer (784), Old Siam Sir (785)

8. Juni 1979
(LP BACK TO THE EGG) After The Ball (786), Million Miles (787), Again And Again And Again (788)*, Arrow Through Me (789), Baby's Request (790), The Broadcast (791), Reception (792), Rockestra Theme (793), So Glad To See You Here (794), To You (795), We're Open Tonight (796), Winter Rose (797) Love Awake (798)

16. November 1979
(S) Rudolph The Red-Nosed Reggae (799)*, Wonderful Christmas Time (800)

11. April 1980
(S) Coming Up (801), Coming Up (live) (802), Lunchbox/Odd Sox (803)

16. Mai 1980
(LP MCCARTNEY II) Bogey Music (804), Darkroom (805), Front Parlour (806), Frozen Jap (807), Nobody Knows (808), One Of These Days (809), On The Way (810), Temporary Secretary (811), Summer's Day Song (812), Waterfalls (813)

13. Juni 1980
(S) Check My Machine (814)

15. September 1980
(S) Secret Friend (815)

1. Dezember 1980
(LP THE MCCARTNEY INTERVIEW)

26. März 1982
(S) Ebony And Ivory (816), Rainclouds (McCartney/Laine) (817)

2. April 1982
(S) Ebony And Ivory (Solo Version) (818)

26. April 1982
(LP TUG OF WAR) Ballroom Dancing (819), Be What You See (Link) (820), Dress Me Up As A Robber (821), Get It (822), Here Today (823), The Pound Is Sinking (824), Somebody Who Cares (825), Take It Away (826), Tug Of War (827), Wanderlust (828), What's That You're Doing (Stevie Wonder/McCartney (829)

21. Juni 1982
(S) I'll Give You A Ring (830)

3. Oktober 1983
(S) Ode To A Koala Bear (831), Say, Say, Say (832)

31. Oktober 1983
(LP PIPES OF PEACE) Average Person (833), Hey, Hey (834), Keep Under Cover (835), The Man (836), The Other Me (837), Pipes Of Peace (838), So Bad (839), Sweetest Little Show (840), Through Our Love (841), Tug Of Peace (842)

September 1984
(S) No More Lonely Nights (Ballad Version) (843), No More Lonely Nights (Playout Version) (844), Silly Love Songs (845)

26. Oktober 1984
(CD + LP GIVE MY REGARDS TO BROADSTREET) Ballroom Dancing (846), Corridor Music (847), Eleanor Rigby (848), Eleanor's Dream (849), For No One (850), Good Day Sunshine (851), Here, There & Everywhere (852), Long And Winding Road (853), No More Lonely Nights (Reprise) (854), Not Such A Bad Boy (855), No Values (856), Silly Love Songs (Reprise) (857), Wanderlust (858), Yesterday (859)

Dezember 1984
(S) We All Stand Together (The Frog Song) (860), We All Stand Together (Humming Version) (861)

18. November 1985
(S) My Carnival (862), Spies Like Us (863)

16. Juli 1986
(S) Hanglide (864), It's Not True (865), Press (866)

1. September 1986
(LP PRESS TO PLAY)
Angry (867), Feel The Sun (868), Footprints (869), Good Times Coming (870), However Absurd (871), Move Over Busker (872), Only Love Remains (873), Pretty Little Head (874), Stranglehold (875), Talk More Talk (876)

8. September 1986
(CD PRESS TO PLAY)
Tough On A Tightrope (877), Write Away (878)

28. Oktober 1987
LP ALL THE BEST
Once Upon A Long Ago (879)

23. November 1987
(S) Back On My Feet (880)

30. November 1987
(S) Don't Get Around Much More (881)*, Lawdy Miss Clawdy (882)*, Kansas City (883), Midnight Special (884)*

1. Oktober 1988
LP CHOBA B CCCP (BACK IN THE USSR)
Ain't That A Shame (885)*, Bring It On Home To Me (886)*, Cracking Up (887)*, I'm Gonna Be A Wheel Someday (888)*, Just Because (II) (889)*, Lucille (890)*. Summertime (891)*, That's Alright Mama (892)*, Twenty Flight Rock (893)*

20. Mai 1989
(S) Flying To My Home (894), I'm Gonna Be A Wheel Someday (895), My Brave Face (896)

17. Juni 1989
Distractions (897), Don't Be Careless Love (898), Figure Of Eight (899), How Many People (900), Motor Of Love (901), Ou Est Le Soleil (902), Put It There (903), Rough Ride (904), That Day Is Done (905), This One (906), We Got Married (907), You Want Her Too (908).
CD FLOWERS IN THE DIRT

9. September 1989
(S) The First Stone (909), Good Sign (910), I Wanna Cry (911), I'm In Love Again (912)

25. November 1989
(S) Loveliest Thing (913)

2. März 1990
(S) Mama's Little Girl (914), Party Party (15), Same Time Next Year (916)

9. Oktober 1990
(S) Birthday (917), Good Day Sunshine (918), Let 'em In (919), P. S. Love Me Do (920) (Alte Titel sind live aufgenommen)

5. November 1990
CD TRIPPING THE LIVE FANTASTIC
Ain't That A Shame (921)*, Back In The U.S.S.R. (922), Band On The Run (923), Can't Buy Me Love (924), Coming Up (925), Crackin' Up (926)*, Don't Let The Sun Catch Your Crying (927)*, Ebony And Ivory (928), Eleanor Rigby (929), Figure of Eight (930), The Fool On The Hill (931), Get Back (932), Golden Slumbers/Carry That Weight/The End (933), Got To Get You Into My Life (934), Hey Jude (935), If I Were Not Upon The Stage (936)*, Inner City Madness (937), I Saw Her Standing There (938), Jet (939), Let It Be (940), Live And Let Die (949), The Long And Winding Road (942), Matchbox (943)*, Maybe I'm Amazed (944), My Brave Face (945), Put It There (946), Rough Ride (947), Sally (948)*, Sgt. Pepper's Lonely Hearts Club Band (949), Things We Said Today (950), This One (951), Together (952), Twenty Flight Rock (953)*, Yesterday (954), We Got Married (955) (Alle Titel sind live aufgenommen)

3.2. Fremde Veröffentlichungen (Der Komponist Paul McCartney)

10. Januar 1966
Woman (956)
Single & LP WOMAN – Peter & Gordon

20. Oktober 1967
Catcall (957)
Single & LP BATTERSEA RAIN DANCE – The Chris Barber Band

18. Juli 1969
Penina (958)
Single – Carlos Mendes

5. Dezember 1969
Come And Get It (959)
Single & LP MAGIC CHRISTIAN MUSIC – Badfinger

2. November 1973
Six O'Clock (960)
LP RINGO – Ringo Starr

24. Mai 1974
Ten Years After On Strawberry Jam (961)
Single – The Scaffold

28. Juni 1974
4th Of July (962)
Single – John Christie

6. September 1974
Leave It (963), Sweet Baby (McCartney/McGear) (964)
Single – Mike McGear

27. September 1974
Mine For Me (965)
LP SMILER – Rod Stewart

27. September 1974
The Casket (McCartney/Roger McGough (966), Givin' Grease A Ride (McCartney/Mike McGear) (967), Have You Got Problems (McCartney/McGear) (968), The Man Who Found God On The Moon (McCartney/McGear) (969), Norton (McCartney/McGear) (970), Rainbow Lady (McCartney/McGear) (971), Simply Love You (McCartney/McGear) (972)
What Do We Really Know (973)
LP MCGEAR – Mike McGear

1. Oktober 1974
Let's Love (974), Let's Love (Reprise) (975)
LP LET'S LOVE – Peggy Lee

4. Juli 1975
Dance The Do (McCartney/McGear) (976)
Single – McGear

17. September 1976
Pure Gold (977)
LP RINGO'S ROTOGRAVURE – Ringo Starr

13. Mai 1977
Giddy (978)
LP ONE OF THE BOYS – Roger Daltrey

5. Dezember 1980
Send Me The Heart (979)
LP JAPANESE TEARS – Denny Laine

26. Oktober 1981
Attention (980), Private Property (981)
LP STOP AND SMELL THE ROSES – Ringo Starr

19. Dezember 1983
Theme from „The Honorary Consul" (982) – John Williams

September 1984
Wings Of A Nightingale (983)
LP EB 84 – Everly Brothers

17. Oktober 1988
New Moon Over Jamaica (984)
LP WATER FROM THE WELLS OF HOME – Johnny Cash

3.3. Der Musiker Paul McCartney

30. Oktober 1964
I Knew Right Away (T) (985)*
Single – Alma Cogan

18. August 1967
We Love You (BV) (986)*
Single & LP THROUGH THE PAST DARKLY – The Rolling Stones

8. März 1968
And The Sun Will Shine (DR) (987)*
Single – Paul Jones

22. November 1968
Atlantis (T + BV) (988)*
Single & LP BARABAJAGAL – Donovan

6. Dezember 1968
Carolina In My Mind (BG) (989)*
LP JAMES TAYLOR – James Taylor

16. Juni 1969
My Dark Hour (BG, DR + BV) (990)*
Single & LP BRAVE NEW WORLD – Steve Miller

3. November 1972
Night Owl (BV) (991)*
LP NO SECRETS – Carly Simon

2. November 1973
Six O'Clock (SY + BV + Piano) (992), You're Sixteen (Mouth Sax) (993)*
LP RINGO – Ringo Starr

17. Juni 1974
God Bless California (BG + BV) (994)*
Single & LP PASS ON THIS SIDE – Thornton, Fradkin & Unger And The Big Band

28. Juni 1974
Let It Fall Down (BV) (995)* Rock 'n' Roll Is Music Now (BV) (996)*
LP WALKING MAN – James Taylor

2. September 1974
Change (Sy) (997)*, Goodbye (Sy) (998)*, Never Say Goodbye (Sy) (999)*, Star Song (SY + BV) (1000)*
LP I SURVIVE – Adam Faith

17. September 1976
Pure Gold (BV) (1001)
LP RINGO'S ROTOGRAVURE – Ringo Starr

4. Februar 1977
One Of Those Days In England (Part 1) (BV) (1002)*
Single & LP ONE OF THOSE DAYS IN ENGLAND (BULLINAMINGVASE) – Roy Harper

6. Juni 1977
Fool's Paradise (DR, G + VOC) (1003)*, Heartbeat (DR, G + VOC) (1004)*, I'm Gonna Love You Too (Dr, G + Voc) (1005)*, I'm Looking For Someone To Love (DR + G) (1006)*, It's So Easy (DR, G + VOC) (1007)*, Listen To Me (DR, G + VOC) (1008)*, Lonesome Tears (DR + G) (1009)*, Look At Me (DR, G + VOC) (1010)*, Moondreams (DR, G + VOC) (1011)*, Rave On (DR, G + VOC) (1012)*, Take Your Time (DR, G + VOC) (1013)*
LP HOLLY DAYS – Denny Laine

30. November 1979
Get Well Soon (BV) (1014)*
LP FREEZE FRAME – Godley & Creme

5. Dezember 1980
I Would Only Smile (1015)*, Send Me The Heart (1016), Weep For Love (1017)*
LP JAPANESE TEARS – Denny Laine

13. März 1981
Coming Cup (unter anderem VOC) (1018)[1], Every Night (u. a. VOC) (1019)[1], Got To Get You Into My Life (u. a. VOC) (1020)[1], Let It Be (u. a. VOC) (1021)[2], Lucille (u. a. VOC) (1022)*[2], Rockestra Theme (u. a. VOC) (1023)([2]
LP CONCERTS FOR THE PEOPLE OF KAMPUCHEA

4. Mai 1981
All Those Years Ago (BV) (1024)*
Single & LP SOMEWHERE IN ENGLAND – George Harrison

26. Oktober 1981
Attention (BG, Piano & Percussion) (1025), Private Property (BG, BV + Piano) (1026)*, Sure To Fall (BG, BV + Piano) (1027)*
LP STOP AND SMELL THE ROSES – Ringo Starr

9. Juli 1982
Maisie (BG) (1028)*
LP STANDARD TIME – Laurence Juber

25. Oktober 1982
The Girl Is Mine (VOC) (1029)*
Single & LP THRILLER – Michael Jackson

1. Dezember 1986
Simple As That (VOC + G) (1030)
LP IT'S A LIVE-IN WORLD – verschiedene Künstler

10. Oktober 1988
T-Shirt (BV + Piano) (1031)*
Single – The Crickets

17. Oktober 1988
New Moon Over Jamaica (BG) (1032)
LP WATER FROM THE WELLS OF HOME – Johnny Cash

27. Mai 1989
Ferry Cross The Mersey (VOC) (1033)*
Single – The Christians, Paul McCartney, Gerry Marsden, Holly Johnson plus Stock, Aitken & Waterman

29. April 1990
It's Now Or Never (VOC) (1034)*
CD THE LAST TEMPTATION OF ELVIS – Verschiedene Künstler

3.4. Der Produzent Paul McCartney

10. September 1965
You've Got To Hide Your Love Away (1035)
Single & LP YOU'VE GOT TO HIDE YOUR LOVE AWAY – The Silkie

5. August 1966
Got To Get You Into My Life (1036)
Single & LP GOT TO GET YOU INTO MY LIFE – Cliff Bennett & The Rebel Rouser

18. November 1966
From Head To Toe (1037)*, Night Time (1038)* Single – The Escourts

18. September 1967
Vegetables (1039)*
LP SMILEY SMILE – The Beach Boys

17. Mai 1968
Anji (1040)*, Basement Flat (1041)*, Come Close And Sleep Now (1042)*, Do You Remember? (1043)*, Epilogue (1044)*, Ex Art Student (1045)*, From „Frink, A Life In The Day Of" And „Summer With Monika" (1046), House In My Head (1047)*, Introducing: Moanin' (1048)*, Little Bit Of Heaven (1049)*, Living Room (1050)*, Mr. Tickle (1051)*, Please Don't Run Too Fast (1052)*, Prologue (1053)*, So Much (1054)*, Yellow Book (1055)*
LP MCGEAR AND MCGOUGH – Mike McGear

26. August 1968
Thingumybob (1056), Yellow Submarine (1057)
Single – John Foster And Sons Ltd. Black Dyke Mills Band

26. August 1968
Those Were The Days (1058)*, Turn! Turn! Turn! (1059)*
Single & LP POST CARD – Mary Hopkin

11. Oktober 1968
I'm the Urban Spaceman (1060)*
Single & LP URBAN SPACEMAN – The Bonzo Dog Band

25. Oktober 1968
Quelli Erano Giorni (Those Were The Days in Italienisch) (1061)*
Single – Mary Hopkin

25. Oktober 1968
En Aquellos Días (spanisch) (1062)*
Single – Mary Hopkin

[1] Paul McCartney and Wings
[2] Rockestra

25. Oktober 1968
Le Temps des Fleurs (französisch) (1063)*
Single - Mary Hopkin

25. Oktober 1968
An Jenem Tag (1064)*
Single - Mary Hopkin

21. Februar 1969
The Game (1065)*, Happiness Runs (Pebble And The Man) (1066)*, The Honeymoon Song (1067)*, Inchworm (From Hans Christian Andersen) (1068)*, Lord Of The Reedy River (1069)*, Love Is The Sweetest Thing (1070)*, Lullaby Of The Leaves (1071)*, Prince En Avignon (1072)*, The Puppy Song (1073)*, Someone To Watch Over Me (1074)*, There's No Business Like Show Business (1075)*, Y Blodyn Gwyn (1076)*, Young Love (1077)*, Voyage Of The Moon (1078)*
LP Post Card - Mary Hopkin

21. Februar 1969
Rosetta (1079)* Single - The Fourmost

3. März 1969
Lontano Dagli Occhi (italienisch) (1080)*
Single - Mary Hopkin

28. März 1969
Goodbye (1081), Sparrow (1082)*
Single & LP Those Were The Days - Mary Hopkin

2. Juni 1969
Thumbin' A Ride (1083)*
Single - Jackie Lomax

19. September 1969
Fields Of St. Etienne (1084)*, Que Sera, Sera (Whatever Will Be, Will Be) (1085)*
Single & LP Those Were The Days - Mary Hopkin

5. Dezember 1969
Come And Get It (1086)
Single & LP Magic Christian Music - Badfinger

24. Mai 1974
Liverpool Lou (1087)*, Ten Years After On Strawberry Jam (1088)
Single & LP Sold Out - Scaffold

6. September 1974
Leave It (1089), Sweet Baby (1090)
Single & LP McGear - Mike McGear

27. September 1974
The Casket (1091), Givin' Grease A Ride (1092), Have You Got Problems? (1093), The Man Who Found God On The Moon (1094), Norton (1095), Rainbow Lady (1096), Sea Breezes (1097), Simply Love You (1098), What Do We Really Know? (1099)
LP McGear - Mike McGear

1. Oktober 1974
Let's Love (1100), Let's Love (Reprise) (1101) LP Let's Love - Peggy Lee

4. Juli 1975
Dance The Do (1102) Single - Mike McGear

3. September 1976
I'm Lookin' For Someone To Love (1103)*, It's So Easy (1104)*, Listen To Me (1105)*
Single & LP Holly Days - Denny Laine

15. April 1977
Heartbeat (1106)*, Moondreams (1107)*
Single & LP Holly Days - Denny Laine

6. Mai 1977
Fool's Paradise (1108)*, I'm Gonna Love You Too (1109)*, Lonesome Tears (1110)*, Look At Me (1111)*, Rave On (1112)*, Take Your Time (1113)*
LP Holly Days - Denny Laine

30. Juni 1978
Tomorrow (1114)* Single - Kate Robbins

26. Oktober 1981
Attention (1115), Private Property (1116), Sure To Fall (1117)*
LP Stop Smell The Roses - Ringo Starr

10. Oktober 1988
T-Shirt (1118)*
Single - The Crickets

17. Oktober 1988
New Moon Over Jamaica (1119)
LP Water From The Wells Of Home - Johnny Cash

4. VERÖFFENTLICHUNGEN VON GEORGE HARRISON

4.1. Eigene Veröffentlichungen

1. November 1968
(LP Wonderwall Music) Cowboy Museum (1120), Crying (1121), Dream Scene (1122), Drilling A Home (1123), Fantasy Sequins (1124), Glass Box (1125), Greasy Legs (1126), Guru Vandana (1127), In The Park (1128), Love Scene (1129), Microbes (1130), On The Bed (1131), Party Seacombe (1132), Red Lady Too (1133), Singing On (1134), Ski-ing And Gat Kirwani (1135), Tabla And Pakavaj (1136), Wonderwall To Be Here (1137)

9. Mai 1969
(LP Electronic Sound) No Time Or Space (1138), Under The Mersey Wall (1139)

23. November 1970
(S) Isn't It A Pity (1140), My Sweet Lord (1141)

27. November 1970
(LP All Things Must Pass) All Things Must Pass (1142), Apple Scruffs (1143), Art Of Dying (1144), Awaiting On You All (1145), Ballad Of Sir Frankie Crisp (Let It Roll) (1146), Behind That Locked Door (1147), Beware Of Darkness (1148), Hear Me Lord (1149), I Dig Love (1150), I'd Have You Anytime (Harrison/Bob Dylan) (1151), If Not For You (1152)*, I Remember Jeep (1153), Isn't It A Pity (Version 2) (1154), It's Johnny's Birthday (1155), Let It Down (1156), Out Of The Blue (1157), Plug Me In (1158), Run Of The Mill (1159), Thanks For The Pepperoni (1160), Wah-Wah (1161), What Is Life (1162)

28. Juli 1971
(S) Bangla Desh (1163), Deep Blue (1164)

20. Dezember 1971
(LP The Concert For Bangla Desh) Awaiting On You All (1165), Bangla Desh (1166), Beware Of Darkness (1167), Blowin' In The Wind (1168)*, A Hard Rain's Gonna Fall (1169)*, Here Comes The Sun (1170), It Don't Come Easy (1171), It Takes A Lot To Laugh/It Takes A Train To Cry (1172)*, Jumpin' Jack Flash (1173)*, Just Like A Woman (1174)*, Mr. Tambourine Man (1175)*, My Sweet Lord (1176), Something (1177), That's The Way God Planned It (1178)*, Wah-Wah (1179), While My Guitar Gently Weeps (1180), Youngblood (1181)*
(Alle Titel sind live aufgenommen)

7. Mai 1973
(S) Give Me Love (1182), Miss O'Dell (1183)

30. Mai 1973
(LP Living In The Material World) Be Here Now (1184), The Day The World Gets 'Round (1185), Don't Let Me Wait Too Long (1186), The Light That Has Lighted The World (1187), Living In The Material World (1188), The Lord Loves

The One That Loves The One (1189), Sue Me, Sue You Blues (1190), That Is All (1191), Try Some, Buy Some (1192), Who Can See It (1193)

18. November 1974
(S) Dark Horse (1194), I Don't Care Anymore (1195)

6. Dezember 1974
(S) Ding, Dong; Ding, Dong (1196)

9. Dezember 1974
(LP Dark Horse) Bye, Bye Love (1197)*, Far East Man (Harrison/Ron Wood) (1198), Hari's On Tour (Express) (1199), It Is „He" (Jari Sri Krishna) (1200), Maya Love (1201), Simply Shady (1202), So Sad (1203)

12. September 1975
(S) World Of Stone (1204), You (1205)

22. September 1975
(LP Extra Texture – Read All About It) The Answer's At The End (1206), A Bit More Of You (1207), Can't Stop Thinking About You (1208), Grey Cloudy Lies (1209), His Name Is Legs (Ladies And Gentlemen) (1210), Ooh Baby (You Know That I Love You) (1211), This Guitar (Can't Keep From Crying) (1212), Tired Of Midnight Blue (1213)

15. November 1976
(S) Learning How To Love You (1214), This Song (1215)

19. November 1976
(LP Thirty Three And A Third) Beautiful Girl (1216), Crackerbox Palace (1217), Dear One (1218), It's What You Value (1219), Pure Smokey (1220), See Yourself (1221), True Love (1222), Woman Don't You Cry For Me (1223)

20. Februar 1979
(LP George Harrison) Blow Away (1224), Dark Sweet Lady (1225), Faster (1226), Here Comes The Moon (1227), If You Believe (Harrison/Gary Wright) (1228), Love Comes To Everyone (1229), Not Guilty (1230), Soft-Hearted Hana (1231), Soft Touch (1232), Your Love Is Forever (1233)

4. Mai 1981
(S) All Those Years Ago (1234), Writing's On The Wall (1235)

1. Juni 1981
(LP Somewhere In England) Baltimore Oriole (1236)*, Blood From A Clone (1237), Hong Kong Blues (1238)*, Life Itself (1239), Save The World (1240), Teardrops (1241), That Which I Have Lost (1242), Unconsciousness Rules (1243)

28. Oktober 1982
(LP Gone Troppo) Baby Don't Run Away (1244), Circles (1245), Dream Away (1246), Gone Troppo (1247), Greece (1248), I Really Love You (1249)*, Mystical One (1250), That's The Way It Goes (1251), Unknown Delight (1252), Wake Up My Love (1253)

6. Oktober 1987
(S) Got My Mind Set On You (1254)*, Lay His Head (1255)

2. November 1987
(LP Cloud Nine)
Breath Away From Heaven (1256), Cloud Nine (1257), Devil's Radio (1258), Fish In The Sand (1259), Just For Today (1260), Some Place Else (1261), That's Where It Takes (1262), This Is Love (1263), When We Was Fab (1264), Wreck Of The Hesparius (1265)

7. Januar 1988
(S) Zig Zag (1266)

15. Februar 1988
(EP/CD zum Buch „Songs Of George Harrison")
Flying Hour (1267), Sat Singing (1268)

11. Oktober 1988
(LP Traveling Wilburys Vol. 1)
Congratulations (1269), Dirty World (1270), End Of Line (1271), Handle With Care (1272), Heading For The Light (1273), Last Night (1274), Margarita (1275), Not Alone Anymore (1276), Rattled (1277), Tweeter And The Monkey Man (1278)

28. Oktober 1989
Poor Little Girl (1279), Cockamamie Business (1280), Cheer Down (1281)
CD Best of Dark Horse 1976–1989

30. Oktober 1990
Cool Dry Place (1282), The Devil's Been Busy (1283), If You Belonged To Me (1284), Inside Out (1285), New Blue Moon (1286), Poor House (1287), 7 Deadly Sins (1288), She's My Baby (1289), Where Were You Last Night? (1290), Wilbury Twist (1291), You Took My Breath Away (1292)
CD Traveling Wilburys Vol. 3

4.2. Fremde Veröffentlichungen
(Der Komponist George Harrison)

26. August 1968
Sour Milk Sea (1293)
Single & LP Is This What You Want? – Jackie Lomax

5. Februar 1969
Badge (Harrison/Eric Clapton) (1294)
LP Goodbye

13. Februar 1970
Ain't That Cute (Harrison/Doris Troy) (1295)
Single & LP Doris Troy – Doris Troy

28. August 1970
Jacob's Ladder (Überliefertes Lied; Arrangement von Harrison/Doris Troy) (1296)
Single – Doris Troy

11. September 1970
Give Me Back My Dynamite (Harrison/Doris Troy) (1297), Gonna Get My Baby Back (Harrison/Starkey/Doris Troy/Steve Stills) (1298), You Give Me Joy Joy (Harrison/Starkey/Doris Troy/Steve Stills) (1299)
LP Doris Troy – Doris Troy

11. September 1970
All Things (Must) Pass (1300), My Sweet Lord (1301), Sing One For The Lord (Harrison/Billy Preston) (1302)
LP Encouraging Words – Billy Preston

16. April 1971
Tandoori Chicken (Harrison/Phil Spector) (1303), Try Some, Buy Some (1304)
Single – Ronnie Spector

25. Januar 1972
Sue Me, Sue You Blues (1305)
Single – Jesse „Ed" Davies

16. Februar 1972
The Holdup (Harrison/David Bromberg) (1306)
LP David Bromberg – David Bromberg

2. November 1973
Photograph (Harrison/Starkey) (1307), Sunshine Life For Me (Sail Away Raymond) (1308), You And Me (Babe) (Harrison/Mal Evans) (1309)
LP Ringo – Ringo Starr

2. November 1973
So Sad (No Love Of His Own) (1310)
LP On The Road Of Freedom – Alvin Lee And Mylor LeFevre

7. Januar 1974
The Holdup (Version 2) (Harrison/Bromberg) (1311)
LP Wanted – Dead Or Live – David Bromberg

23. September 1974
Far East Man (Harrison/Ron Wood) (1312)
LP I've Got My Own Album To Do – Ron Wood

17. September 1976
I'll Still Love You (1313)
LP Ringo's Rotogravure – Ringo Starr

26. Oktober 1981
Wrack My Brain (1314)
LP Stop And Smell The Roses – Ringo Starr

Mai 1985
Celebration (1315), Focus of Attention (1316)
LP Water – verschiedene Künstler

4.3. Der Musiker George Harrison

29. August 1968
Never Tell Your Mother She's Out Of Tune (1317)*
LP Songs For A Tailor – Jack Bruce

20. Oktober 1969
Cold Turkey (G) (1318)*
Single – John Lennon

6. Februar 1970
Instant Karma (G) (1319)*, Who Has Seen The Wind (G) (1320)*
Single – John Lennon

13. Februar 1970
Vaya Con Dios (G) (1321)
Single – Doris Troy

23. März 1970
Delta Lady (G) (1322)*, Dixie Lullaby (G) (1323)*, Give Peace A Chance (G) (1324)*, Hummingbird (G) (1325)*, Hurtsome Body (G) (1326)*, I Put A Spell On You (G) (1327)*, Pisces Apple Lady (G) (1328)*, Prince Of Peace (G) (1329)*, Roll Away The Stone (G) (1330)*, Shoot Out The Plantation (G) (1331)*, A Song For You (G) (1332)*
LP Leon Russell – Leon Russell

7. April 1970
Comin' Home (G) (1333)*, The Girl Can't Help It (G) (1334)*, I Don't Want To Discuss It (G) (1335)*, Jenny, Jenny (G) (1336)*, Long Tall Sally (G) (1337)*, Only You Know And I Know (G) (1338)*, Poor Elijah (G) (1339)*, That's What My Man Is For (1340)*, Things Get Better (G) (1341)*, Tribute To Johnson (G) (1342)*, Tutti Frutti (G) (1343)*, Where There's A Will, There's A Way (G) (1344)*
(Alle Lieder sind live aufgenommen)
LP Delaney And Bonnie On Tour – Delaney And Bonnie (Bremlett)

28. August 1970
Get Back (G) (1345)*, Jacob's Ladder (G) (1346)*
Single – Doris Troy

11. September 1970
Ain't That Cute (G) (1347), Don't Call Me No More (G) (1348)*, Exactly Like You (G) (1349)*, Games People Play (G) (1350)*, Give Me Back My Dynamite (G) (1351), Gonna Get My Baby Back (G) (1352), Hurry (G) (1353)*, I've Got To Be Strong (G) (1356)*, So Far (G) (1355)*, Special Care (G) (1356)*, You Give Me Joy Joy (G) (1357), You Tore Me Up Inside (G) (1358)*
LP Doris Troy – Doris Troy

14. September 1970
Tell The Truth (G) (1359)*
Single & LP History Of Eric Clapton – Derek And The Dominoes

28. September 1970
I'm Your Spiritual Breadman (G) (1360)*
LP Ashton, Gardner & Dyke – Ashton, Gardner And Dyke

16. April 1971
It Don't Come Easy (G) (1361)*
Single – Ringo Starr

28. Mai 1971
I Can't See The Reason (G) (1362)*, Stand For Our Rights (G) (1363)*
Single & LP Footprint – Gary Wright

9. September 1971
Crippled Inside (G) (1364)*, Give Me Some Truth (1365)*, How Do You Sleep? (G) (1366)*, I Don't Want To Be A Soldier Mama, I Don't Want To Die (G) (1367)*
LP Imagine – John Lennon

1. November 1971
Fascinating Things (G) (1368)*, Forgotten (G) (1369)*, Give Me The Good Earth (G) (1370)*, If You Treat Someone Right (G) (1371)*, Love To Survive (G) (1372)*, Two Faced Man (G) (1373)*, Whether It's Right Or Wrong (G) (1374)*
LP Footprint – Gary Wright

8. November 1971
The Bus (G) (1375)*, God Is Great (G) (1376)*, I Wrote a Simple Song (G) (1377)*, John Henry (G) (1378)*, The Looner Tune (G) (1379)*, My Country 'tis Of Thee (G) (1380)*, Outa-Space (G) (1381)*, Should've Known Better (G) (1382)*, Swing Down Chariot (G) (1383)*, You Don't Got Older (G) (1384)*, Without A Song (G) (1385)*
LP I Wrote A Simple Song – Billy Preston

17. März 1972
Back Off Boogaloo (G) (1386)
Single – Ringo Starr

12. Juni 1972
Cold Turkey (G) (1387)*, Don't Worry Kyoko (G) (1388)*
(beide Titel sind live aufgenommen)
LP Sometime In New York City – John Lennon

7. Juli 1972
Altar Rock (G) (1389)*, Bootleg (G) (1390)*, Command Performance (G) (1391)*, Crispy Duck (G) (1392)*, Key-West (G) (1393)*, Sand & Foam (G) (1394)*, Smokefoot (G) (1395)*
LP Bobby Keys – Bobby Keys

10. Juli 1972
You're Breaking My Heart (G) (1396)*
LP Son Of Schmilsson – Harry Nilsson

6. November 1972
Doing The Right Thing (G) (1397)*, If I Find The Time (G + BV) (1398)*, Lovely Lady (G) (1399)*, Nothin' Gonna Get You Down (G) (1400)*
LP To The World – Rudy Romero

23. April 1973
Banana Anna (G) (1401)*, Edward (G) (1402)*, Speed On (G) (1403)*, Waiting For The Band (G) (1404)*
LP The Tin Man Was A Dreamer – Nicky Hopkins

20. August 1973
Basketball Jones Featuring Tyrone Shoelaces (G) (1405)*
Single & LP Chochinos – Cheech And Chong

24. September 1973
Down And Out (G) (1406)*
Single - Ringo Starr

29. Oktober 1973
If You've Got Love (G) (1407)*
LP It's Like You Never Left - Dave Mason

2. November 1973
I'm The Greatest (G) (1408)*, Photograph (G + BV) (1409), Sunshine Life For Me (Sail Away Raymond) (G + BV) (1410), You And Me (Babe) (G) 1411
LP Ringo - Ringo Starr

25. März 1974
Daybreak (Kuhglocke) (1412)*
Single & LP Son Of Dracula - Harry Nilsson

20. Juni 1975
That's Life (G) (1413)*
LP It's My Pleasure - Billy Preston

26. September 1975
Make Love Not War (G) (1414)*
LP Hard Times - Peter Skellern

8. Dezember 1975
Appolonia (Fostrata) (G) (1415)*
LP New York Connection - Tom Scott

6. Juli 1976
Wishing I Could (VOC) (1416)*
Single & LP Crosswords - Larry Hosford

2. August 1976
Direct Me (G) (1417)*
LP Crosswords - Larry Hosford

6. September 1977
I'll Bend For You (G) (1418)*
Single - Splinter

3. Oktober 1977
Baby Love (G) (1419)*, Black Friday (G) (1420)*, I Apologize (G) (1421)*, I Need Your Love (G) (1422)*, Little Girl (G) (1423)*, Love Is Not Enough (G) (1424)*, Motions Of Love (G) (1425)*, New York City (Who Am I) (G) (1426)*, Round And Round (G) (1427)*, Silver (G) (1428)*
LP Two Man - Splinter

21. August 1978
The Lat Time (G) (1429)*
LP Along The Red Ledge - Hall And Oates

30. Juni 1981
Walk A Thin Line (G) (1430)*
LP The Visitor - Mick Fleetwood

26. Oktober 1981
Wrack My Brain (G + BV) (1431), You Belong To Me (G) (1432)*
LP Stop And Smell The Roses - Ringo Starr

1. März 1982
Mineral Man (G) (1433)*
LP Lead Me to The Water - Gary Brooker

22. März 1985
I Don't Want To Do It (VOC) (1434)*
LP Porkys Revenge - verschiedene Künstler

Mai 1985
Celebration (G) (1435), Focus Of Attention (G) (1436), Freedom (G + BV) (1437)*
LP Water - verschiedene Künstler

Juni 1985
Save The World (Remix) (G + VOC) (1438)
LP Greenpeace - verschiedene Künstler

10. November 1986
Children Of The Sky (G) (1439)
LP The Hunting Of The Snark - Mike Batt

14. April 1987
Talk Don't Bother Me (G) (1440)*
LP Detroit Diesel - Alvin Lee

13. Oktober 1987
Theme For Something Really Important (G) (1441)*, The Trembler (G) (1442)*
LP Duane Edy - His Twangy Guitar And The Rebels - Duane Edy

Sommer 1988
Forgive The Girl (G) (1443)*, Love's A State Of Mind (G) (1444)*
Single - Sylvia Griffin

14. Januar 1989
A Love So Beautiful (G) (1448)*
CD Mystery Girl - Roy Orbison

24. Februar 1989
(I Don't Wanna) Hold Back (G) (1445)*
LP Who I Am - Gary Wright

24. Februar 1989
Hottest Gang In Town (VOC + G) (1446), Shanghai Surprise (VOC + G) (1447)
LP Handmade Films 10th Anniversary Album

2. Dezember 1989
Deep Deep Ocean (G) (1449)*, Leave A Light On (G) (1450)*
CD Runaway Horses - Belinda Carlisle

11. Juni 1990
That Kind Of Woman (G + BV) (1451)
CD Still Got The BLues - Gary Moore

12. Juni 1990
Lift Me Up (G + BV) (1452)*, September Song (G) (1453)*, Stormy Weather (G) (1454)*
CD Armchair Theatre - Jeff Lynne

23. Juli 1990
Nobody's Child (VOC) (1455)*, Homeward Bound (VOC) (1456)*
CD Nobody's Child - Romanian Angel Appeal - verschiedene Künstler

4.4. Der Produzent George Harrison

26. August 1968
The Eagle Laughs At You (1456a)*, Sour Milk Sea (1457)
Single & LP Is This What You Want? - Jackie Lomax

21. März 1969
Baby You're A Lover (1458)*, How Can You Say Goodbye (1459)*, I Fall Inside Your Eyes (1459a)*, I Just Don't Know (1460)*, Is This Waht You Want? (1461)*, Little Yellow Pills (1462)*, Speak To Me (1463)*, Sunset (1464)*, Take My Word (1465)*, You've Got Me Thinking (1466)*
LP This What You Want? - Jackie Lomax

27. Juni 1969
That's The Way God Planned It (1467)*, What About You (1468)*
Single & LP That's The Way God Planned It - Billy Preston

22. August 1969
Hare Krishna Mantra (1469)*, Prayer To The Spiritual Masters (1470)*
Single & LP The Radha Krsna Temple - Radha Temple (London)

22. August 1969
Do What You Want (1471)*, Everything's All Right (1472)*, It Doesn't Matter (1473)*, Let Us All Get Together Right Now (1474)*, Morning Star (1475)*, She Belongs To Me (1476)*, That's The Way God Planned It (Teile 1 + 2) (1477)*, This Is It (1478)*

LP That's The Way God Planned It – Billy Preston

30. Januar 1970
All That I've Got (I'm Gonna Give It To You) (1479)*
Single – Billy Preston

6. Februar 1970
How The Web Was Woven (1480)*
Single – Jackie Lomax

13. Februar 1970
Ain't That Cute (1481)
Single & LP Doris Troy – Doris Troy

6. März 1970
Govinda (1482)*, Govinda Jai Jai (1483)*
Single & LP The Radha Krsna Temple – Radha Krishna Temple (London)

4. September 1970
Long As I Got My Baby (1484)*, My Sweet Lord (1485)
Single & LP Encouraging Words – Billy Preston

11. September 1970
I've Got A Feeling (1486)*, Let The Music Play (1487)*, Little Girl (1488)*, Right Now (1489)*, The Same Thing Again (1490)*, Sing One For The Lord (1491), All Things (Must) Pass (1492), Encouraging Words (1493)*, I Don't Want You To Pretend (1494)*, Use What You Got (1495)*, When You Are Mine (1496)*, You've Been Acting Strange (1497)*
LP Encouraging Words – Billy Preston

16. April 1971
Tandoori Chicken (1498), Try Some, Buy Some (1499)
Single – Ronnie Spector

21. Mai 1971
Bhaja Bhakata/Arati (1500)*, Bhaja Hunre Mana (1501)*, Sri Gurvastakam (1502)*, Sri Isopanisad (1503)*
LP The Radha Krsna Temple – The Radha Krsna Temple

9. August 1971
Joi Bangla (1504)*, Oh Bhaugowan (1505)*, Raga Mishra (1506)*
Single – Ravi Shankar

10. November 1971
Day After Day (1507)*
Single & LP LP Straight Up – Badfinger

7. Dezember 1971
Baba Teaching (1508)*, Banaras Ghat (1509)*, Birth To Death (1510)*, Bombay Studio (1511)*, Dawn To Dusk (1512)*, Frenzy And Distortion (1513)*, Guru Bramha (1514)*, Kinnara School (1515)*, Raga Desh (1516)*, Raga Parameshwari (1517)*, Rangeswhart (1518)*, United Nations (1519)*, Vedic Hymns (1520)*, Vinus House (1519)*
LP Rage – Ravi Shankar

13. Dezember 1971
I'd Die Baby (1522)*, Name Of The Game (1523)*, Suitcase (1524)*
LP Straight Up – Badfinger

6. März 1972
Sweet Music (1525)*
Single & LP Brother – Lon & Derrek Van Eaton

17. März 1972
Back Off Boogaloo (1526)*
Single & LP Blast From Your Past – Ringo Starr

22. September 1972
Another Thought (1527)*
LP Brother – Lon & Derrek Van Eaton

22. Januar 1973
Raga-Hem Bihag (1528)*, Raga Manj Khamaj (Teil 1 + 2) (1529)*, Raga-Sindhi Bhairabi (1530)*
LP In Concerts 1972 – Ravi Shankar & Ali Akbar Khan

23. September 1973
Down and Out (1531)*
Single – Ringo Starr

13. September 1974
I Am Missing You (1532)*, Lust (1533)*
Single & LP Shankar Family & Friends – Ravi Shankar Family & Friends

13. September 1974
Costafine Town (1534)*, Elly-May (1535)*
Single & LP The Place I Love – Splinter

20. September 1974
China Light (1536)*, Drink All Day (Got To Find Your Own Way Home) (1537)*, Gravy Train (1538)*, Haven't Got Time (1539)*, The Place I Love (1540)*, Situation Vacant (1541)*, Somebody's City (1542)*
LP The Place I Love – Splinter

20. September 1974
Awakening (1543)*, Despair & Sorrow (1544)*, Disillusionment & Frustration (1545)*, Dispute & Violence (1546)*, Dream, Nightmare & Drawn (Music For A Ballet) (1547)*, Festivity & Joy (1548)*, I Am Missing You (Reprise) (1549)*, Jaya Jagadish Hare (1550)*, Kahan Gayelava Shyam Salone (1551)*, Love-Dance Ecstasy (1552)*, Overture (1553)*, Part One: Dream (1554)*, Part Two: Nightmare (1555)*, Part Three: Dawn (1556)*, Peace And Hope (1557)*, Supane Me Aye Preetam Sainyo (1558)*
LP Shankar Family & Friends – Ravi Shankar Family & Friends

6. Oktober 1975
Lonely Man (1559)*
LP Harder To Live – Splinter

14. November 1975
Lumberjack Song (1560)*
Single & DO-Single Python On Song – Monty Python

6. Februar 1976
Bhajan (1561)*, Chaturang (1562)*, Dehati (1563)*, Dhamar (1564)*, Kajri (1565)*, Naderdani (1566)*, Raga Jait (1567)*, Tarana (1568)*, Vandana (1569)*
LP Ravi Shankar's Music Festival From India – Ravi Shankar

Oktober 1976
Lonely Man (Japanisch) (1570)*
Single – Splinter

3. Oktober 1977
Baby Love (1571)*, Black Friday (1572)*, I Apologize (1573)*, Little Girl (1574)*, Love Is Not Enough (1575)*, Motions Of Love (1576)*, New York Ciy (Who Am I) (1577)*, Round And Round (1578)*, Silver (1579)*
LP Two Man Band – Splinter

8. Oktober 1979
Always Look On The Bright Side Of Life (1580)*
LP „Monty Python's Life Of Brian – Monty Python

26. Oktober 1981
Wrack My Brain (1581), You Belong To Me (1582)*
LP Stop and Smell The Roses – Ringo Starr

5. VERÖFFENTLICHUNGEN VON RINGO STARR

5.1. Eigene Veröffentlichungen

27. März 1970
(LP SENTIMENTAL JOURNEY), Blue, Turning Grey Over You (1583)*, Bye Bye Blackbird (1584)*, Dream (1585)*, Have I Told You Lately That I Love You? (1586)*, I'm A Fool To Care (1587)*, Love Is A Many Splendoured Thing (1589)*, Night And Day (1590)*, Sentimental Journey (1591)*, Star Dust (1592)*, Whispering Grass (Don't Tell The Trees) (1593)*, You Always Hurt The One You Love (1594)*

25. September 1970
(LP BEAUCOUPS OF BLUES) Beaucoups Of Blues (1595)*, $ 15 Draw (1596)*, Fastest Growing Heartache In The West (1597)*, I'd Be Talking All The Time (1598)*, I Wouldn't Have You Any Other Way (1599)*, Loser's Lounge (1600)*, Love Don't Last Long (1601)*, Silent Homecoming (1602)*, Waiting (1603)*, Wine, Woman And Loud Happy Songs (1604)*, Without Her (1605)*, Woman Of The Night (1606)*

5. Oktober 1970
(S) Coochy-Coochy (1607)

9. April 1971
(S) Early 1970 (1608), It Don't Come Easy (1609)

17. März 1972
(S) Back Off Boogaloo (1610), Blindman (1611)

24. September 1973
(S) Down And Out (1612), Photograph (Starkey/Harrison) (1613)

2. November 1973
(LP RINGO) Devil Woman (Starkey/Vini Poncia) (1614), Hold On (Have You Seen My Baby) (1615)*, I'm The Greatest (1616)*, Oh My My (Starkey/Vini Poncia) (1617), Six O'Clock (1618)*, Step Lightly (1619), Sunshine Life For Me (Sail Away Raymond) (1620)*, You And Me (1621)*, You're Sixteen (1622)*

11. November 1974
(S) Call Me (1623), Only You (And You Alone) (1624)*

15. November 1974
(LP GOODNIGHT VIENNA) All By Myself (Starkey/Vini Poncia) (1625), Easy For Me (1626)*, (It's All Da-Da-Down To) Goodnight Vienna (1627)*, Goodnight Vienna (Reprise) (1628)*, Husbands And Wives (1629)*, No No Song (1630)*, Occapella (1631)*, Oo-Wee (1632)*, Snookeroo (1633)*

17. September 1976
(LP RINGO'S ROTOGRAVURE) Cookin' (In The Kitchen Of Love) (1634)*, Cryin' (Starkey/Vini Poncia) (1635)*, A Dose Of Rock 'n' Roll (1636)*, Hey Baby (1637)*, I'll Still Love You (1638)*, Lady Gaye (Starkey/Vini Poncia/Clifford T. Ward) (1639), Las Brisas (Starkey/Nancy Andrews) (1640), Pure Gold (1641)*, Spooky Weirdness (–) (1642), This Be Called A Song (1643)*, You Don't Know Me At All (1644)*

25. August 1977
(S) Just A Dream (Starkey/Vini Poncia) (1645), Wings (Starkey/Vini Poncia) (1646)

16. September 1977
(S) Drowning In The Sea Of Love (1647)*

26. September 1977
(LP RINGO THE 4TH) Can She Do It Like She Dances (1648)*, Gave It All Up (Starkey/Vini Poncia) (1649), Gypsies In Flight (Starkey/Vini Poncia) (1650), It's No Secret (Starkey/Vini Poncia) (1651), Out On The Streets (Starkey/Vini Poncia) (1652), Simple Love Song (Starkey/Vini Poncia) (1653), Sneaking Sally Through The Alley (1654)*, Tango All Night (1655)*

16. Dezember 1977
(LP SCOUSE THE MOUSE) Boat Ride (1656)*, Living In A Pet Shop (1657)*, A Mouse Like Me (1658)*, Running Free (1659)*, Scouse's Dream (1660)*, Scouse The Mouse (1661)*, S.O.S. (1662)*

17. April 1978
(LP BAD BOY) Bad Boy (1663)*, Hard Times (1664)*, Heart On My Sleeve (1665)*, Lipstick Traces (1666)*, A Man Like Me (1667)*, Monkey See – Monkey Do (1668)*, Old Time Relovin' (Starkey/Vini Poncia) (1669), Tonight (1670)*, Where Did Our Love Go (1671)*, Who Needs A Heart (Starkey/Vini Poncia) (1672)

26. Oktober 1981
(LP STOP AND SMELL THE ROSES) Attention (1673)*, Back Off Boogaloo (Version) (1674), Dead Giveaway (Starkey/Ron Wood) (1675), Drumming Is My Madness (1676)*, (You've Got A Nice Way (1677)*, Private Property (1678)*, Stop And Take The Time To Smell The Roses (Starkey/Harry Nilsson) (1679), Sure To Fall (1680)*, Wrack My Brain (1681)*, You Belong To Me (1682)*

16. Juni 1983
(LP OLD WAVE) Alibi (1683), As Far As We Can Go (1684)*, Be My Baby (1685)*, Everybody's In A Hurry But Me (1686), Going Down (1687), Hopeless (1688), I Keep Forgettin' (1689)*, In My Car (1690), Picture Show Life (1691)*, She's About A Mover (1692)*

5.2. Fremde Veröffentlichungen (Der Komponist Ringo Starr)

11. September 1970
Gonna Get My Baby Back (Starkey/Harrison/Doris Troy/Steve Stills) (1693), You Give Me You Joy (Starkey/Harrison/Doris Troy/Steve Stills) (1694)
LP DORIS TROY – Doris Troy

29. Oktober 1973
Rock And Roller (Starkey/Bill Lawrie) (1695)
LP SHIP IMAGINATION – Bill Lawrie

5. September 1980
How Long Can Disco On (Starkey/Nilsson) (1696)
LP FLASH HARRY – Harry Nilsson

5.3. Der Musiker Richard Starkey

13. November 1964
America (BV) (1697)*
(Single – Rory Storm & The Hurricanes)

9. Mai 1969
New Day (DR) (1698)*
Single – Jackie Lomax

2. Juni 1969
Thumbin' A Ride (DR) (1699)*
Single – Jackie Lomax

11. Februar 1970
Hunting Scene (VOC) (1700)*
(LP THE MAGIC CHRISTIAN – Ken Thorne & Orchestra)

23. März 1970
Delta Lady (DR) (1701)*, Dixie Lullabay (DR) (1702)*, Give Peace A Chance (DR) (1703)*, Hummingbird (DR) (1704)*, Hurtsome Body (DR) (1705)*, I Put A

Spell On You (DR) (1706)*, Pisces Apple Lady (DR) (1707)*, Prince Of Peace (DR) (1708)*, Roll Away The Stone (DR) (1709)*, Shoot Out The Plantation (DR) (1710)*, A Song For You (DR) (1711)*
LP Leon Russell - Leon Russell

28. August 1970
Jacob's Ladder (DR) (1712)*
(Single & LP Doris Troy - Doris Troy)

11. September 1970
Ain't That Cute (DR) (1713)*, Don't Call Me No More (DR) (1714)*, Exactly Like You (DR) (1715)*, Games People Play (DR) (1716)*, Give Me Back Dynamite (DR) (1717)*, Gonna Get My Baby Back (DR) (1718)*, Hurry (DR) (1719)*, I've Got To Be Strong (DR) (1720)*, So Far (DR) (1721)*, Special Care (DR) (1722)*, You Give me Joy Joy (DR) (1723), You Tore Me Up Inside (DR) (1724)*
LP Doris Troy - Doris Troy

23. November 1970
To A Flame (DR) (1725)*, We Are Not Helpless (DR) (1726)*, Single & LP 2 Originals Of Steve Stills - Steve Stills

11. Dezember 1970
God (DR) (1727)*, Hold On (John) (DR) (1728)*, I Found Out (DR) (1729)*, Isolation (DR) (1730)*, Look At Me (DR) (1731)*, Love (DR) (1732)*, Mother (DR) (1733)*, My Mummy's Dead (DR) (1734)*, Remember (DR) (1735)*, Well Well Well (Dr) (1736)*, Working Class Hero (DR) (1737)*
LP John Lennon/Plastic Ono Band - John Lennon/Plastic Ono Band

11. Dezember 1970
Aos (DR) (1738)*, Greenfield Morning I Pushed An Empty Baby Carriage All Over The City (DR) (1739)*, Paper Shoes (DR) (1740)*, Touch Me (DR) (1741)*, Why (DR) (1742)*, Why Not (DR) (1743)*
LP Yoko Ono/Plastic Ono Band - Yoko Ono/Plastic Band

27. November 1970
Verschiedene Lieder von der LP All Things Must Pass - George Harrison

26. Juli 1971
I Ain't Superstitious (DR) (1744)*
LP The London Howlin' Wolf Sessions - Howlin Wolf

28. Juli 1971
Bangla Desh (DR) (1745)*, Deep Blue (DR) (1746)*
Single - George Harrison

16. August 1971
Ghetto Woman (DR) (1747)*
Single & LP B. B. King In London - B. B. King

11. Oktober 1971
Part-Time Love (DR) (1748)*, Wet Hayshark (DR) (1749)*
LP B. B. King In London - B. B. King

20. Dezember 1971
Verschiedene Lieder von der LP The Concert For Bangla Desh - George Harrison. U. A.
Awaiting On You All (DR) (1750)*, Blowin' In The Wind (T) (1751)*, A Hard Rain's Gonna Fall (T) (1752)*, It Don't Come Easy (DR + VOC) (1753), It Takes A Lot To Laugh/It Takes A Train To Cry (T) (1754)*, Just Like A Woman (T) (1755)*, Mr. Tambourine Man (T) (1756)*
(Alle Titel sind live aufgenommen)

1. März 1972
Oo Wee Baby, I Love You (DR) (1757)*
Single - Bobby Hatfield

26. Mai 1972
Alright (DR) (1758)*, The Lodger (DR) (1759)*
LP Wind Of Change - Peter Frampton

7. Juli 1972
Altar Rock (DR) (1760)*, Bootleg (DR) (1761)*, Command Performance (DR) (1762)*, Crispy Duck (DR) (1763)*, Key-West (DR) (1764)*, Sand & Foam (DR) (1765)*, Smokefoot (DR) (1766)*
LP Bobby Keys - Bobby Keys

10. Juli 1972
Ambush (DR) (1767)*, At My Front Door (DR) (1768)*, The Most Beautiful World In The World (DR) (1769)*, Spaceman (DR) (1770)*, Take 54 (DR) (1771)*, You're Breakin' My Heart (DR) (1772)*
LP Son Of Schmilsson - Harry Nilsson

22. September 1972
Another Thought (DR) (1773)*, Sweet Music (Dr) (1774)*
LP Brother - Lon & Derrek Van Eaton

24. November 1972
Fiddle About (VOC) (1775)*, Tommy's Holiday Camp (VOC) (1776)*
LP Tommy - The London Symphony Orchestra

30. Mai 1973
Verschiedene Lieder von der LP Living In The Material World - George Harrison

7. März 1974
Crying In My Sleep (DR) (1777)*, Ocean In His Eyes (DR) (1778)*
Single & LP Land's End - Jimmy Webb

25. März 1974
Daybreak (DR) (1779)*
Single & LP Son Of Dracula - Harry Nilsson

3. Juni 1974
Alyce Blue Grown (DR) (1780)*, Cloud Man (DR) (1781)*, Feet In The Sunshine (DR) (1782)*, It's A Sin (DR) (1783)*, Just This One time (DR) (1784)*, Lady Fits Her Bluejeans (DR) (1785)*, Land's End/Asleep On The Wind (DR) (1786)*
LP Land's End - Jimmy Webb

19. August 1974
All My Life (DR) (1787)*, Loop De Loop (DR) (1788)*, Many Rivers To Cross (DR) (1789)*, Mucho Mungo/Mt. Elga (Maracas) (1790)*, (We're Gonna) Rock Around The Clock (DR) (1791)*, Save The Last Dance For Me (DR) (1792)*, Subterranean Homesick Blues (DR) (1793)*
LP Pussy Cats - Harry Nilsson

9. Dezember 1974
Ding Dong; Ding Dong (DR) (1794)*, So Sad (DR) (1795)*
Single - George Harrison

17. Februar 1975
Step Lightly (Finger Clicks) (1796)
LP Startling Music - David Hentschel

17. März 1975
Together (DR) (1797)*
LP Two Sides Of The Moon - Keith Moon

21. März 1975
Good For God (BV) (1798)*, Kojak Columbo (DR) (1799)*
LP Duit On Mon Dei - Harry Nilsson

21. April 1975
More And More (DR) (1800)*
LP Playing Possum - Charly Simon

17. Juni 1975
As I Come Of Age (DR) (1801)*
LP Stills - Stephen Stills

20. Februar 1976
Don't You Remember When (T) (1802)*
Single - Vera Lynn

3. Mai 1976
Band Of Steel (DR + VOC) (1803), Good Days Are Rollin' In (DR) (1804)*,

Ramblin' Cocaine Blues (DR) (1805)*
LP Lies And Alibis - Guthrie Thomas

27. August 1976
S.O. S. (DR) (1806)*, Zindy Lou (DR) (1807)*
LP Coming Out - Manhattan Transfer

5. November 1976
Men's Room, L.A. (VOC) (1808)*
LP Lasso From El Paso - Kinky Friedman

5. Mai 1977
Good News (DR) (1809)*
LP Good Nes - Attitudes

26. September 1977
Born In Captivity (DR) (1810)*, You Angel You (DR) (1811)
LP Spark in The Dark - The Alpha Band

9. Januar 1978
Ham 'n' Eggs (DR) (1812)*, Have A Drink On Me (DR) (1813)*
LP Puttin On The Style - Lonnie Donegan

10. April 1978
Ending Jam (DR) (1814)*, I Shall Be Released (DR) (1815)*
LP The Last Waltz - The Band

10. Dezember 1979
Headlines (DR) (1816)*, Hold On (DR) (1817)*, If It's Alright (DR) (1818)*, La Dela (DR) (1819)*, Little Troublemaker (DR) (1820)*, Movin' Out (DR) (1821)*, Mystifies Me (DR) (1822)*, Sign (DR) (1822a)*, Somebody (DR) (1822b)*, Truly (Dr) (1823)*
LP Troublemaker - Ian McLagan

5. September 1980
How Long Can Disco On (DR) (1824), I've Got It (DR) (1825)*, Old Dirt Road (DR) (1826)*
LP Flash Harry - Harry Nilsson

1. Juni 1981
Verschiedene Lieder von LP Somewhere In England - George Harrison

30. Juli 1981
Heart Of Mine (DR + Tom Tom) (1827)*
Single & LP Shot Of Love - Bob Dylan

26. April 1982
Take It Away (DR) (1828)*
LP Tug Of War - Paul McCartney

1984
Captain Jack (DR) (1829)*
LP Like No Other & LP Lies and Alibies - Guthrie Thomas

26. Oktober 1984
Ballroom Dancing (DR) (1830)*, Here, There And Everywhere (DR) (1831)*, Not Such A Bad Boy (DR) (1832)*, No Values (DR) (1833)*, Wanderlust (DR) (1834)*, Yesterday (DR) (1835)*
LP Give My Regards To Broad Street - Paul McCartney

Mai 1985
California Calling (DR) (1836)*
LP Beach Boys - Beach Boys

Mai 1985
Freedom (DR) (1837)*
LP Water - verschiedene Künstler

4. November 1985
Sun City (DR) (1838)*
Single - verschiedene Künstler
1. Dezember 1986
Naughty Little Atom Bomb (DR) (1839)*, You Know It Makes Sense (DR) (1840)*
LP It's A Live-In World - verschiedene Künstler

18. Oktober 1988
When You Wish Upon A Star (VOC) (1841)*
LP Stay Awake - verschiedene Künstler

23. Juli 1990
With A Little Help From My Friends (VOC) (1842)
CD Nobody's Child - Romanian Angel Appeal - verschiedene Künstler

R. Starr war bisher nicht Produzent

7.1. Titelübersicht der wichtigsten LPs/CDs

BEATLES
Please Please Me (1963)
With The Beatles (1964
A Hard Day's Night (1964)
Beatles For Sale (1964)
The Beatles Story (2-LP) (1964)
Beatles VI (1965)
Help (1965)
Rubber Soul (1965)
Yesterday... And Today (1966)
Revolver (1966)
Sgt. Pepper's Lonely Hearts Club Band (1967)
Magical Mystery Tour (1967)
The Beatles (White Album) (2.LP) (1968)
Yellow Submarine (1969)
Abbey Road (1969)
Let It Be (1970)
The Batles Tapes (2-LP) (1976)
The Beatles Live! At The Star CLub In Hamburg, Germany, 1962 (2-LP) (1977)
The Beatles At the Hollywood Bowl (1977)
Rarities (1979)
Rarities II (1979)
Past Masters Vols. 1 + 2 (1988)

John Lennon und Yoko Ono
Two Virgins (Unfinished Music No. 1) (1968)
Life With The Lions (Unfinished Music No. 2) (1969)
Wedding Album (1969)
The Plastic Ono Band - Live Peace In Toronto (1969)
John Lennon/Plastic Ono Band (1970)
Yoko Ono/Plastic Ono Band (1970)
Imagine (1971)
Fly (2-.LP) (1971)
Sometime In New York City (2-LP) (1972)
Approximately Universe (2-LP) (1973)
Felling The Space (1973)
Mind Games (1973)
Walls And Bridges (1974)
Rock 'n' Roll (1975)
Shaved Fish (1975)
Double Fantasy (1980)
Season Of Glass (1981)
It's Alright (1982)
Heart Play (1983)
Milk And Honey (1984)
Starpeace (1985)
John Lennon Live In New York City (1986)
Menlove Avenue (1986)
Imagine: John Lennon (1988)

Paul und Linda McCartney
The Family Way (1967)
McCartney (1970)
Ram (1971)
Wild Life (1971)
Red Rose Speedway (1973)
Band On The Run (1973)
Venus And Mars (1975)
Wings At The Speed Of Sound (1976)
Wings Over America (3-LP) (1976)
London Town (1978)
Wings Greatest (1978)
Back To The Egg (1979)
McCartney II (1980)
The McCartney Interview (1980)
Tug Of War (1982)
Pipes Of Peace (1983)
Give My Regards To Broad Street (1984)
Press To Play (1986)
All The Best (1987)
Back In The USSR (1988)
Flowers In The Dirt (1989)
Tripping The Live Fantastic (1990)
Unplugged: The Official Bootleg (1991)
Liverpool Oratorio (1991)

George Harrison
Wonderwall Music (1968)
Electronic Sound (1969)
All Things Must Pass (3-LP) (1970)
The Concert For Bangla Desh (3-LP) (1971)
Living In The Material World (1973)
Dark Horse (1974)
Extra Texture (1975)
33 1/3 (1976)
George Harrison (1979)
Somewhere in England (1981)
Gone Troppo (1982)
Cloud Nine (1987)
Traveling Wilburys Vol. 1 (1988)
Best Of Dark Horse 1976-1989 (1989)
The Traveling Wilburys Vol. 3 (1990)

Ringo Starr
Sentimental Journey (1970)
Beaucoups Of Blues (1970)
Ringo (1973)
Goodnight Vienna (1974)
Blast From Your Past (1975)
Ringo's Rotogravure (1976)
Ringo The 4th (1977)
Scouse The Mouse (1977)
Bad Boy (1978)
Stop And Smell The Roses (1981)
Old Wave (1983)
Ringo Starr And His All-Star Band (1990)

7.2. LP-Übersicht von 111 (Non-Beatles) Titeln

The Alpha Band: SPARK IN THE DARK (1977)
Attitudes: GOOD NEWS (1977)
Badfinger: MAGIC CHRISTIAN MUSIC (1969)
Badfinger: STRAIGHT UP (1971)
Beach Boys: SMILEY SMILE (1967)
Beach Boys: BEACH BOYS (1985)
Cliff Bennet & The Rebell Rousers: GOT TO GET YOU INTO OUR LIFE (1966)
Cilla Black: THE BEST OF CILLA (1968)
Bonzo Dog Band: URBAN SPACEMAN (1968)
David Bowie: YOUNG AMERICANS (1975)
David Bromberg: DAVID BROMBERG (1972)
David Bromberg: WANTED - DEAD OR ALIVE (1974)
Gary Brooker: LEAD ME TO THE WATER (1982)
Jack Bruce: SONG FOR A TAILOR (1969)
Cheech And Chong: COCHINOS (1973)
Eric Clapton: siehe Derek And The Dominoes und Cream
Cream: GOODBYE (1969)
Roger Daltrey: ONE OF THE BOYS (1977)
Delaney And Bonnie: DELANEY AND BONNIE ON TOUR (1970)
Derek And The Dominoes: HISTORY OF ERIC CLAPTON (1970)
Donovan: BARABAJAGAL (1968)
Bob Dylan: SHOT OF LOVE (1981)
Elephant's Memory: ELEPHANT'S MEMORY (1972)
Everly Brothers: EB 84 (1984)
Adam Faith: I SURVIVE (1974)
Mick Fleetwood: THE VISITOR (1981)
Peter Frampton: WIND OF CHANGE (1972)
Roy Harper: ONE OF THESE DAYS IN ENGLAND (1977)
David Hentschel: STA*RTLING MUSIC (1975)
Mary Hopkin: POST CARD (1968)
Mary Hopkin: THOSE WERE THE DAYS (1972)
Nicky Hopkins: THE TIN MAN WAS A DREAMER (1973)
Larry Hosford: CROSS WORDS (1976)
Michael Jackson: THRILLER (1982)
Laurence Juber: STANDARD TIME (1982)
Bobby Keys: BOBBY KEYS (1972)
B. B. King: B. B. KING IN LONDON (1971)
Kinky Friedman: LASSO FROM EL PASO (1976)
Billy J. Kramer With The Dakotas: LITTLE CHILDREN (1964)
Billy J. Kramer With The Dakotas: I'LL KEEP YOU SATISFIED (1964)
Denny Laine: HOLLY DAYS (1977)
Bill Lawrie: SHIP IMAGINATION (1973)
Alvin Lee & Mylon LeFevre: ON THE ROAD TO FREEDOM (1973)
Peggy Love: LET'S LOVE (1974)
Jackie Lomax: IS THIS WHAT YOU WANT? (1968)
The London Symphony Orchestra: TOMMY (1972)
Manhattan Transfer: COMING OUT (1976)
George Martin: OFF THE BEATLES TRACK (1964)
George Martin: THE BEATLES GIRLS (1966)
George Martin: BY GEORGE (1970)
Dave Mason: IT'S LIKE YOU NEVER LEFT (1973)
Michael McGear (McCartney): MCGEAR AND MCGOUGH (1968)
Michael McGear (McCartney): MCGEAR (1974)
Steve Miller: BRAVE NEW WORLD (1969)
Monty Python: MONTY PYTHON'S LIFE OF BRIAN (1979)
Keith Moon: TWO SIDES OF MOON (1975)
Harry Nilsson: SON OF SCHMILSSON (1972)
Harry Nilsson: SON OF DRACULA (1974)
Harry Nilsson: PUSSY CATS (1974)
Harry Nilsson: DUIT ON MON DEI (1975)
Harry Nilsson: SANDMAN (1976)
Harry Nilsson: THAT'S THE WAY IT IS (1976)
Harry Nilsson: FLASH HARRY (1980)
David Peel: THE POPE SMOKES DOPE (1972)
Billy Preston: THAT'S THE WAY GOD PLANNED IT (1969)
Billy Preston: ENCOURAGING WORDS (1970)
Billy Preston: I WROTE A SIMPLE SONG (1971)
Billy Preston: IT'S MY PLEASURE (1975)
Peter And Gordon: WOMAN (1966)
Peter And Gordon: THE BEST OF PETER AND GORDON (1977)
P. J. Proby: P. J. PROBY (1975) oder SOMEWHERE (1977)
Radha Krishna Temple: THE RADHA KRISHNA TEMPLE (1969)
Rolling Stones: READY, STEADY, GO (1964) oder MILESTONE (1972)
Rolling Stones: THROUGH THE PAST DARKLY (1967)
Rudy Romero: TO THE WORLD (1972)
Leon Russell: LEON RUSSELL (1970)
Scaffold: SOLD OUT (1974)
Tom Scott: THE NEW YORK CONNECTION (1975)
Ravi Shankar: RAGA (1971)
Ravi Shankar: IN CONCERT 1972 (1973)
Ravi Shankar: SHANKAR, FAMILY AND FRIENDS (1974)
Ravi Shankar: RAVI SHANKAR'S MUSIC FESTIVAL FROM INDIA (1976)
The Silkie: YOU'VE GOT TO HIDE YOUR LOVE AWAY (1965)
Carly Simon: NO SECRETS (1972)
Carly Simon: PLAYING POSSUM (1975)
Peter Skellern: HARD TIMES (1975)
Splinter: THE PLACE I LOVE (1974)
Splinter: HARDER TO LIVE (1975)
Splinter: TWO MAN BAND (1977)
Rod Stewart: SMILER (1974)
Stephen Stills: STILLS (1975)
Steve Stills: 2 ORIGINALS OF STEVE STILLS (1970)
James Taylor: JAMES TAYLOR (1968)
James Taylor: WALKING MAN (1974)
Guthrie Thomas: LIES AND ALIBIES (1976)
Guthrie Thomas: LIKE NO OTHER (1984)
Ken Thorne & Orchestra: THE MAGIC CHRISTIAN (1970)
Thornton, Fradkin & Unger And The Big Band: PASS ON THIS SIDE (1974)
Doris Troy: DORIS TROY (1970)
Lon & Derrek Van Eaton: BROTHER (1972)
Verschiedene Künstler: CONCERTS FOR THE PEOPLE OF KAMPUCHEA (1981)
Verschiedene Künstler: THE STARS SING LENNON AND MCCARTNEY (1971)
Verschiedene Künstler: EVERY MAN HAS A WOMAN (1984)
Verschiedene Künstler: WATER (1985)
Verschiedene Künstler: PORKY'S REVENGE (1985)
Verschiedene Künstler: GREENPEACE (1985)
Jimmy Webb: LAND'S END (1974)
Johnny Winter: JOHN DAWSON WINTER III (1974)
Johnny Winter: JOHNNY WINTER CAPTURED LIVE (1976)
Howlin' Wolf: THE LONDON HOWLIN' WOLF SESSIONS (1971)
Ron Wood: I'VE GOT MY OWN ALBUM TO DO (1974)
Gary Wright: FOOTPRINT (1971)

(Mitwirkung der Beatles vgl. Diskographie)

8. FILMVERZEICHNIS

APOTHEOSIS (BALLOON) (Mai 1971) *1
THE BEATLES AT SHEA STADIUM (Mai 1966) *2
BELLMAN AND TRUE (1987) *9,*17
BIG G. (1990) *9, *17
BLINDMAN (November 71) *3
BORN TO BOOGIE (Dezember 1972) *4
BREAKFAST OF CHAMPIONS (1990) *9, *17
BULL SHOT (1981) *17
THE BURNING (1982) *17
CANDY (Dez. 1968) *3
CATFISH TRIANGLE (1989) *9, *17
CAVEMAN (1981) *3
CHECKING OUT (1989) *9, *17
COLD TURKEY/THE BALLAD OF JOHN AND YOKO/GIVE PEACE A CHANCE/INSTANT KARMA/UP YOUR LEGS (September 1971) *1
CONCERTS FOR BANGLA DESH (März 1972) *2
THE COOLER (1982) *5
DIGBY (Oktober 1986) *9, *17
ERECTION (1972) *1
THE FAMILY WAY (Dezember 1966) *6
FIVE CORNERS (1989) *9, *17
FLY (Mai 1971) *1
GET BACK - THE MOVIE(September 1991) *2
GIVE MY REGARDS TO BROAD STREET (Oktober 1984) *16
A HARD DAY'S NIGHT (Juli 1964) *7
HELP (Juli 1965) *7
HONEYMOON (September 1969) *1
THE HONORARY CONSUL (1983) *18
HOW I WON THE WAR (Oktober 1967) *8
HOW TO GET AHEAD IN ADVERTISING (1989) *9, *17
IMAGINE (Dezember 1972) *1
IMAGINE: JOHN LENNON (Oktober 1988) *2
KVETCH (1989) *9, *17
LAND OF OPPORTUNITY (1991) *9, *17
LET IT BE (Mai 1970) *2
LIFE OF BRIAN (1979) *9, *17
A LIKELY STORY (1988) *9, *17
LIMOUSINE (1989) *9, *17
LITTLE MALCOLM AND HIS STRUGGLE AGAINST THE EUNUCHS (1974) *10
LISZTOMANIA (Oktober 1975) *3
LIVE AND LET DIE (Juni 1973) *11
THE LONELY PASSION OF JUDITH HEARNE (1987) *9, *17
THE LONG AND WINDING ROAD (1992) *2
THE LONG GOOD FRIDAY (1981) *17
MAGIC CHRISTIAN (Dezember 1969) *3
MAGICAL MYSTERY TOUR (Dezember 1967) *7
THE MISSIONARY (1981) *10, *17
MONA LISA (1986) *9, *17
MONKEY WRENCH GANG (1992) *17
MONTY PYTHON LIVE AT THE HOLLYWOOD BOWL (1981) *10
NAPOLI (1991) *9, *17
NUNS ON THE RUN (1989) *9, *17
ONE LAST GLIMPSE (1990) *9, *17
PARK ROYAL (1985) *17
THE POW-WOW HIGHWAY (1989) *9, *17
PRIVATE FUNCTION (1984) *17
PRIVATES ON PARADE (1982) *17
RAGA (November 1971) *12
THE RAGGEDY RAWNEY (1988) *9, *17
RAPE (März 1969) *1
Rock 'n' Roll Circus (März 1969) *8 (offiziell unveröffentlicht)
RUPERT AND THE BEAR (1990/1991)
SCRUBBERS (1982) *9, *17
SELF PORTRAIT (September 1969) *1
A SENSE OF FREEDOM (1985) *17
SEVEN DAY SOLDIERS (1988) *9, *17
SEXTETTE *3
SHANGHAI SURPRISE (1986) *9, *17
SMILE (September 1969) *1
SON OF DRACULA (Mai 1974) *13
SPIES LIKE US (September 1986) *18
STICKS AND STONES (1986)
STORYING (1990) *9, *17
STRETCH (1992) *17
THAT'LL BE THE DAY (April 1973) *3
TIME BANDITS (1981) *14
TRACK 29 (1988) *9, *17
TRAVELLING MAN (1990) *9, *17
TRAVELLING MAN (1990) *19
200 MOTELS (November 1971) *3
TVP (1989) *9, *17
TWICE IN A LIFETIME (1984) *18
TWO VIRGINS (September 1969) *1
WALKING AFTER MIDNIGHT (1989) *3, *12
WATER (1984) *17
WITHNAIL AND I (1987) *9, *17
WONDERWALL (Mai 1968) *15
YELLOW SUBMARINE (Juli 1968) *7

Zeichenerklärung:
*1 Von John Lennon und Yoko Ono
*2 Dokumentarfilm
*3 Mit Ringo Starr als Schauspieler
*4 Regie: Ringo Starr
*5 Mit Paul McCartney und Ringo Starr
*6 Filmmusik von Paul McCartney
*7 Mit den Beatles
*8 Mit John Lennon
*9 George Harrison: ausführender Produzent und Schauspieler
*10 G. Harrison: ausführender Produzent
*11 Titelsong von Paul McCartney
*12 Mit George Harrison
*13 Ringo Starr: Schauspieler und Produzent
*14 Titelsong von George Harrison und produziert von ihm
*15 Filmmusik: G. Harrison
*16 Mit Linda und Paul McCartney, Barbara und Ringo Starr
*17 von HANDMADE FILMS (G. Harrison)
*18 Titelsong von Paul McCartney
Nicht berücksichtigt sind Fernsehshows, Videofilme u. ä.